전문 면접관

11인의 전문면접관,
그들이 말하는
면접 노하우

전문 면접관

11인의 전문면접관, 그들이 말하는 면접 노하우

권혁근 김명렬 김수인
김재근 김홍연 박미경
백형재 송규희 신은희
이인우 진서현

리커리어북스

들어가며

　기업 입장에서 직원은 중요한 자산이다. 채용은 비단 한 사람을 선택하는 것에서 끝나지 않고, 조직의 운명을 결정하는 일이기도 하다. 한 사람의 뛰어난 역량이 조직 전체의 경쟁력을 끌어올릴 수도 있고, 반대로 조직을 와해하는 암적인 역할을 할 수도 있기 때문이다. 그러나 조직에 적합한 사람을 감별하기가 쉬운 일은 아니다. '인재 제일'을 가장 중요한 철학으로 삼은 삼성의 고(故) 이병철회장도 생전에 사람을 판단하는 것은 반반의 확률밖에 자신이 없다고 토로했다.

　이렇게 중요하고 어려운 일인 사람을 뽑는 일에 잘못된 결정을 내린 대가는 매우 가혹할 수 있다. 취업 플랫폼 잡코리아의 채용 관련 설문 조사에 따르면 핵심 인재 한 명을 잘못 뽑으면 경영 손실이 그 사람 연봉의 20~40배에 달한다고 한다. 그렇기 때문에 사람을 뽑는 데는 실무적인 전문 역량 외에도 대인관계, 커뮤니케이션 능력 및 인성 등을 볼 수 있는 안목 있는 전문가가 반드시 필요하다. 이러한 이유로 백세시대 직업적 가치로도 전문면접관의 위상은 더욱더 높아질 것으로 기대한다.

　이 책은 공기업과 외국계 기업 직원, 교수, 헤드헌터 등 다양한 직업

군에서 활약한 경험을 가지고 있는 11명의 전문면접관 이야기를 옴니버스로 구성하였다. 현업에서 활발하게 활동하고 있는 이들의 구체적이고 생생한 경험과 사례 그리고 전문면접관이 알아야 할 실천적 내용들은 두 번째 직업으로 전문면접관을 선택하고자 하는 분들이나 현재 전문면접관으로 활동하고 있는 분들에게 인재를 선택하는 데 꼭 필요한 안목과 통찰을 던져줄 것이다.

- 전문면접관을 직업으로 선택하게 된 계기를 스토리텔링 구조로 구성
- 11명 작가의 직업적 경험과 지식을 바탕으로 전문면접관의 핵심역량에 대한 통찰과 안목을 구체적인 사례로 소개
- 백세시대 두 번째 직업으로의 전문면접관 활동의 진정한 가치와 비전 제시

기획·편집 한현정 (리커리어북스)

프롤로그

2005년경부터 정부는 공무원 채용 과정에서의 공정성을 높이기 위하여 외부의 전문가를 면접관으로 초빙하기 시작했다. 이 흐름은 2017년 새로운 정부에서 직무능력중심의 공정 채용 정책(블라인드 채용) 강화와 정규직 전환 채용 등이 증가하면서 전문면접관 수요 급증으로 이어졌다. 동시에 공공기관 입사지원자들의 공정한 채용과 면접관의 전문성에 대한 기대감이 높아지고 있으나 면접관으로서 지식과 스킬이 부족하고 전문성이 결여된 면접관이 종종 문제가 되기도 하였다. 그리하여 관계부처와 채용관련 기업에서 다양한 커리큘럼으로 면접관 교육이 진행되고 있다.

이노에치알(주)에서 기획한 "전문면접관 마스터" 교육 프로그램은 채용 면접에 대한 핵심 이론과 스킬 그리고 인재 선발에 필요한 통찰력을 높이는 인문학적 콘텐츠로 구성되었다. 국내 최고 수준의 채용 전문가와 심리학 교수, 철학 박사를 강사진으로 초빙하였다. 이 책은 면접관 활동에 진심이며 "전문면접관 마스터"과정을 이수한 11명의 전문면접관들이 모여 집단지성을 발휘하였다. 다양한 직업과 경력자들의 다채로운 이야기가 잘 차려진 고급 뷔페처럼 생생하고 면접이 우리 삶에 미치는 영향이 큰 면접지배사회에서 유익한 내용으로 꾸며졌다.

이 책은 전문면접관들의 풍부한 경험과 노하우를 두 개의 파트로 구성했다. 첫 번째 파트는 '예비 또는 초보 면접관을 위한 도전과 성장'이라는 주제로, 면접관으로서의 성장 과정을 탐색하고, 신뢰받는 면접관으로 성장하는데 필요한 정보를 담았다.

이인우 대기업에서 24년 직장 경력과 인사관리 전공 박사 졸업. 면접관 역할이 필요한 리더를 위한 면접관 역량 스킬업 노하우

김명렬 운동선수, 직업 군인, 교수를 거쳐 철학 있는 전문면접관으로 성장하는 도전적인 인생 스토리

김수인 30대 초반 MZ세대 면접관의 도전기와 취준생 시각에서 바라보는 좋은 전문면접관의 행동 지침과 체크리스트

김재근 끊임없이 배우고 도전하는 평범한 게임 개발자 출신의 따뜻한 헤드헌터가 들려주는 최고의 면접관을 위한 면접 심리학

과 전략

김홍연 미국 회사의 한국법인 대표에서 전문면접관으로 소프트 랜딩 성공 스토리와 외국계 회사 지원자들에게 들려주는 회사와 사람과 면접 이야기

백형재 공기업에서 퇴직을 앞두고 2번째 직업으로 전문면접관 도전 성공기와 내부 면접관과 외부 면접관과의 역할 비교와 공직자로서 바람직한 인재상

두 번째 파트는 '전문면접관 마스터로 성장하기 위한 핵심 노하우와 위대한 비전'이라는 주제로, 전문면접관 마스터로서 인정받기 위해 반드시 숙지해야 할 핵심 노하우와 전문면접관의 비전을 제시한다.

박미경 커뮤니케이션 & 스피치 전문가의 리얼한 면접 현장 경험을 바탕으로 정리한 면접 준비와 질문 그리고 평가 방법론

송규희 은행원 출신의 직업상담사로서 신뢰받는 면접관이 되기 위한 방법(마인드 맵, 사전 답사, 존중)과 거짓말하는 지원자들의 특징 소개

신은희 간호장교, 의료경영관리자, 교수, 기업 컨설턴트이며 전문면접관의 희로애락 스토리를 통해 인정받는 전문면접관으로 살아가는 이야기

진서현 대학에서 취업 강의와 컨설팅 경험을 바탕으로 면접관과 지원자의 이미지 메이킹 중요성과 핵심 노하우

권혁근 존경받는 면접관을 위한 7가지 제언과 면접관 마스터를 넘어 입사지원자와 채용 기관을 모두 감동시키는 위대한 면접관을 위한 방향성 제시

전문면접관이 되는 것은 어렵지 않을 수 있으나, 진정한 전문가로 인정받는 것은 많은 노력이 필요하다. 11명의 저자는 이 책이 전문면접관이 되기 위해서 노력하는 분들에게 유용한 정보와 인사이트를 드리기를 바라고, 전문면접관이라는 직업의 가치와 비전을 알리는 데에도 도움이 되기를 바란다.

2023년 겨울
저자
권혁근 김명렬 김수인 김재근 김홍연 박미경
백형재 송규희 신은희 이인우 진서현

차례
CONTENTS

들어가며 • 004

프롤로그 • 006

PART 1
예비 또는 초보 면접관을 위한 도전과 성장

01
리더를 위한 면접관 역량 Skill-up
전문면접관육성코치 이인우

Chapter 1 어쩌다 면접관 되었던 생초보 면접관의 기억 • 022
하루 전날, 면접관을 하라는 인사팀의 연락 • 022 | 어쩌다 면접관이 되어 당황스러웠던 생초보 면접관 • 023 | 면접관도 준비가 필요하다는 것을 알게 되다 • 024 | 우연히 외부 면접관으로 참여하여 전문면접관이 무엇인지 알게 되다 • 025

Chapter 2 리더를 위한 면접관 역량 Skill-up • 028
Do 해당 직무에 대해 인사 담당자에게 질문하라 • 028 | Do 나에게 주어진 시간을 관리하라 • 030 | Do 지원자를 인격적으로 대하라 • 032 | Do 면접관으로서의 품위를 지켜라 • 033 | Do 구조적 질문으로 면접관의 실력을 나타내라 • 034 | Don't 하지 말아야 할 질문은 하지 않는다 • 035 | Don't 고압적인 말투와 태도는 취하지 않는다 • 038 | Don't 당신은 이미 불합격했다는 뉘앙스를 주지 않는다 • 039

Chapter 3 면접관으로서 앞으로의 비전과 인사이트 • 041
인생은 길고 할 일은 그리 많지 않다 • 041 | 가끔 대충하지 말고, 자주 제대로 하라 • 042 | 꾸준히 공부하고 소득을 만들어 낼 수 있는 직업이다 • 043 | 한 번만 따라 해보면 전문면접관이 될 수 있다 • 044

02
거친 파도는 전진하는 자의 벗이다.
비전크리에이터 김명렬

Chapter 1 어린 시절, 첫 번째로 마주한 거친 파도 • 052
청운의 꿈, 운동선수를 포기하다 • 052 | 반에서 꼴찌로 입학했던 내가 대학에 가다 • 054 | 대학에서의 새로운 꿈, ROTC, 그리고 직업군인 • 055

Chapter 2 인생이 뜻대로 되지 않는구나! 다시 시작이다. • 056
20여 년의 군 생활, 전역을 앞둔 40대 중반 직업군인의 고민 • 056 | 끈질긴 도전 끝에 얻은 새로운 직업 '군사학 교수' • 059 | 교수님은 어디서 박사학위를 받으셨죠? • 061

Chapter 3 끝나지 않는 도전! 거친 파도는 전진하는 자의 벗 • 064
운명의 만남, 전문면접관의 세계를 알게 되다 • 064 | 나를 통해 조직의 경쟁력이 결정된다는 사명을 명(命) 받았습니다. • 066 | 역량 있는 전문면접관이 되기 위한 나만의 필살기 • 068 | 인생의 거친 파도를 넘으며 깨달은 나의 철학과 비전 • 075

03
30대, 면접관은 처음입니다
커리어캐치 김수인

Chapter 1 20대의 N포 세대가 30대 면접관으로! • 082
20대, 첫 면접의 실패, "아…. 뭐 마지막으로 하고 싶은 말이라도?" • 082 | 멘토와 멘티, "강사님은 제 인생의 귀인이에요." • 085 | MZ 세대, 드디어 면접관이 되다! • 087

Chapter 2 취준생이 많이 겪는 상황, 전문면접관의 행동 지침! • 089
면접에 늦게 오거나 면접 카드만 작성하려는 유형 • 089 | 무시하는 말투와 하대하는 눈빛의 유형 • 092 | 지식을 과시하거나 지원자를 계속 가르치는 유형 • 093 | 개인적 질문을 과도하게 하는 유형 • 095

Chapter 3 좋은 면접관은 어떤 사람일까요? (체크리스트) • 099
세대 간 문화를 수용할 수 있는 가치관 • 098 | 좋은 질문을 고민한 흔적과 행동 • 099 | 정확한 직무 능력을 파악하는 면접 기술 • 100 | 지원자의 평소 모습을 끌어내는 분위기 형성 • 101

04
헤드헌터가 들려주는 성공적인 면접관
채용큐레이터 김재근

Chapter 1 낯선 도전! 게임 개발자에서 헤드헌터로 • 108
제리 맥과이어처럼 • 108 | Fail은 다시 하라는 뜻이잖아요 • 110 | 게임 개발자에서 헤드헌터로 • 112

Chapter 2 헤드헌터가 들려주는 면접 심리학 • 113
호기심과 관찰력은 나의 힘 • 113 | 헤드헌터가 들려주는 면접 심리학 • 116 | 마음을 큐레이팅하는 헤드헌터 • 118

Chapter 3 헤드헌터가 알려주는 최고의 면접 전략 • 120
면접관은 헤드헌터의 확장판 • 120 | 헤드헌터의 면접관 사용기 • 123 | 헤드헌터가 알려주는 최고의 면접 전략 • 126

05
미국 회사에서 배운 사람과 면접 이야기
인재스카우터 김홍연

Chapter 1 새로운 시작 • 135
폭풍전야 • 135 | 극소수만 알았던 비밀 • 137 | 다른 문이 열리다 • 137

Chapter 2 미국 회사에서 배운 사람을 선택하는 원칙과 교훈 • 139
비슷해 보이면 가장 필요한 사람에게 기회를 주자 • 140 | 경험으로 얻은 교훈들 • 141 | 글로벌 회사의 리더들 • 144 | 미국계 회사에서 기회를 얻는 방법 • 145

Chapter 3 면접관으로 외국계 회사 지원자들에게 하고 싶은 말 • 147
경험이 중요해! 인턴십에 도전하라 • 147 | 수평 문화와 건설적 비판 • 148 | 가죽점퍼와 청바지 • 149 | 일 잘한 것만 생각나는 거래처 과장님 • 149 | 다시 채용할 의사가 있을까? • 150

Chapter 4 새로운 여정, 전문면접관 • 152
앗, 알람 벨! • 152 | 정확성과 스피드 • 153 | 남다른 관점, 다른 질문 • 153 | 준비된 전문가로의 각오 • 154

06
새로운 출발, 두 번째 직업 '전문면접관'
공기업전문면접관 **백형재**

Chapter 1 인생 후반전 준비 • 163
독립을 위한 준비 • 163 | 전문면접관에 대한 탐색 • 166

Chapter 2 직장 생활의 마침표와 새로운 시작 • 168
34년을 뚝배기와 같은 자세로 지낸 나의 직장 생활 • 168 | 배움과 함께 한 나의 삶 – 4 학사(學士), 1 석사(碩士) • 170 | 새로운 배움의 길 • 173 | 공공기관에 입사를 희망하는 지원자에게 보내는 메시지 • 173

Chapter 3 전문면접관의 역할과 미래 • 183
회사의 내부 면접관으로 참여하다 • 183 | 공공기관 내부 면접관과 외부 면접관의 역할 • 187 | 전문면접관을 향한 발걸음 • 190

PART 2
전문면접관 마스터로 성장하기 위한 핵심 노하우와 위대한 비전

07
잘 묻고 잘 듣고 잘 평가하는 면접관의 스피치 스킬
면접스피치전문가 **박미경**

Chapter 1 잘 묻기 위해 잘 준비하라 • 201
면접관의 임무는 3일 전부터 시작된다 • 201 | 면접관은 기회를 주는 사람이다 • 205

Chapter 2 잘 듣기 위해 잘 질문하라 • 210
설명하는 면접관은 면접의 독이다! • 210 | 지원자의 진짜 역량을 잡아내는 구조화된 질문법 • 214

Chapter 3 잘 평가하기 위해 잘 들어라 • 223
모든 답은 '평가'로 연결되어야 한다 • 223
면접관의 좋은 질문은 체력에서 출발한다 • 229

08

사기당한 적 있나요? 그럼 당신은 이미 인재 발굴의 달인!
면접프로파일러 송규희

Chapter 1   사람 볼 줄 모르는 사람이 사람을 뽑는다고? • 241
사기 피해자에서 피의자가 되다 • 241 | 은행원에서 생계형 N잡러로 • 243 | 면접관으로 살아남기 위한 피 · 땀 · 눈물 • 244

Chapter 2   사기 경험에서 배운 인재 발굴 노하우 • 250
거짓말을 하는 사람들의 5가지 특징과 면접 현장 적용 사례 • 250 | 좋은 사람을 알아보는데 걸리는 충분한 시간은? • 259 | 증거불충분은 '유죄' • 262

Chapter 3   누구나 할 수 있지만 아무나 할 수 없는 면접관 • 264
날로 먹을 생각 하지 말자 • 264 | 연습만이 살길이다 • 265

09

내가 전문면접관으로 살아간다는 것은
면접커뮤니케이터 신은희

Chapter 1   내가 좋아하는 일을 하면서 살아간다는 것 • 273
간호장교와 종합병원에서 근무하던 냉정과 열정 사이의 삶 • 273 | 내가 좋아하는 일을 찾아서 조직을 떠나, 나 홀로 창업 • 276

Chapter 2   내가 잘하는 일을 하며 살아간다는 것 • 278
좋아하는 일도 잘해야 성공하지, 공부는 나의 힘! • 278 | 길 위에 서서 길을 묻고, 스스로 길을 찾으며 • 279 | 내 삶의 터닝포인트가 된 전문면접관의 길 • 282 | 전문면접관의 길에서 맛보는 희로애락(喜怒哀樂) • 284

Chapter 3   내가 행복한 일을 하며 살아간다는 것 • 289
좋아하는 일 + 잘하는 일 = 행복한 일이 된 전문면접관 • 289 | 생방송하는 종합예술인, 전문면접관으로 오래 살아남기 • 292

10
전문가의 꿀팁! 이미지 메이킹 전략
취업컨설턴트 / 이미지메이킹전문가 **진서현**

Chapter 1 이미지 메이킹의 중요성 • 303
수트는 젠틀맨의 갑옷이다 • 303 | 거울효과의 힘 • 305

Chapter 2 전문면접관의 이미지 메이킹 • 309
전문면접관의 오류 • 309 | 역량을 끌어내는 전문면접관이 되려면? • 311 | 긍정의 파워 면접관 • 314

Chapter 3 지원자의 이미지 메이킹 • 316
지원자의 매너가 담긴 이미지 파워 • 316 | 지원자의 셀프 마인드, 이미지 메이킹 • 319 | 이미지 메이킹 도전 • 321

11
면접관 마스터 도전기
폭탄직원전문가 **권혁근**

Chapter 1 공대 출신의 어수룩한 면접관 • 328
불안과 호기심이 가득했던 첫 면접관 경험 • 328 | 내가 전문면접관으로 성장할 수 있을까? • 330

Chapter 2 폭탄 지원자 걸러내기 • 331
폭탄 직원의 심각성 • 331 | 인문학 독서와 면접관 포럼 활동 • 333 | 채용 업계에 대한 관심 • 336

Chapter 3 인정받는 면접관으로 성장하기 • 336
존경받는 면접관이 되기 위한 7가지 제언 • 338 | 면접관 활동의 미래와 사회적 가치 창출 • 344

Chapter 4 면접관 마스터를 넘어 위대한 면접관으로 • 344
면접을 예술하라 • 347

PART 1

예비 또는 초보 면접관을 위한 도전과 성장

리더를 위한 면접관 역량 Skill-up

Chapter 1. 어쩌다 면접관 되었던 생초보 면접관의 기억
Chapter 2. 리더를 위한 면접관 역량 Skill-up
Chapter 3. 면접관으로서 앞으로의 비전과 인사이트

전문면접관육성코치
이인우

농협, 풀무원, 커피 회사 쟈뎅에서 24년간 직장생활을 했다. 기업에서는 사원부터 임원까지를 경험했다. 고려대학교 MBA를 졸업하고, 한국기술교육대학교에서 HRM(인력경영학) 박사학위를 받았다. 현재는 유명 HR 컨설팅 회사인 PSI 컨설팅에서 리더십 전문강사로 활동하고 있다. 주로 리더십과 성과관리, 세일즈, 소통, 변화 관리에 관한 강의를 하고 있다. 사람의 성장과 변화를 돕는 일에 가치를 느끼고 있으며, 강의 활동과 더불어 작가로서 활동하고 있다. 기존에 출간한 책으로는 『성과를 내는 팀장의 완벽한 리더십』이 있다.

집필 동기

'누구나 한 번만 따라 해보면 전문면접관이 될 수 있다'라는 것을 안내하고 싶다.

나는 기업에서 우연히 면접관 역할을 경험하였고, 자연스럽게 외부 공공기관의 전문면접관 일도 시작할 수 있었다. 이 글에서는 이러한 과정에서 겪었던 초보 면접관의 경험을 기록하였다.

기록된 경험은 기업이나 조직의 내부에서 면접관 활동을 해야 하는 분들이나, 외부 면접관으로 활동을 준비하려는 분들에게 도움이 될 수 있는 내용이라고 할 수 있다. 면접관의 역할과 해야 할 일과 하지 말아야 할 것들에 대해서 언급하고 있으며 이 내용은 모두 실무 경험을 통한 살아 있는 내용이다.

한 번만 읽고 따라 해보면 누구나 전문면접관이 될 수 있다. 조직 내부에서 면접관으로 참여할 수 있는 정도의 능력이라면 외부에서 전문면접관으로 활동할 수 있는 자격이나 가능성이 있다. 면접관으로서 어느 정도 학위나 경력 같은 기본적인 능력이 확보되어 있다고 볼 수 있겠다.

전문면접관이라는 직업은 조직에서의 근무 경력이나, 학위 등이 자산으로 활용되는 직업이다. 오래 근무했고 경험이 있으면 더 많이 존경받는 직업이 전문면접관이라는 직업이다. 한 번만 읽어보고, 실행해 보자. 당신도 전문면접관으로 거듭날 수 있다. 이 책의 내용을 통해서 전문면접관으로서의 역량을 확보하자.

Chapter · 1
어쩌다 면접관 되었던 생초보 면접관의 기억

》 하루 전날, 면접관을 하라는 인사팀의 연락

 인사팀으로부터 한 통의 이메일이 왔다. 가맹점을 관리하는 영업관리 직무에 경력 직원을 채용해야 하는데 면접에 들어오라는 메일이었다. 날짜는 당장 '내일'이라고 한다. 원래 면접관으로 들어가기로 약속한, A 부장이 갑자기 집안에 개인 사정이 있어서 연차를 써야 하는 한다는 이유였다. A 부장은 나보다 3년 선배의 선임 부장이었는데 후임인 내가 하는 것이 좋겠다는 내용의 이메일이었다. 인사팀장에게 전화를 걸어 물어보았다.
 "뭘 어떻게 해야 하는 건가요? 제가 팀장이 된 지 얼마 되지 않아서 면접관으로 참여한 경험이 없어서요!. 면접에 대한 가이드를 주실 수 있으실까요? 면접관은 처음입니다!"
 인사팀장은 이렇게 대답했.

"부사장님과 영업 상무님께서 주도적으로 진행하실 예정입니다. 자리만 좀 채워 주시면 되십니다!, 크게 준비할 것은 없으시고요. 평가 시트를 보시고 그것에 채워 넣으시면 됩니다"

나는 우선 알겠다고 했고, 바쁘기도 했기에 어찌 될 것으로 생각했다.

》 **어쩌다 면접관이 되어 당황스러웠던 생초보 면접관**

다음날 정해진 시간에 면접장에 들어갔다. 아무런 준비도 안 된 사람이 어쩌다 면접관이 된 것이다. 면접장에는 4명의 면접관 자리가 있었다. 부사장님과 상무님, 그리고 영업팀장의 자리 인사팀장이 앉았다. 면접관의 역할은 지원자의 전체적인 태도와 적극성, 질문의 이해, 논리적 대답, 진정성 등을 묻고 평가 시트에 점수를 내는 것이었다. 상대편에는 지원자가 1명 앉을 수 있는 자리가 있었다. 오늘은 3명의 지원자에 대해 면접이 진행된다고 했다. 3명 지원자의 서류가 책상에 진열되어 있었다.

첫 번째 지원자의 면접이 진행되었고, 부사장님, 상무님 순으로 질문이 진행되었다. 내 차례가 되어서 질문을 해야 하는데, 어떤 질문을 해야 할지 몰랐다. 이력서와 자기소개서의 내용에 특이한 점이 있는지 살펴보고 질문을 하려고 했는데 앞에서 이미 질문한 뒤였다. 내가 질문을 하려고 했던 총알을 앞에서 사용한 것이다. 똑같은 질문을 할 수도 없고, 질문을 안 할 수도 없고, 질문도 잘해야만 했다. 부사장님과 상무님께서 나의 질문에 대해서 집중하고 계셨다. 나도 부장이고 팀장인데 여기서 질문을 잘못하면 내 이미지가 뭐가 될지 걱정도 되었다.

난 바보 같은 질문을 했다. 답도 없는 애매한 질문을 한 것이다.

"지원자님은 직장 상사가 본인과 맞지 않는다면 참는 편인가요, 안 참는 편인가요?"

"지원자님은 출장을 많이 다녀도 불만 없이 괜찮으신가요?"

누가 들어도 단답형의 뻔한 대답이 예상되는 수준 낮은 질문만 했다.

"네, 상사께는 무조건 참습니다. 네, 출장 많이 다녀도 괜찮습니다!"

그다음 질문도 해야 하는데, 무엇을 질문해야 할지 좋은 생각이 나지 않았다. 내가 면접관인지 지원자인지 불편하고 긴장이 되었다.

첫 번째 면접이 끝나고, 두 번째 세 번째 지원자에게도 그렇다 할 좋은 질문을 하지 못했다. 지원자의 평가서에는 느낌 가는 데로 연필로 체크만 해 두었다. 심지어 최종본을 낼 때는 부사장님께서 "몇 번이 좀 괜찮은 것 같지 않아?"라고 하신 지원자의 점수를 높은 점수로 수정해서 넘겼다.

》 **면접관도 준비가 필요하다는 것을 알게 되다**

면접이 끝나고 부사장님과 인사팀장은 먼저 나가고, 상무님께서 말씀하셨다.

"이 팀장은 면접은 처음이지? 면접도 하다가 보면 실력이 늘어. 인사팀장에게도 면접 기회 있으면 면접관으로 참여하겠다고 얘기해 둬, 이제 면접 볼 일이 많아질 거야"

상무님께서는 초보 면접관인 나에게 조언을 해주셨다. 나는 곧바로 인사팀장에게 면접관 기회가 있으면 사전에 준비할 수 있도록 미리 연락을 달라고 이야기했다. 처음으로 면접관을 경험해 본 후 면접관도 준비가 필요하다는 생각이 들었다. 면접장에서 이러한 질문을 했으면 좋았을 터라는 후회도 되었다. 처음 면접에 참여 후 나는 면접관에게는 세 가지가 필요하다는 것을 알게 되었다.

첫째, 지원자와 어떻게 소통하는지에 관한 커뮤니케이션 역량이 필요하다고 생각했다. 면접관은 지원자와 처음 인사하는 법부터 질문하는 방법 등 소통 역량이 필요하겠다는 것을 현장에서 느낄 수 있었다.

둘째, 지원하는 직무에 대한 전문성이 확보되어야 한다고 생각했다. 면접관의 전문성이 높으면 높을수록 해당 직무에 관한 전체적이거나 세부적인 사항에 대해서 질문할 수 있겠다는 것을 알았다.

셋째, 면접 진행에 대한 전반적인 프로세스를 알고 있어야 한다고 생각했다. 면접관은 면접의 도입, 진행 단계, 마무리까지 어떻게 진행되는지를 잘 알아야 하고, 시간 배분이나 적당한 질문 시간을 할애할 수 있어야 한다는 것을 알게 되었다.

》 **우연히 외부 면접관으로 참여하여 전문면접관이 무엇인지 알게 되다**

회사에서 면접관 역할을 경험하고 나서, 우연한 기회에 대학원 선배님으로부터 공공기관의 외부 면접관으로 참여하는 기회를 얻게 되었다. 공공기관의 특성상 공공기관 직원으로 구성된 내부 면접관 외에 외부 면접관 2명이 참여해야 했다. 면접관은 총 4명이었고, 감사라고 하는 분이 면접장의 한쪽에 자리를 함께했다. 온종일 지원자들을 평가해야 한다고 했다. 공공기관의 인사 담당자는 면접 시에 주의해야 할 사항들에 대해서 짧게 교육을 진행하였다. 주로 블라인드 면접과 관련된 나이, 성별, 결혼 여부, 지역, 출신학교 등에 관한 질문은 불가하다는 내용과 전산시스템에 어떻게 평가 점수를 넣는지에 관한 기술적 교육이었다.

공공기관 인사 담당자의 교육이 끝나고 난 후, 대학원 선배님께서는 면접관 중에 좌장인 면접위원장 역할을 하시겠다고 했고, 면접 처음부터 끝날 때까지의 과정에 대해서 몇 가지 협의를 하였다.

첫째, 면접관의 질문 순서
둘째, 면접관의 질문 소요 시간
셋째, 면접 이후 점수 평가 시간과 절차

이날 실제 면접을 진행하면서, 전문면접관이 되려면 왜 준비가 필요한지 더 명확히 알게 되었다. 면접위원장은 지원자가 긴장하지 않도록 적당한 인사와 면접의 짤막한 안내, 면접의 오프닝을 여는 질문을 했다. 전문적으로 교육받고 훈련된 면접관의 모습을 볼 수 있었다. 면접관들이 질문을 이어가면 적절하게 시간을 안배했고, 면접관의 질문이 조금 예민한 경우에는 마지막에 지원자의 마음을 헤아리는 멘트까지 이렇게 완벽할 수 없었다. 지금껏 내가 회사에서만 봤던 면접관의 역할보다 훨씬 다듬어지고 세련된 면접관의 모습, 즉 전문면접관의 모습을 볼 수 있었다.

Part 2에서는 전문면접관이 될 수 있는 실질적인 체크포인트를 정리해 두었다. 누구라도 한 번만 따라 해보면 수준 높은 전문면접관이 될 수 있는 노하우를 담아 두었다.

Chapter · 2
리더를 위한 면접관 역량 Skill-up

지금부터 나오는 이야기는 누구나 한 번만 따라 해보면 전문면접관이 될 수 있는 핵심적인 팁(Tip)들을 모아 두었다. 면접관 일이 있으면 한 번씩 꺼내 보는 나만의 비밀스러운 내용인데 어찌 보면 면접관을 준비하는 분들에게는 꿀팁인 셈이다. 사내에서 면접관으로 활동하거나 사외에서 전문면접관으로 초대될 때도 공통적으로 활용할 수 있다.

여기서는 면접관의 역량을 크게 두 가지로 나누어서 해야 할 것(Do)과 하지 말아야 할 것(Don't)으로 나누어 설명하고자 한다.

》 **Do** 해당 직무에 대해 인사 담당자에게 질문하라

면접 현장에서 면접관은 지원자들이 조직의 어떤 직무에 지원한 것인지 확인을 하고, 그 직무에 대해서 이해할 수 있어야 한다. 이는 어

렵지 않게 확인할 수 있다. 내부 면접이건 외부로 초대되어 가는 면접이건 면접을 진행하는 담당자에게 질문하면 된다. 면접 전에 담당자를 한쪽으로 잠깐 불러서 조금 고급스럽게 물어보자. 비단 외부 면접관에게만 해당되는 것이 아니다. 내부 면접관인 경우에도 오늘 채용해야 하는 직무에 대해서 조직이 어떤 인재를 원하는지 정확히 알고 면접에 참여하는 것이 좋다. "오늘 면접에 직무는 어떤 직무인가요?" 이런 초보적인 질문이 아니라, "오늘 면접에서 어떤 분들이 채용되기를 원하시나요?" 이렇게 질문하면 금방 알 수 있다. 이러한 질문은 매우 효과적이다.

한번은 모 공공기관에 교육담당자들을 채용하는 면접관으로 초대받은 적이 있다. 직무에는 교육담당자에 걸맞은 필요 역량이 나열되어 있었다. 하지만 앞서 말한 질문을 통해서 추가로 얻은 정보는 다음과 같았다.

"조직에서는 오늘 면접에서 어떤 분들이 채용되기를 원하시던가요?"

"네, 면접위원님, 질문해 주셔서 고맙습니다. 우리 공공기관이 전국적인 사업을 펼치는 사업인데 전국에 지사가 없는 특이한 구조입니다. 그래서 교육을 위해서 출장도 많이 다녀야 하고 교육 물품도 손수 가지고 옮길 수 있어야 합니다. 교육담당자로서 교육을 직접 진행할 수 있는 역량도 필요하고요, 이렇게 직접 질문해 주시니 말씀드릴 수 있어서 좋습니다!, 저희 조직의 간부님들도 그렇게 원하고 계십니다!"

교육담당자를 채용하는 데 있어서 무거운 교재를 옮길 수 있는 체력이 필요하고, 운전도 할 수 있어야 하며, 지방 출장도 문제없이 다닐 수 있는 사람이 필요하다는 것이었다. 간단한 사전 질문을 통해 오늘 내가 어떤 사람을 뽑아야 하는지 어렵지 않게 알게 되었다.

이렇게 면접에 관한 직무에 대해서 질문을 하면, 추가적인 장점이 있다. 면접 시간 동안 내가 질문할 내용들이 머릿속에서 떠오른다. 질문이 어렵지 않게 된다. 그리고 주변 면접관들도 당신의 질문을 들으면서 당신을 전문성 있는 면접관으로 보이게 하고, 알게 하는 효과가 있다.

》 **Do 나에게 주어진 시간을 관리하라**

면접 현장에서의 시간은 의외로 매우 부족하다. 어떤 경우에는 10분이 주어진다. 어떤 경우에는 12분, 15분이 주어진다. 만약 10분이라는 시간과 4명의 면접관이 돌아가면서 면접을 진행해야 한다면 산술적으로 나에게 할당된 시간은 2분 30초이다. 그런데 앞에서 면접관과 지원자와의 간단한 라포 형성으로 시간이 소요되고, 간단한 면접 안내에 관해서 얘기해 주면 실제로는 나에게 주어지는 시간은 2분도 안 되는 경우가 발생한다. 눈치 없이 본인에게 주어진 시간을 넘겨서 다음 면접관에게 주어진 시간을 뺏으면 안 된다.

나에게 주어진 시간을 잘 관리하려면, 먼저 나의 질문이 명확하고 간결해야 한다. 지원자가 들어도 무슨 질문인지 모르면 불필요한 시간이 흘러가기 때문이다.

"지원자님, 최근에 경기가 좋지 않습니다. 인플레이션도 그렇고 세계 경제 지표도 좋지 않고요. 오늘 아침에도 경제신문에 경제에 관한 다양한 이야기가 있던데요, 요즘 경제가 어떤지 설명해 보시겠어요?"

(지원자가 머뭇거린다)"면접위원님 죄송합니다. 경제가 어떤지 설명하라는 질문이 잘 이해가 되지 않아서요. 다시 한번 설명해 주시겠습니까?"

"아 그래요? 그러니까 오늘 아침 경제신문에 나왔던 기사 중에 생각나는 거 말씀해 보세요."

위의 사례는 내가 실제로 보았던 어떤 내부 면접관의 질문이었다. 무엇을 질문한 것인지 명확하지 않았다. 그래서 지원자도 어떻게 대답해야 하는지 몰랐던 것이다. 결국 면접관이 순간적으로 경제신문의 헤드라인 기사를 물어보는 목적이 불분명한 질문을 할 수밖에 없었다.

또 나는 질문 시간을 잘 지키려 했으나, 지원자가 나의 질문에 대해서 너무 길게 대답하거나, 바로 대답하지 못하고 생각할 시간을 달라는 식으로 시간이 지연된다면, 질문한 면접관이 시간 관리를 적절하게 해야 한다.

"지원자님, 괜찮습니다. 충분히 무슨 말씀인지 이해했으니까요. 다음 위원님께서 질문을 하시겠습니다."이렇게 이야기를 하고 다음 질문으로 넘어가도록 진행하면 된다. 즉, 시간을 관리하는 것이다.

》 **Do** 지원자를 인격적으로 대하라

　면접에 참여한 지원자를 상대로 질문을 할 때는 면접관이라고 해서 고압적인 어투나 자세로 질문하는 일은 없도록 하자. 면접관은 지원자를 존엄하고 소중한 인격체로 대해야 한다. 인격을 높여서 대하면 다른 면접관들에게도 좋은 인상을 줄 수 있으며, 면접 현장의 분위기도 대체로 원만하게 흘러간다. 다음은 지원자를 인격적으로 대하는 몇 가지 질문이다.

"오늘 면접에 오시느라 고생이 많으셨습니다."
"날씨가 추운데 오시느라 어렵지 않으셨나요?"
"길이 좀 미끄러웠을 텐데 오시느라 어렵지 않았습니까?"
"면접 시간이 오전 일찍이라서 바쁘게 오시지는 않았나요?"
"면접 순서가 마지막이라서 기다리는데 힘들지 않았나요?"
"긴장하지 마시고 편안하게 참여하셔도 좋습니다!"
"혹시 시간이 필요하시면 손을 잠깐 들고 생각할 시간을 달라고 하셔도 좋습니다!"
"마지막으로 하실 말씀이 있으신가요?"
"추가로 하실 말씀 있으시면 하셔도 좋습니다!"

　이러한 질문을 하면 지원자를 인격적으로 대하는 느낌을 줄 수 있고, 지원자가 이러한 질문을 받았을 때, 어떻게 반응하는지도 알 수 있다.

　내부 면접관도 지원자를 인격적으로 대해야 하지만, 외부 면접관의 경우에는 초대해 준 공공기관이나 기업 등의 조직에서 다시 초대받을 수도 있다. 따라서 지원자에 대해서 인격적으로 대하는 것은 가장 기본적인 면접관의 역량이며, 주변에 좋은 인상을 남기는 가장 중요한 능력이기도 하다.

》 **Do** 면접관으로서의 품위를 지켜라

점심 식사를 내부 위원들과 함께하는 경우도 많이 있다. 너무 큰 소리로 이야기를 한다거나 말을 너무 많이 한다거나 하는 행동은 지양하도록 한다. 면접관으로 품위를 지키도록 하자. 내부 위원들이 질문하는 것에 장단을 맞추는 정도가 되면 적당하다. 대화를 주도하기 위해서 이런저런 이야기를 하다 보면 두 가지 문제가 있다.

첫 번째 문제는 지원자 평가 기준에 대한 주관이 흔들릴 수 있다는 점이다. 가끔 내부 면접관이 이런 사람, 저런 사람 뽑아야 한다고 강조하는 경우가 있다. 내부 면접관의 의견을 경청하는 것은 좋으나, 이는 자칫 잘못된 방향으로 흘러갈 수도 있다. 내부 면접관이 외부 면접관과 대화가 잘 된다고 생각해서 개인적인 생각을 강조하고 강요하는 경우가 있는데 외부 면접관을 두는 것은 공정성과 신뢰성, 객관성을 높이는 것이 목적이니 너무 많은 대화는 조심하자.

두 번째 문제는 다른 면접 현장에 관해 이야기하는 경우, 좋지 않은 인상을 줄 수 있다는 점이다. 과거에 면접관이 참여했던 조직과 이곳을 비교하면 좋은 의도로 이야기했더라도 상대방이 기분 나쁘게 받아들일 수도 있다. 이를테면 다른 곳은 면접과 면접 사이에 휴식 시간이 몇 분인데 여기는 몇 분이라고 이야기를 하거나, 다른 곳은 면접 평가 결과를 전산에 입력하면 되는데, 여기는 엑셀로 입력하고 나서 맞는지 안 맞는지 확인한다는 식의 대화를 예로 들 수 있다. 이러한 대화는 말하는 쪽에서는 좋은 취지로 설명했지만, 듣는 쪽에서는 불편하게 들릴 수도 있다.

면접관은 이곳에서 일할 소중한 사람을 채용하기 위해서 온 사람이다. 공식적이고 무거운 자리일 수 있다. 면접관으로의 말과 행동을 조금만 절제하면서 고급스러운 느낌을 보여 주자.

》 **Do 구조적 질문으로 면접관의 실력을 나타내라**

면접관으로서 구조적인 질문을 할 수 있어야 한다. 구조적인 질문은 지원자에 대해서 보다 심층적이고 구체적인 대답을 하도록 유도하는 고급스러운 질문이다. 구조적 질문은 한가지 질문에 관한 이슈를 먼저 선정하고 그 이슈에 대해서 지원자가 작성한 이력서와 자기소개서를 살펴보고 질문하는 것이며, 면접관은 구조적인 질문과 지원자의 대답을 비교하면서 내용의 사실 여부를 확인할 수 있다. 구조적 질문은 큰 범위에서 작은 범위로 좁혀가면서 질문을 단계별로 진행해야 한다. 이를 통해 면접관은 이슈에 관한 지원자의 생각과 느낌을 분석하여 지원한 직무에 대해서 일할 수 있는지에 관한 적합성을 파악할 수 있다.

[구조적 질문의 예]

1) (경험유무)인턴 경험은 있는지요?
2) (동기이유)본인이 인턴을 경험한 이유는 무엇인가요?
3) (경험적합)지원한 직무와는 관련이 낮은 회사에서 근무한 인턴 경력을 넣은 이유가 있나요?
4) (사실확인)언제부터 언제까지 인턴으로 근무했다고 하는데, 학교에서 재학 중인 기간이 아닌가요?
5) (의사표현)인턴을 하면서 느낀 점은 무엇인가요? 구체적으로 답변해 주시겠어요?
6) (문제해결)인턴을 하면서 아쉬운 점은 어떤 것이었나요? 앞으로 어떻게 개선할 수 있나요?

이러한 구조적인 방법으로 질문을 한다면 지원자의 전체적인 생각과 대답에서의 허위 사실을 발견하기도 하며, 지원자의 진정성을 간접적으로 판단해 볼 수도 있다. 무엇보다도 지원자의 이슈에 관해서 넓고 깊은 범위에서 질문하고 대답을 얻어낼 수 있다. 또 구조적인 질문을 통해서 면접관은 본인의 질문에 대해서 만족을 느낄 수 있으며 본인의 질문 순서와 질문 내용이 제대로 이루어졌다는 것을 스스로 느끼는 순간을 경험할 수도 있다.

》 **Don't 하지 말아야 할 질문은 하지 않는다**

면접은 개인의 다양성을 존중하는 자리이다. 여기서 절대로 하지 말아야 할 질문은 다음과 같다.

첫째, 정치에 관한 질문이다. 정치에 관한 질문은 하지 않는 것이 원칙이다. "요즘 정치는 어떤가요?"라는 식의 질문을 실제 들어 본 적이 있다. 이건 심각한 질문이다. 우회적으로 정치적 성향을 물어보는 것도 지양해야 한다. "요즘 사람들은 광장에 나가면 어디로 나가나요?" 내지는 "다른 사람들은 과거보다 요즘 어떻다고들 하던가요?" 이런 식으로 우회적으로 질문하는 것도 포함된다.

둘째, 종교에 관한 질문이다. '일요일은 주로 어딜 가느냐', '학교는 크리스천 스쿨을 나왔느냐'는 식의 종교적인 믿음에 관한 질문은 하지 말아야 할 사항이다. 한번은 어떤 면접관이 이런 질문을 했다. "고등학교, 대학교가 크리스천 스쿨인가요? 학교 다닐 때 예배도 보고 그러지요?"라고 면접관이 얘기했더니, 지원자가 이렇게 대답했다. "네, 제 동생도 그 학교를 지금 다니고 있는데요. 예배도 보고 그렇더라고요. 저희 가족은 주말에는 다 같이 예배를 드립니다."

순간 면접관도 질문이 어색했다는 것을 느꼈고, 지원자도 잘못된 대답을 했다는 것을 인식한 어색한 순간이었다. 이렇듯 어색하게만 끝나면 다행이겠지만 면접 과정에서의 종교와 관련된 질문이나 대답이 오갔다는 것을 지원자 쪽에서 문제시한다면 작은 문제는 아닐 수 있다.

셋째, 가족관계에 관한 질문이다. 지금은 많이 없어졌고 공공기관은 철저하게 질문하지 않지만, 여전히 중소기업에서는 이러한 가족에 관한 질문이 오가고 있는 것을 알 수 있다. 중소기업에 면접관 교육 관련 출장을 간 적이 있었는데, 여전히 가족 사항에 대해서 질문을 하고 있었다.

"지원자님, 실례가 되지 않는다면 가족관계에 대해서 말씀해 주시겠어요?"라고 정중하게 묻는 것 같지만 사실 이것은 잘못된 질문이다. 지원자가 면접관이 모르는 가족관계에 대해서 말하는 것이 불편할 수 있기 때문이다. 면접관 교육을 진행하면서 앞으로는 가족관계에 대해서는 질문하지 않는 것으로 교육하였고, 그 이유는 가족관계가 지원자의 역량이나 직무와 관련이 있다는 것을 증명할 수 없기 때문이라고 설명해 드렸다.

넷째, 성차별적인 질문이다. "여성분이 그 일을 할 수 있겠어요? 생각보다 어렵습니다.", "남성분이 가능하겠어요? 생각보다 디테일하고 꼼꼼해야 합니다."이러한 성차별적인 질문은 면접관의 질문에서는 제외하여야 한다. '설마 이러한 질문을 하겠어?'라는 생각도 하겠지만, 면접장에서는 의외로 면접관이 성차별적인 질문을 해서 문제가 되는 경우가 종종 있다.

"여성분이 무거운 것을 옮길 수 있겠어요?"
"남성분이 고객을 잘 상담할 수 있을까요?"
"위험한 일인데 여성분이 용감하게 할 수 있을까요?"
"출장 시 혼자 숙박해야 하는데 가능하겠어요?"
"여성분이 힘든 직무를 한다면 부모님이 허락하시겠어요?"

위와 같은 성차별적인 질문을 하는 경우들이 있다. 전문면접관으로 인정받는 것은 의외로 간단하다. 해야 할 것과 하지 말아야 하는 것을 잘 구분하고 본인 것으로 내재화하면 된다. 여러 번 연습하지 않아도 기본적인 사항들만 인지하고 참여하더라도 전문면접관처럼 보일 수 있고, 그렇게 행동할 수 있다.

》 Don't 고압적인 말투와 태도는 취하지 않는다

면접은 개인의 다양성을 존중하는 자리이다. 고압적인 말투와 태도를 취해서는 안 된다. 요즘은 SNS 통해서 면접에 대한 경험을 후기로 올리는 경우가 많다. 고압적인 것으로 지원자에게 인식되어서 지원자를 인격적으로 대하지 못할 경우 생기는 문제는 생각보다 클 수 있다.

예) SNS에 올라온 공공기관 면접 후기

> 2023년 5월 0일 오후에 공공기관 인성 면접에 참여했다. 면접관이 질문했는데 내가 대답을 못 해서 얼굴이 빨개졌다. 그런데 면접관님이 '얼굴이 왜 그렇게 빨개졌냐'고 물어보고 나서, 또 다른 면접관도 똑같이 물어봤다. 술 먹은 사람 같다고 했다. 나한테 긴장을
> 풀어 주려고 한 말이겠지만 기분이 별로 좋지는 않았다. 여러 면접관이 한꺼번에 물어보는 것도 기분이 좋지 않은데, '본인의 상태를 말로 잘 설명 못 한다'는 어떤 면접관의 말이 상당히 기분 나빴다

예) SNS에 올라온 공공기관 면접 후기

> 2023년 5월 0일 오전에 OO 기업 면접에 참여했다. 그런데 면접관님이 내가 하는 말을 잘 듣고 있지 않다는 생각이 들었다. 내가 시선을 끌려고 해도 서류만 보고 말하고, 나에게 집중을 안 해주었다. 더 기분이 나쁜 건 내가 질문한 것에 대답을 못 했는데 학교 다닐 때 배운 것 아니냐고 하면서 본인이 나한테 설명해 주었다. 나도 들어보니 몰랐던 내용은 아니었다. 그 면접관은 차라리 선생을 하지 뭐 하러 면접 시간에 나한테 그렇게 설명하는지 모르겠다. 이곳에 지원하는 분들은 참고하세요. 내가 뭐 여기 배우러 왔나? 선생님처럼 뭘 가르치려고 하는 면접이었고, 난 아마 떨어졌을 수도 있을 것 같아 여기서 하소연합니다.

》 **Don't** 당신은 이미 불합격했다는 뉘앙스를 주지 않는다

면접은 면접관들의 평가 점수를 합산하여 평균을 내고, 순위를 정해서 필요한 커트라인에 있는 지원자까지 채용하게 된다. 이를 위해서 2배수니, 3배수니 하는 인원을 두고 면접을 진행하게 된다. 자신의 마음에 들지 않았다고 해서 표정이나 어투에서 당신은 이미 불합격했다는 뉘앙스를 보여 주면 안 된다. 면접관도 합격과 불합격은 면접 당시에는 알 수가 없다. 따라서 표정에서도 나타내면 안 된다.

일반기업에서 있었던 일이다.

"남성 지원자님, 손등에 문신이 있어 보입니다. 문신이 어디까지 있습니까? 발목에도 문신이 있군요?"

"네, 손등과 팔꿈치까지 제가 좋아하는 철학자의 문구를 넣었습니다. 발목에도 무릎 아래까지 있습니다! 요즘에 간단한 문신은 많이들

하는 것 같아서 저도 학교 다니면서 친구들과 함께했습니다."

이때 한쪽 끝에 있는 면접관의 미간이 찌그러지며, 살짝 한숨을 쉬었다. 다른 면접관들은 아무렇지 않아 했다. 지원자가 얘기했다.

"혹시 제가 문신이 있다는 것이 저의 합격과 불합격에 영향을 주는 건가요? 문신의 내용은 지극히 철학적인 내용입니다."

면접관들은 서둘러 문제가 없다고 얘기했지만, 지원자의 표정은 어두웠다. 표면적으로 내보이지 않아야 하는 표정 관리에 미흡했던 면접관이 있었던 것이다.

Chapter · 3
면접관으로서 앞으로의 비전과 인사이트

》 **인생은 길고 할 일은 그리 많지 않다**

    리더로서 기업에서 면접관으로 기회가 있을 때마다 경험을 살려 나가기를 바란다. 이러한 경험이 나에게 새로운 직업을 찾게 하는 데 도움이 될 수 있다. 인생은 길고 할 일은 그리 많지 않다. 공대를 나와도 문과를 나와도, 서울에 있는 대학을 나와도 지방에 있는 대학을 나와도 만나는 곳은 치킨집이라는 이야기가 있다. 생각하는 것보다 퇴직 후에 할 수 있는 일이 많지 않다. 퇴직금 투자에서 본전도 못 건지는 일들이 비일비재하다. 인생에서 어렵게 만들어 온 것을 지켜내고, 앞으로도 그것을 오랜 시간 활용할 수 있어야 한다. 퇴직 후 중년에게는 할 일이 그리 많지는 않다.
    그러나 면접관은 나이가 들어도 충분히 해낼 수 있는 매력적인 직업이다. 45살 이후부터 70살 정도까지 혹은 그 이상으로도 본인이 어떻게 본인을 관리해 왔냐는 것으로 결정된다. 요즘은 자기 관리를 잘한 시니어들도 많아서 전문면접관을 오랫동안 하는 모습을 어렵지 않게 볼 수 있다. 평균수명은 점점 더 길어지고 있다. 80의 연세에도 건강한 어르신들이 많다. 따라서 건강만 허락한다면 전문면접관의 일은 꾸준하게 계속할 수 있다는 장점이 있다. 본인의 실무 경력과 면접관의 경험을 포트폴리오로 잘 정리해 나간다면 오랫동안 일을 할 수 있을 것이다.

》 가끔 대충하지 말고, 자주 제대로 하라

면접관으로 활동하기 위해는 자주 적극적으로 활동하라. 면접관들이 모이는 행사에도 자주 참여하라. 이를 통해서 면접관으로서의 얼굴을 외부에 자주 노출하도록 하라. 면접관들이 스스로 만들어 운영하는 공부 모임도 가입하여 활동하라. 여기에서 본인의 이름과 경력을 적극적으로 알릴 수 있기 때문이다. 공부 모임에 가서도 단순히 머릿수만 채우는 참여자의 형태가 아니라 적극적으로 나서고 특정한 역할을 맡아서 활동하는 것이 좋다.

대충하지 말고 제대로 하라는 것은 첫째로 인맥이나 모임을 통해서 본인이 전문면접관이라는 것을 알리라는 것이고, 두 번째는 본인이 전문면접관으로서 활동하고 스스로 본인의 이름을 세상에 알려 나가라는 것이다. 단순히 참여자의 관점으로 머릿수만 채우지 말고, 적극적으로 모임이나 행사의 역할을 맡아서 주도적으로 이끌어 가는 것이 좋다. 이렇게 함으로써 본인의 존재를 관련자분들에게 알릴 수 있고, 면접관으로 추천될 가능성이 커진다.

》 꾸준히 공부하고 소득을 만들어 낼 수 있는 직업이다

전문면접관은 꾸준하게 공부하는 직업이다. 공부하는 만큼 꾸준하게 소득을 만들어 낼 수 있다. 전문면접관으로 수입은 무자본 투자에 의한 수익이 만들어지는 지식 사업이다. 따라서 면접에 관련된 학습을 꾸준하게 하는 것이 좋다. 대표적으로 세 가지에 관한 학습을 제안한다.

첫째, NCS 국가직무표준자료를 참고하여 국가가 분류한 24개 직종에 관한 정보를 확인하고, 직무에 관한 기술서를 확인하는 것이다. 이러한 정보를 통해서 어떤 직무면접에서 어떤 산업에 어떤 질문을 할 것인지를 미리 정리해 볼 수 있다. (국가직무능력표준 인터넷사이트 : https://www.ncs.go.kr/index.do)

둘째, 대학에서 해마다 발간하는 취업백서를 구해서 기업별로 어떤 규모로 어떤 트렌드로 채용하는지, 변화되는 것은 없는지 확인하는 것이다. 대학별로 취업 진로센터에서 취업백서를 발간하기 때문에 자료를 구하는 것은 어렵지 않다. 주변에 있는 대학 내 취업진로센터에 가면 무료로 구할 수 있다.

셋째, 채용에 관한 트렌드를 확인할 수 있는 사이트를 평소에 한 번씩 방문해 보자. 사람인, 잡코리아, 인크루트와 같은 웹사이트는 채용에 관한 최신 트렌드를 제공하는 경우가 많다. 그리고 국내 연구 기관에서 채용에 관한 연구자료를 발간하는 것들도 참고하면 좋다. 대표적으로 한국고용정보원, 한국경제연구원, 한국노동연구원 등이 있다.

전문면접관은 본인이 면접관으로 활동한 시간에 대해서 소득이 비례한다. 많이 참여하면 많이 벌 수 있다. 대기업의 부장급 수준의 소득을 만드는 분들도 있다. 전문면접관의 장점은 면접관 활동을 할 때까지 꾸준한 소득을 만들 수 있다는 점이다.

》 **한 번만 따라 해보면 전문면접관이 될 수 있다**

전문면접관은 기업이나 공공기관의 전문면접관으로의 활동 외에도 다른 가능성을 가질 수 있다. 전문면접관의 경력을 쌓으면서 만들어 갈 수 있는 분야들이 있다.

첫째, 취업 준비와 관련된 컨설턴트로서의 활동이 열린다. 전문면접관으로 활동한 경험이 있는 분들이라면 대학생 대상 취업 프로세스 중 면접에 관한 컨설턴트로 활동이 가능하다. 대학에 취업 지원을 돕는 에이전시 회사들을 찾아서 자신의 경력을 올려 두면 된다.

둘째, 취업 준비와 관련된 칼럼니스트가 될 수도 있고 운이 좋으면 방송에 출연할 기회도 주어진다. 꾸준히 취업과 면접에 관한 경험을 정리해 두고, 이러한 것들이 누적되면 칼럼니스트로서의 요건을 만들 수 있다. 요즘은 SNS나 유튜브에서 전문적인 면접관 칼럼니스트의 출연을 요청하는 경우도 있다.

셋째, 면접과 관련된 작가로서의 활동이 가능하다. 취업과 면접에 관련된 책을 꾸준하게 써나갈 수 있다. 책을 여러 권 쓰게 된다면 작가로서의 활동과 이와 관련한 강사로서의 활동까지도 확대될 수 있다.

지금은 아니더라도 여러 가능성을 열어 두고 준비해 간다면 전문면접관의 활동 영역을 스스로 확대하는 방법이 된다.

여기에 정리한 내용은 한 번만 따라 해보면 전문면접관이 될 수 있는 실질적이고도, 경험적인 노하우를 정리한 것이다. 전문면접관으로서 해야 할 것과 하지 말아야 하는 것으로 쉽게 구분하여 정리해 보았다. 나아가 전문면접관으로서의 경험이 앞으로 본인의 부가적인 캐릭터가 되고 전문면접관을 중심축으로 할 수 있는 활동 영역도 다양하게 있다는 것을 제시하고 있다. 이 글이 전문면접관이라는 직업을 이해하고 가능성을 확인하는데 도움이 되었으면 한다.

02

거친 파도는
전진하는 자의
벗이다.

Chapter 1. 어린 시절, 첫 번째로 마주한 거친 파도
Chapter 2. 인생이 뜻대로 되지 않는구나! 다시 시작이다.
Chapter 3. 끝나지 않는 도전! 거친 파도는 전진하는 자의 벗

비전크리에이터
김명렬

금오공과대학교를 졸업하고 ROTC 장교로 임관하여 군내(軍內) 11개 부대에서 20여 년 동안 지휘관, 참모, 교관 직책을 수행했다. 그리고 전역하여 현재는 대전에 있는 국립 한밭대학교에서 군사학 교수로 재직하며 7년여 동안 ROTC 후보생들에게 군사학 과목을 가르치고 있다. 군 생활 중에 군내 위탁교육으로 한성대학교 경영대학원에서 경영학 석사학위를 취득하였고, 군사학 교수로 재직하면서 건양대학교 일반대학원에서 군사학 박사학위를 취득하였다.

박사학위 취득 이후 건양대학교 군사과학연구소 연구위원, 사)국방산업연구원 감사 및 연구위원, 육군학생군사학교 문무대 연구소 연구위원, 사)미래군사학회 학술지(한국군사학논총) 논문 심사위원, 한국해양전략연구소 학술지(해양안보) 논문 심사위원으로 활동하고 있다.

집필 동기

"No pain, no gain. There is no magic. It's practice, practice and practice." 이것은 나의 좌우명이며 인생관이다. 나는 이런 불변의 진리를 가슴에 품고 인생을 살아왔고, 앞으로도 이 문장을 기억하면서 살아갈 것이다. 그 이유는 사람이 살면서 고통과 노력 없이 이룰 수 있는 것은 아무것도 없기 때문이다. 혹자는 인생을 롤러코스터에 비교한다. 왜냐하면 사람들은 모두 희로애락(喜怒哀樂)을 겪으며 오르막길과 내리막길을 경험하면서 살아가기 때문이다. 나도 50여 년을 살아오면서 여러 번의 고비를 넘으며 롤러코스터와 같은 인생을 살아왔다. 돌이켜보면 결코 녹록지 않았고 그러한 여정은 아직도 진행형이다.

과연 인생을 살면서 단 한 번도 난관에 부딪혀본 경험이 없는 사람이 있을까? 아마 없다고 본다. 지금까지의 삶을 돌이켜보면 나는 그때그때 상황에 맞게 끈질긴 도전을 통해 인생의 거친 파도를 넘어왔다. 어찌 보면 그나마 운이 좋았다고 생각한다. 만약 '운이 따라주지 않았다면 여기까지 올 수 있었을까?' 하는 불안감과 '미리 준비하는 삶을 살았더라면 거친 파도를 넘는 과정이 조금 수월했을 텐데….' 하는 아쉬움이 남는다. 사실 나는 삶의 가장 큰 위기였던 20여 년의 군 생활을 마무리하는 시점에 임박해서야 부랴부랴 재취업 준비를 시작했었다. 그래서 시간에 쫓기다 보니 계획성도 없었고, 여러 가지 시행착오를 겪으며 매우 힘든 시기를 보냈다고 생각한다.

그나마 다행인 것은 전략은 미흡했지만 포기하지 않는 열정이 있었기에 재취업에 성공할 수 있었다. 하지만 운이 따라주지 않았다면 열정만으로 재취업은 불가능했을 것이다. 사람들은 흔히 "열정이 없는 사람은 죽은 거나 다름없다."라고 말한다. 그 이유는 열정이란 인생을 살아가면서 난관에 부딪쳤을 때 그 파도를 넘어설 수 있는 긍정적인 에너지이기 때문이다. 그러나 최근 30년간 신문에 연재된 만화들 중에 최고의 인기작으로 꼽히는 딜버트(Dilbert)의 작가 스콧 애덤스(Scott Adams)는 자신의 저서 『열정은 쓰레기다』에서 대책 없는 열정을 통렬하게 비판하고 있다. 요지는 '열정' 자체를 부정한 것이 아니라 전략 없는 열정을 쓰레기에 비유한 것이다. 즉, 자신의 능력이나 상황, 적성을 고려하여 전략을 세우고 목표를 향해 열정을 쏟으면 성공의 가능성이 더 높아진다는 점을 강조한 것이다.

나는 현재 지방 국립대학에서 ROTC 후보생을 가르치는 군사학 교수로 재직하고 있다. 재취업을 위해 열정을 쏟을 당시 스콧 애덤스가 지적한 것처럼 구체적인 전략은 없었지만 운이 좋게 20여 년의 군 생활 경력과 적성에도 맞고 후배 장교 양성이라는 보람도 느낄 수 있는 현재의 직위에 임용되었다.

누구든지 중년의 나이에 다니던 직장을 그만두고 새롭게 인생 2막을 시작해야 한다면 막막하고 불안할 것이다. 하물며 사회 물정에 어둡고, 군 생활 경력밖에 없는 장기 복무 제대군인은 어떤 심정이겠는가? 나도 그 당시 정말 막막하고 불안했다. 하지만 어린 시절 거친 파도를 넘은 소중한 경험이 큰 힘이 되었고, 준비는 부족했지만 다행히 인생 2막을 여는데 성공했다. 그리고 지금은 지인(知人)의 소개로 전문면접관이란 새로운 목표에 도전 중이다. 그렇기에 내가 이 글을 쓰는 목적은 명확하다. 어정쩡한 나이에 새로운 출발을 해야 하는 사람들, 특히 나와 같이 직업군인의 생활을 하다가 중년의 나이에 전역하게 되어 걱정과 불안감으로 막막한 독자들이 나의 인생 스토리가 담긴 글을 통해 좀 더 자신감 있게 인생 2막을 준비하고 시작하는 데 도움이 되었으면 한다. 그리고 "거친 파도는 전진하는 자의 벗이다."라는 문호 괴테의 명언처럼 인생을 살면서 아무리 어려운 난관에 부딪치더라도 포기하지 않고 정진하면 극복할 수 있다는 메시지를 전달하고 싶다.

Chapter · 1
어린 시절, 첫 번째로 마주한 거친 파도

》 **청운의 꿈, 운동선수를 포기하다**

초등학교 4학년 때 남다른 운동신경을 알아본 체육 선생님의 눈에 띄어 운동선수로 선발되었고, 각종 대회에서 입상하면서 어려운 경쟁률을 뚫고 전문체육 중학교에 진학하여 운동선수로 성공하는 꿈을 꾸었다. 당시에는 1986년 서울 아시안게임과 1988년 서울올림픽 붐으로 운동선수가 많은 청소년에게 선망의 대상이었다.

내가 재학 당시 전문체육 중학교는 모든 학생이 기숙사 생활을 하고 격주로 금요일에 외박을 나가 일요일에 복귀했다. 나는 수영 선수였는데, 주중 일과가 거의 군대와 비슷했다. 일과표에 따라 규칙적인 생활을 해야 해서 어린 나이에 적응하기가 쉽지 않았지만, 운동선수로 성공하는 꿈이 있었기에 참고 견뎠다.

체육고등학교 진학을 위해서는 중학교 3학년이 중요한 시기인데 나는 운이 없게도 운동 중 허벅지 인대가 파열되는 심각한 부상을 당했다. 병원 진료 결과 치료와 재활에 6개월 이상 소요된다는 진단을 받았다. 그로 인해 중요한 대회에 출전도 못하고 무기력한 좌절감에 고민하다가 운동선수의 꿈을 접고 일반 고등학교에 진학하기로 결심했다. 초등학교 4학년 때부터 운동선수 생활을 하느라 공부와 거리가 멀었던 나에게는 어찌 보면 무모한 도전이었다. '공부에 대한 기초가 전혀 없는 내가 일반 고등학교에 진학할 수 있을까? 고등학교에 진학해서 기초가 없는데 학업 진도를 따라갈 수 있을까? 그리고 대학에는 갈 수 있을까?' 이런 저런 고민이 많았지만 가능성을 믿고 일단 도전해 보기로 했다.

수영 선생님께 내 결심을 어렵게 말씀드렸더니 "뭐라고? 일반 고등학교에 진학하겠다고? 공부에 기초도 없는 놈이 그게 되겠냐?"라고 하시면서 체육 중학교는 운동선수를 양성하기 위해 국비로 운영되기 때문에 공부를 위해 운동 열외는 안 된다고 하셨다. 공부하고 싶으면 운동시간 외에 알아서 해야 한다고 해서서 답답함에 미칠 것만 같았다. 그렇다고 포기할 수는 없었다. 어떻게든 공부할 수 있는 방법을 찾아야 했다. 고민 끝에 택한 방법은 밤 10시에 취침하면 새벽 2시에 일어나서 6시 기상 때까지 교실에 가서 공부하는 것이었다. 기초가 없었기에 공부에 우등생인 누나의 조언으로 수학, 영어는 포기하고 암기 과목 위주로 누나가 구입해 준 교재로 3개월 동안 고입 학력고사 전까지 매일 새벽 공부를 실천했다. 그 결과 고입 학력고사 합격점을 겨우 넘겨서 일반 고등학교에 진학할 수 있었다.

》 반에서 꼴찌로 입학했던 내가 대학에 가다

일반 고등학교 진학에는 성공했지만, 학교생활은 더욱 막막했다. 입학 성적은 당연히 반에서 꼴찌였고, 기초가 없다 보니 수업을 따라갈 수가 없었다. 특히 영어와 수학이 문제였는데, 영어는 도무지 이해할 수 없어 수업 시간이 괴로웠고, 수학은 첫 시험에서 반 평균이 85점이었는데 45점을 맞았다. 정말 열심히 공부한 결과인데 당시 수학 선생님의 "부모가 불쌍하니 학교 그만 다녀라."라는 말에 너무 억울하고 분해서 학교생활을 포기하려고 책가방을 싸서 정문으로 걸어 나가고 있었다. 그때 멀리서 담임 선생님이 큰 소리로 이름을 부르며 한달음에 달려오시더니 나의 손을 잡고 "중학교 공부부터 다시 하면 된다. 포기하지 말고 어서 교실로 가자."고 하셨다. 그리고 수학 선생님은 내가 운동선수였다는 사실을 모르셨다면서 나에 대한 오해를 푸셨고 미안해하셨다는 이야기도 해 주셨다.

그 이후 담임 선생님의 도움으로 중학교 공부를 병행하며 학교생활에 점점 적응해 나갈 수 있었다. 비록 반에서 꼴찌였지만 가장 먼저 등교하여 교실 문을 열었고, 4시간 이상 잠을 자지 않겠다는 목표를 세우고 이것을 실천하면서 열심히 공부했다.

그 결과 영어는 워낙 기초가 없어 성적 향상이 어려웠지만 나머지 과목은 어느 정도 학업 진도를 따라갈 수 있었고, 학년이 올라갈수록 성적이 점점 향상되어 지방 국립대학에 진학하였다. 결코 쉽지 않았던 과정을 이겨낸 나 자신에게 자부심을 느끼며 만감이 교차하는 순간이었다.

❱ 대학에서의 새로운 꿈, ROTC, 그리고 직업군인

대학 생활은 고등학교와는 사뭇 달랐다. 자유로웠고 여유와 낭만이 느껴졌다. 그렇게 대학 생활에 빠져 있었는데, 어느 날 제복을 입고 당당하게 캠퍼스를 활보하는 ROTC 후보생들이 나의 시선을 사로잡았다. 정말 멋져 보였다. 그 순간 '그래 바로 저거다. ROTC에 도전해보자.'라는 생각이 들었다. 모집 공고를 보자마자 고민할 것도 없이 ROTC에 지원했고, 선발 과정을 통해 당당하게 합격했다.

대학교 3, 4학년 동안의 ROTC 교육과정은 내 인생의 큰 전환점이 되었다. 체육 중학교 시절 경험 덕분인지 조직 생활이 잘 맞았고, 남다른 운동신경으로 군사훈련에도 잘 적응했다. 한마디로 내 적성에 딱 맞는 것 같았다. 그렇게 대학 학부 과정과 ROTC 군사교육을 우수하게 이수하고 졸업과 동시에 포병장교로 임관했다.

군 생활의 시작은 매우 순조로웠다. 초급 장교가 체력이 좋고 열정적이면 일단 50점은 먹고 들어가는데 나는 운동선수 출신이라 체력이 좋은 건 당연했고, 열정적인 성격까지 가지고 있어서 군에서 우수한 장교로 인정받았다. 덕분에 중위 때 장기 복무에 선발되었고 본격적으로 직업군인의 길을 걷게 되었다. 그때만 해도 모든 일이 잘될 것만 같았고 인생의 장애물은 없을 것으로 생각했다. 그러나 인생이 항상 뜻대로 되지 않듯이, 나 역시 난관에 봉착하게 되었다.

Chapter · 2
인생이 뜻대로 되지 않는구나! 다시 시작이다.

》 **20여 년의 군 생활, 전역을 앞둔 40대 중반 직업군인의 고민**

나는 대학 졸업 후 ROTC 장교로 임관하여 20여 년 동안 국가 안보의 최일선에서 나름대로 인정도 받고 보람을 느끼며 군 생활을 하였다. 내가 장교의 길을 걸으며 항상 실천한 가치관은 '공(功)은 부하에게, 책임은 나에게'였다. 위관장교 시절, 이런 나의 가치관은 리더십으로 승화되어 항상 성과로 연결되었고, 중요 보직을 거쳐 소령으로 1차에 진급하였다.

하지만 영관장교로 진급하고 보니 위관장교 때와는 상황이 달랐다. 나는 그때까지 군인은 자신의 직무에 최선을 다하고 부하에게 헌신하면 진급은 당연히 따라오는 것으로 생각했다. 그러나 현실은 그렇지 않았다. 개인의 능력도 중요하지만 군 조직의 피라미드 구조상 출신 문제, 인맥 관계, 보직 경쟁 등 위관장교 시절과 달리 진급에 영향을 미치는 다양한 변수들이 존재하고 있었다. 물론 관운(官運)이 좋아 지휘관을 잘 만나고 보직이 술술 풀린다면 이런 문제가 해결되겠지만 그건 어디까지나 운(運)의 문제였다.

나는 관운도 없었고, 진급의 영향변수에 대처하는 처세술도 몰랐다. 그저 나만의 가치관을 실천하며 주어진 자리에서 묵묵히 소임을 다할 뿐이었다. 그런데 뜻밖에 기회가 찾아왔다. (이 내용은 군 조직의 문제점이 아닌 당시 내가 겪은 지극히 개인적인 부당한 사례를 기술한 것이니 오해가 없기를 바란다.) 중령 진급을 보장받는 직책에서 근무하던 장교가 해외파병을 가게 되어 갑자기 공석이 발생한 것이었다. 이에 상급 지휘관은 나를 불러 "공석이 된 직책의 대리 임무를 수행하면 어떻겠나?"라고 물었다. 나는 "현재 수행 중인 직책의 보직 기간이 끝나지 않았습니다."라고 답변했고, 중령 진급 대상자가 되려면 3년 정도 남아 있어서 고민이 될 수밖에 없었다. 그러자 그는 대리 임무를 수행하면 그런 여건을 고려해서 중령으로 진급할 수 있도록 보직 관리를 해줄 것이니 걱정하지 말라고 했다. 이런 제안을 어느 누가 수락하지 않겠는가?

그때부터 연말까지 열정을 불살라 사무실에 군용 침대를 아예 깔아놓고 매일 야근하며 훈련, 평가, 전술 토의 등 중요한 과업들을 깔끔하게 수행했고, 그에 대한 성과도 달성했다. 그런데 모든 일이 마무리된 어느 날 그는 나에게 "후임자가 내정되어 있으니 이제 보직 수행을 그만하라."고 지시하였다. 순간 너무 어이가 없고 머리가 멍해져서 "생각 좀 해보고 답변드리겠습니다."라고 말하며 지휘관 실을 나왔다.

토사구팽(兎死狗烹)이 이런 경우를 두고 하는 말인가? 그가 말하는 후임자는 자기 출신 후배였고, 이미 전입 일자도 정해진 상태였다. '내가 그와 같은 출신이었다면 이런 취급을 받았을까?'라는 생각이 들어서 너무 분하고 억울하고 자존심도 상했다. 이런 취급까지 받아 가며 군 생활을 계속할 이유가 없었다. 그래서 전역을 결심하고 퇴근 후 아내에게 "여보. 내 군 생활은 여기까진가 보네. 전역하고 새로운 길을 찾아봐야겠어."라고 말했다. 그러자 아내는 이유도 묻지 않고 "당신이 그렇게 생각했다면 전역하세요."라고 했다. 다만, 가족의 생계가 있으니 바로 전역하지 말고 연금 받을 때까지만 군 생활을 해달라고 부탁했다. 지금까지 전방 오지(奧地)를 돌며 그렇게 고생시켰는데도 불평 한마디 없이 나를 신뢰해준 아내의 부탁을 거절할 수가 없었다. 그래서 진급 생각은 접고 포병에서 감찰 병과로 전과하여 남아 있는 연금 수급 근속 기간(19년 6개월 이상)을 채우기로 했다.

그런데 상황이 변한다고 천성은 바뀌지 않듯이 나의 사전에 대충이란 단어는 없었다. 전역을 결심하고 감찰 병과로 전과했지만, 여전히 나는 주어진 직무가 우선이었고, 전역 준비는 뒷전이었다. 그렇게 시간이 흘러 어느덧 전역을 해야 하는 시기가 다가왔다. 전역이 현실로 다가오자 갑자기 막막함이 느껴졌다.

'40대 중반의 나이인데 내가 군복을 벗고 사회에 나가 무엇을 할 수 있을까? 군 생활 경험밖에 없는 내가 원하는 직장에 재취업할 수 있을까?' 생각만 해도 답답했다. 더욱이 20여 년의 군 생활을 뒤로 하고 40대 중반의 나이에 사회 초년생으로 새로운 직장을 구해야 하는 현실은 나에게 엄청난 압박감으로 다가왔다. 그 이유는 내가 재취업을 못한다거나 재취업 시기가 늦어지면 당장 가족의 생계에 문제가 발생하기 때문이었다. 그러나 이러한 절박함이 있었음에도 그동안 재취업 준비를 전혀 하지 않았다는 사실이 더 큰 문제였다.

하지만 다행히 장기 복무 군인은 전역 전에 제도적으로 군 복무기간에 따라 전직 준비기간을 보장받는데, 나는 10개월을 부여받았다.

즉, 10개월 이내에 어떻게든 재취업을 해야 했기에 전략이 필요했다. 우선 누나가 살고 있는 미국에 가서 어학연수를 받으며 군 경력을 활용할 수 있는 직장을 찾아보기로 했다. 만약 그것이 어렵다면, 다시 한국으로 돌아와 남은 기간 적극적으로 재취업에 도전하기로 마음먹었다.

》 끈질긴 도전 끝에 얻은 새로운 직업 '군사학 교수'

계획대로 미국 체류비자를 신청했고 승인이 나자 무작정 비행기를 타고 미국으로 향했다. 그리고 볼티모어 카운티의 전문대학에서 이민자를 대상으로 무료로 시행하는 4개월 영어 교육과정에 등록했다. 과정은 영어 수준에 따라 레벨 1반부터 5반까지 있었는데 등록시험을 통해 레벨 4반으로 분류되어 4개월 동안 열심히 수강했다. 그 결과, 레벨 4반에서 수료성적이 우수한 단 2명이 레벨 5반으로 승급 추천을 받았는데 내가 포함되었다. 하지만 나에게는 다시 레벨 5반에서 4개월 동안 교육과정을 수료하고 구직 활동을 할 수 있는 시간적인 여유가 없었다. 또한, 취업이 된다는 보장도 없는 상황이라 고민 끝에 현실적인 여건을 감안하여 귀국을 결정했다.

미국에서 귀국했을 때 전직 준비 기간이 4개월 밖에 남아 있지 않아 다급한 마음으로 본격적인 구직 활동을 시작했다. 인터넷 구직사이트에 채용공고가 올라오면 적성에 상관없이 일단 연봉만 고려하여 취업 지원서를 제출했다. 그러나 결과는 모두 서류전형 탈락이었다. 좌절감이 밀려왔다. 하지만 가족의 생계가 달린 문제라 포기할 수는 없었다. 그래서 나름대로 탈락 원인을 분석해 보니 나이가 많고 영어 자격이 없다는 점이 문제라고 인식되었다. 당장 재취업을 위한 전략 수정이 필요했다. 우선 지원서에 기재할 영어 자격을 취득하고, 나이를 고려해 취업 가능성이 있는 직종과 직급을 선별해서 집중 공략을 해보자는 전략을 세웠다.

일단 영어 자격 취득을 위해 영어 학원 단기 집중 수강 과정에 등록했다. 그 시기가 운 좋게 대학 여름방학과 맞물려 학원들이 대학생들을 대상으로 수강 과정을 다양하게 개설하는 기간이어서 원하는 대로 강좌를 선택할 수 있었다. 2개월 동안 TOEIC, TOEIC Speaking, OPIc 과정을 등록해서 아침 7시에 학원에 도착하면 1~2개 강좌를 수강하고, 강좌가 없는 시간대에는 학원에서 공부하다가 밤 12시에 집으로 돌아왔다. 20대 초반의 학생들과 공부하면서 약간 눈치도 보였지만 절박했기에 하루도 빠짐없이 계획된 루틴을 실천했고, 그 결과 수강한 3개 과정에서 취업지원서에 기재할 수 있는 영어점수와 등급을 모두 취득했다.

그리고 본격적으로 구직사이트 채용공고를 보면서 40대 중반의 나이에 취업 가능성이 있는 직종과 직급에 도전을 시작했다. 물론 서류전형에 여러 차례 탈락도 했지만 영어 자격이 기재되어서 그런지 면접까지 가는 경우도 종종 있었다. 하지만 면접의 고비를 넘지 못하고 탈락했다. 항상 받는 질문이 '20여 년 군 생활을 했는데 조직에 잘 적응할 수 있겠느냐? 어떻게 조직원들과 융화할 것인가?' 등에 대한 것이었는데 나름 답변을 잘했다고 생각해도 결과는 탈락이었다. 또다시 좌절감이 밀려왔고 재취업에 대한 걱정에 잠을 설치기 일쑤였다.

그러던 차에 운명 같은 채용공고가 올라왔다. 그것은 지방 국립대학 군사학 교수를 임용한다는 공고였다. 자격조건을 포함해서 군 생활 경력까지 모든 것이 나를 위한 직위라는 것을 직감했고, 한 치의 망설임 없이 지원하여 1~3차의 임용 절차를 거쳐 최종 합격통지를 받았다. 말로 표현할 수 없는 기쁨과 그동안의 고생이 교차하며 나도 모르게 눈물이 났다.

》 교수님은 어디서 박사학위를 받으셨죠?

"열정은 인생을 춤추게 한다."
 어디서 많이 들어 본 것 같아 왠지 익숙하다. 갑자기 이런 말을 하는 이유는 꼭 나 같은 사람을 두고 하는 것 같아서다. 20여 년의 군 생활을 뒤로 하고 40대 중반의 나이에 재취업이라는 인생의 가장 큰 고비를 넘어 대학교수로 임용되었는데 뭔가 허전한 느낌이 들었다. 그것은 새로운 직장이 마음에 들지 않아서가 아니었다. 군 경력을 살릴 수 있고 후배 장교를 양성한다는 생각에 적성에도 맞고 보람도 있었다.
 하지만 나 스스로 만족할 수가 없었다. 내면에서 또 다른 욕심이 나의 열정을 자극했기 때문이다. 대학 생활을 하다 보면 자연스럽게 타 학과 교수님들과 교류하게 된다. 특히, 나는 테니스를 좋아해서 임용되자마자 교수 테니스 동호회 문을 두드렸고 회원 교수님들로부터 입회 승인을 받아 동호회 활동을 시작했다. 그러면서 대학 분위기도 파악하고 오랜 기간 군 생활로 어두웠던 사회 물정도 알아가게 되었다. 그러던 중 나의 열정을 자극한 결정적인 계기가 된 사건이 일어났다.

테니스 월례대회 회식 자리에서 어떤 교수님이 나한테 "교수님은 어디서 박사학위를 받으셨죠?"라고 질문을 하셨다. 그 당시 나는 석사학위가 최종 학위라서 딱히 답변할 말이 없었다. 그래서 고민하다가 재치를 발휘하여 "저는 군에서 박사학위를 받았는데요. 한 분야에서 20년 이상 근무하면 그 분야에 박사 아닌가요?"라고 답변했지만, 마음 한편으로는 살짝 자존심이 상했다. 그런 질문을 회원 교수님들이 모여 있는 회식 자리에서, 그것도 면전에서 하시다니….

그래서 그날 이후 박사 과정에 도전해 보기로 결심했다. 내 자존심을 상하게 한 질문을 받아서가 아니라 스스로 박사학위의 필요성을 느꼈기 때문이다. 대학 교수로 임용되었는데 박사학위가 없다면 재직 기간 동안 전문성이나 자격 측면에서 나 자신이 떳떳하지 못하고 마음 한구석에 항상 아킬레스건으로 남아 있겠다는 생각에 입학 전형을 거쳐 군사학 박사 과정에 등록했다.

그러나 학기가 시작되고 원우들을 만났는데 대부분이 정책 부서나 교육 기관에서 근무하고 있는 대령 이상 고위급 현역 장교들로 군사 분야의 전문가들이었다. '내가 이런 분들과 박사 과정을 공부해야 한다고…. 나는 정책 부서 경험도 없고 군사 분야 전문가도 아닌데….' 학기 초부터 밀려오는 두려움에 박사 과정을 이수할 수 있을지 걱정이 앞섰다. 하지만 이미 주사위는 던져졌고 걱정된다고 포기할 수는 없었다.

'일단 해보자!'라는 마음을 먹고 학업에 뒤처지지 않도록 독하게 노력했다. 경험이 부족한 부분은 이론 연구로 보충한다는 각오로 주말까지 반납하며 3년간의 코스웍(coursework)을 우수한 성적으로 마무리

했다. 그리고 1년 동안 거의 연구실에 살다시피 하면서 박사 논문 작성에 매진한 결과 논문 심사까지 무사히 통과하게 되었다. 특히, 학위 수여식이 있기 전 대학원 행정실 직원 선생님으로부터 일반대학원 최우수논문상을 받게 되었다는 소식을 들었을 때 만감이 교차하며 '정말 내가 해냈구나!'라는 생각에 그 기쁨은 말로 표현할 수 없었다. 4년여 동안 현업과 학업을 병행한다는 것이 여건상 결코 쉽지는 않았지만, 나의 열정이 또 한 번 빛을 발하는 순간이었다. 지금은 박사학위 덕분에 학회, 연구소 등에서 다양한 활동에 참여하고 있고, 그 활동 영역을 조금씩 넓혀 가는 중이다.

Chapter · 3
끝나지 않는 도전! 거친 파도는 전진하는 자의 벗

》 운명의 만남, 전문면접관의 세계를 알게 되다

어느 날 프리랜서(freelancer)로 활동하고 있는 지인에게서 연락이 왔다. 그 지인은 내가 군 생활 당시 지휘관 직책을 수행할 때 예하 장교였는데 지금은 전역하여 호형호제(呼兄呼弟)하며 지내고 있다. "형님. 이제 박사학위도 받으셨는데 뭐 하실 거예요?"라고 물어봐서 나는 "아직 생각해보지 않았는데, 제자들 열심히 가르치면서 차차 생각해 봐야지."라고 대답했다. 그러자 "형님. 아직 제가 활동하고 있는 분야는 아니지만 형님에게 딱 맞을 것 같아 추천해 드리려고 연락했어요. 전문면접관 활동이 있는데 형님은 20여 년 군 생활하면서 수많은 부하를 상담한 경험이 있고, 지금은 대학에서 ROTC 후보생들을 가르치면서 상담도 병행하고 있잖아요. 그런 상담 경험과 형님 성품을 고려했을 때 전문면접관으로 활동하시면 잘하실 것 같아서 한번 생각해 보시라고 연락드렸어요."라고 말하며 이노에치알(주)에서 시행하는 전문면접관 마스터(Master) 과정을 소개해 주었다.

전문면접관이라…. 갑자기 호기심이 발동했다. 사실 20여 년의 군 생활 동안 가정환경, 학력, 성격, 가치관 등이 다양한 부하들을 상담해 본 경험은 소중한 자산이 아닐 수 없으며, 대학에서 20대 초반의 제자들과 어울리며 Z세대[1] 성향을 알고 있는 것 또한 강점이 될 수 있겠다는 생각이 들었다. 그리고 군에서 지휘관 시절 체험했던 부하들을 상담한 경험이나 군사학 교수로 재직하면서 ROTC 후보생들을 상담한 경험을 전문면접관 활동에 접목한다면 잘할 수 있겠다는 막연한 기대감이 생겼다.

전입 신병이나 ROTC에 입단한 후보생 상담방식은 동일한데, 그 절차를 소개하면 다음과 같다. 우선 상담 전에 신상 정보를 검토하여 질문 내용을 도출하고, 상담 초기에 신뢰감을 줄 수 있는 대화로 분위기를 조성한다. 다음으로 미리 준비한 질문을 통해 관심을 가져야 하는 신상 정보를 확인하고, 추가 질문을 통해 세부 정보를 파악한다. 이렇게 분석된 관심 사항은 관리대상자 선별의 기초 자료가 되고, 관리 측면에서 중요한 정보로 활용한다.

사실 면접이 대화를 통해 지원자의 능력과 자질을 평가하듯이 전입 신병이나 ROTC에 입단한 후보생 상담도 군대, ROTC 생활에 적응 가

---

[1] 1990년대 중반부터 2000년대 초반에 태어난 젊은 세대를 말하며, 어릴 때부터 디지털 환경에서 자란 '디지털 네이티브(원주민)' 세대라는 특징이 있다.

능성 유무를 진단한다는 측면에서 그 성격이 유사하다. 다만, 목적 면에서 면접은 적합한 인재를 선발하지만, 전입 신병이나 ROTC 후보생 상담은 관리대상자를 선별한다는 것이 다르다.

그래서 이러한 상담 경험을 바탕으로 대학 수업이 없는 날에 틈틈이 전문면접관 활동을 하면서 용돈벌이하면 좋겠다는 마음에 지난 1월 이노에치알(주) 대표님께 연락해서 수강 신청을 하고 〈전문면접관 마스터 과정 7기〉 교육에 참여하게 되었다.

》 **나를 통해 조직의 경쟁력이 결정된다는 사명을 명(命) 받았습니다.**

교육은 아침 9시에 시작해서 저녁 6시까지 진행되는 강행군이었다. 하지만 상담 경험만 믿고 면접관 경험이 전혀 없는 내가 아무런 준비 없이 호기심만으로 참여하여 빡빡하게 진행되는 교육내용을 이해한다는 것은 애초에 어불성설(語不成說)이었음을 깨달았다. 서류전형 평가 기법과 면접 질문의 기술, 인적성 검사의 이해, 구조화 면접 스킬 등, 이런 교육내용이 이해를 떠나서 나에게는 그저 생소함 그 자체였다. 교육이 진행될수록 '면접관' 앞에 굳이 '전문'이라는 단어를 붙이는 이유를 실감할 수 있었다. 그것은 '역량을 구비하지 않으면 전문면접관이 절대 될 수 없겠구나!'라는 사실이었다. 특히, 나 같은 완전 초보자에게는 더더욱 그랬다. 교육 중 쉬는 시간에 함께 수강하는 주변 분들과 인사를 나누며 명함을 교환했는데 보통 분들이 아니었다. 나와는 비교가 안 될 정도로 관련 분야 경력을 갖추고 있었다. 그런데 나는 수업 없는 날에 틈틈이 용돈벌이나 하겠다는 안일한 생각으로 전문면접관 교육에 참여했으니 부끄러운 생각마저 들었다.

온종일 교육을 마치고 수료증을 받았지만 무엇을 배웠는지 머리에 남은 게 별로 없었다. 그래도 정확하게 뇌리에 남는 한마디가 있었는데, 그것은 컨설팅회사 대표이신 모 강사님이 강조한 "면접관은 그 조직의 경쟁력을 결정하는 사람이다."라는 말이었다. 면접관이 철학과 실력, 소신을 갖춰야 적합한 인재 선발이 가능하고, 그로 인해 국가경쟁력 강화에도 기여할 수 있다는 것이었다. 나에게 전문면접관 활동의 사명감을 일깨워주는 말이었다.

첫 번째 교육을 통해 전문면접관에 대한 내 생각은 180도 달라졌다. 역량을 갖추지 않는다면 면접관 활동을 해서는 안 되고, 설사 한두 번 한다고 해도 부족한 역량이 들통나서 롱런(long run)은 불가능하다. 반면, 노력을 통해 역량을 갖추고 경험을 쌓는다면 전문면접관 활동은 '나를 통해 조직의 경쟁력이 결정된다.'는 면에서 중요하고 보람 있는 일이 될 것이다. 생각이 이렇게 정리되자 '역량 있는 전문면접관이 되려면 어떻게 해야 하지?'라는 의문이 생겼다. 하지만 그 답을 쉽게 구할 수가 없었다.

그래서 일단 기회가 된다면 전문면접관 관련 교육 수강을 다시 하려고 생각하고 있었는데, 마침 3월에 연구소 혜인(대표 김기호)에서 〈전문면접관 레벨업(Level-up)〉 교육과정을 개설한다는 공지를 보고 바로 등록했다. 수강 신청서를 제출하고 서류 심의를 통해 운 좋게 수강자로 선정되어 교육에 참여하게 되었다.

교육은 첫 번째와 동일하게 종일 교육으로 진행되었다. 하지만 경험이 있어서인지 수준이 높은 교육임에도 처음 교육보다는 생소함이

덜하고 교육 내용도 어느 정도 이해할 수 있었다. 무엇보다 기획재정부 근무 당시 채용 설계도 직접 하시고, 면접 관련 경험이 베테랑이신 회사 대표님이 면접 사례까지 들어가며 열정적으로 강의해 주신 덕분에 전문면접관의 역량에 대한 개념을 정립할 수 있었고, 간접 경험도 할 수 있었다.

교육을 통해 면접관은 채용 정책과 채용 시장의 변화에 민감해야 하고, 면접 관련 전문 지식이 있어야 하며, 면접 경험을 통해 철학과 실력, 소신을 갖춰야 역량 있는 전문면접관으로 성장할 수 있다는 사실을 알게 되었다. 하지만, 이상하게 두 번째 교육을 수료하고도 전문면접관 활동에 대한 자신감보다 심적 부담감이 더 밀려왔다. 그것을 한마디로 표현하면 준비되지 않은 자의 불안감이라고 생각한다. 즉, 내공이 쌓여야 자신감도 생기는 것이다.

》 역량 있는 전문면접관이 되기 위한 나만의 필살기

두 번째 교육을 수료하고 전문면접관의 역량에 대해 진지하게 고민해 보았다. 내가 재취업에 도전할 때 얼마나 힘든 시기를 보냈었던가? 어렵게 서류심사를 통과하고 면접에 갔을 때 20여 년 군 생활을 했다는 선입견으로 나의 잠재력은 검증해 보지도 않고 나를 탈락시킨 면접관들이 떠올랐다. 만약 내가 전문면접관으로서 역량을 갖추지 못한다면 나 또한 면접 현장에서 동일한 오류를 범하지 않으리라 보장할 수 있겠는가?

그래서 '이왕 하려면 제대로 해보자.'라는 마음으로 본격적인 내공

수련을 시작했다. 전문면접관 교육과정 때 받은 교재도 다시 읽어보고 채용 관련 사이트, 참고서적 등을 통해 역량 있는 전문면접관이 되기 위한 나름대로의 전략을 수립하였다.

첫째, 기회가 되는대로 전문면접관 교육과정 수강을 통해 자기 계발을 계속한다. 나와 같은 초보 면접관이 전문면접관으로서의 역량을 기르기 위해서는 전문가로부터 지식과 경험을 전수 받는 것이 필수라고 생각한다. 그리고 어느 정도 역량을 구비했다고 하더라도 진정한 고수가 되려면 배움을 게을리해서는 안 된다고 본다. 아울러 가능하다면 한 곳이 아닌 여러 기관에서 시행하는 다양한 교육과정을 경험해 보는 것도 역량 개발의 좋은 기회가 될 것이다.

둘째, 적극적인 전문면접관 교류 활동을 통해 경험을 나누고 인적 네트워크를 구축해 나간다. 나를 브랜딩(branding)하려면 자신의 역량도 중요하지만, 자신을 알리는 매개체도 중요하다고 본다. 따라서 전문면접관 포럼 참석, 책 쓰기 공저 등과 같은 교류 활동을 통해 경험을 나누고 인적 네트워크를 구축해 나간다면 그것이 매개체가 되어 역량이 쌓이고 더욱 활발한 전문면접관 활동이 가능할 것이다.

셋째, 면접 경험을 소중한 자산으로 여기고 나만의 철학과 소신이 담긴 전문면접관 비법 노트를 작성한다. 내가 군 생활 당시 가장 중요하게 생각했던 것이 "현장에 답이 있다."라는 말이었다. 나는 아직까지 면접 경험은 많지 않지만, 면접 현장에서 많은 일을 경험하고 있다. 그 하나하나의 소중한 경험을 피드백을 통해 노트에 기록해 나가고 있는데, 경험이 쌓여 갈수록 면접 현장에서 나만의 철학과 소신이 담긴 비법으로 빛을 발할 것을 기대하고 있다. 또한, 이것을 책으로 발간한다면 전문면접관 활동에 관심이 있는 독자들에게 유용하리라고 본다.

특히, 전문면접관의 역량은 면접관 활동에 있어 가장 중요한 자격요건이라고 생각한다. 그렇다면 전문면접관이 갖추어야 할 역량은 무엇일까? 궁금한 마음에 여러 가지 자료를 찾아보았지만 일목요연하게 제시된 게 없어서 연구를 토대로 다음과 같이 정리해 보았다.

- 의사소통 능력: 면접관은 명확하고 간결하게 의사소통할 수 있어야 하며, 지원자의 질문에 명확하게 답변할 수 있어야 한다.
- 경청 능력: 면접관은 지원자의 말을 주의 깊게 경청하고 질문을 통해 더 많은 정보를 얻을 수 있어야 한다.
- 관찰 능력: 면접관은 지원자의 비언어적 의사소통을 주의 깊게 관찰하고 지원자의 성격과 기술(奇術)에 대한 통찰력을 얻을 수 있어야 한다.
- 분석 능력: 면접관은 지원자의 답변을 분석하고 지원자가 직책에 적합한지 아닌지를 판단할 수 있어야 한다.
- 의사결정 능력: 면접관은 지원자 중에서 누가 직책에 가장 적합한지 결정할 수 있어야 한다.
- 공정성: 면접관은 모든 지원자에게 공정하고 차별적이지 않아야 한다.
- 전문성: 면접관은 전문적이고 지원자에게 존중감을 보여야 한다.

위와 같이 정리된 전문면접관이 갖추어야 할 7가지 역량에 나를 대입하여 냉정하게 평가해 보니 가장 어렵게 느껴지는 역량이 의사소통 능력이었다. 왜냐하면 사람은 장기간 몸에 밴 습관을 바꾸기가 쉽지 않기 때문이다. 내가 군대라는 경직된 조직 안에서 통제된 생활을 20여 년간 해온 습관이 사회생활을 몇 년간 했다고 해서 쉽게 없어지지 않는다고 생각한다. 그리고 인정하고 싶지는 않지만 그런 습관이 평소 언행에서도 가끔 나타나는 것을 느끼고 있다.

이혜용 외(2015)는 정부(교육과학기술부)의 재원으로 수행된 연구[2]에서 면접은 면접관과 지원자가 뚜렷한 목적을 가지고 만나서 행하는 대화의 한 유형이기 때문에 성공적인 면접 대화를 위해서는 면접관의 의사소통 능력이 중요하다고 했다. 즉, 면접관이 얼마나 대화를 잘 이끄느냐에 따라 지원자 대답의 양과 질이 달라질 수 있으며, 면접의 의사소통 목적인 '적합한 인재 선발'도 가능하게 된다는 것이다. 그리고 이 연구에서는 서사 분석(narrative analysis)과 텍스트 언어학적 분석 방법을 사용하여 면접 대화에서 면접관이 의사소통을 효과적으로 수행하기 위한 6개의 준칙과 19개의 실행전략을 다음과 같이 제시하였다.

첫째, (사전 정보 파악의 준칙) 사전에 면접 정보에 대한 예비지식을 갖추어라. 이 준칙은 성공적인 면접 대화를 위한 전제조건으로 그 실행전략은 '①조직의 인재상 숙지, ②체계화된 면접 대화의 진행 단계와 평가 기준 숙지, ③지원자의 서류 자료 검토'이다.

둘째, (협조의 준칙) 대화에 적극적으로 참여하라. 이 준칙은 면접관

---

[2] 이혜용 외. (2015). 효과적인 면접을 위한 면접관의 의사소통 격률과 전략. 화법연구, 28, 105–133.

의 언어적 및 비언어적 태도의 중요성을 강조하고 있으며, 그 실행전략은 '①적극적으로 경청하고 있음을 청자 반응 신호로 표현, ②추가 질문을 통한 관심 표명'이다.

셋째, (배려의 준칙) 편안한 느낌을 가질 수 있게 하라. 이 준칙은 긴장하고 있는 지원자의 부담을 덜어주라는 것인데, 그 실행전략은 '①면접 시작 때 편안한 분위기를 조성하는 스몰토크(small talk), ②미소 지으며 대화하고 웃음 유도, ③위축된 지원자의 긴장 완화를 위한 권유 표현, ④발화 속도 조절'이다.

넷째, (정보 심화의 준칙) 최대한 구체적인 정보를 수집하라. 이 준칙은 적합한 인재 선발의 판단 근거가 된다는 점에서 중요하며, 그 실행전략은 '①경험을 말하게 하는 질문, ②모호한 대답 시 추가 질문, ③진정성이 의심될 때 사실 확인 질문, ④정보를 이끌어내는 단서 제공, ⑤성급하게 지원자의 말을 끊지 말 것'이다.

다섯째, (존중의 준칙) 지원자를 인격적으로 대하라. 이 준칙은 사회적 지휘나 힘이 비대칭적인 면접장에서 면접관에게 요구되는 것으로, 그 실행전략은 '①공적 대화로서의 매너 준수, ②부정적인 감정 표현 금지, ③권위적인 말이나 태도를 삼갈 것'이다.

여섯째, (표현의 준칙) 호의적인 어투로 말하라. 이 준칙은 면접관의 어투에 관한 것인데, 그 실행전략은 '①부드러운 어조로 말하기, ②적절한 빠르기로 말하기'이다.

연구의 결론에서는 면접을 '면접시험'이나 '면접 평가'로 볼 것이 아니라 '면접 대화'로 인식하고 접근해야 함을 강조했는데, 이는 면접에서 적합한 인재 선발의 첫 출발은 면접관과 지원자 간의 대화, 즉 의사소통에서 시작되기 때문일 것이다. 따라서 전문면접관이 갖추어야 할 역량 7가지 중에서 '의사소통 능력'이 가장 중요하다고 할 수 있겠다. 왜냐하면 전문면접관이 공정성과 전문성을 갖추고 있어도 의사소통 능력이 부족하다면, 경청·관찰·분석을 통한 '조직에 적합한 인재 선발'이라는 의사결정은 불가능할 것이기 때문이다.

현 정부에서는 공정한 채용을 위해 '투명', '능력 중심', '공감'을 포괄하는 의미를 가진 '공감 채용'을 확산시키고 있다. 이러한 공감 채용은 새로운 개념의 채용 방식이 아닌 기존의 'NCS 기반 능력 중심 채용', '블라인드 채용' 등과 동일하게 채용의 공정성 확보를 위한 노력에 더하여 구직자와 채용기업(기관) 간의 공감대 형성이라는 부분에 더 초점을 둔 개념이다.[3]

이러한 채용의 변화를 고려하면 면접에서 이루어지는 전문면접관의 의사소통 능력은 지원자와의 공감대 형성 측면에서 더욱 필요한 역량이 될 것이다. 그 이유는 면접관과 지원자 사이에서 공정한 면접이 이루어졌다고 공감대를 이루려면 전문면접관의 대화 기술, 즉 의사소통 능력에 기반 한 면접 진행이 필요충분조건으로 작용할 것이기 때문이다.

하지만 이와 같이 전문면접관의 가장 중요한 역량인 의사소통 능력은 이론적 지식 습득만으로는 갖추기가 어렵다고 본다. 인생의 경험에

---

3 윤동열 외(2023). 공감채용 가이드북. 세종특별자치시: 고용노동부, 한국산업인력공단.

서 나오는 성품과 태도, 숙련된 대화 기술 등이 뒷받침되어야 가능할 것이다. 내가 의사소통 능력을 갖추는 것을 어렵게 느낀 이유가 바로 여기에 있다. 아마 나와 같이 오랜 기간 군 생활을 한 독자들이 전문면접관 활동을 시작한다면 똑같은 심정일 것이다. 왜냐하면, "얼굴을 보면 그 사람의 살아온 인생이 보인다."라는 말이 있듯이 위계 질서가 있는 경직된 조직에서 통제된 생활을 해온 습관은 얼굴과 말투에 그대로 녹아있기 때문이다. 그런데 전역을 했다고 해서 습관이 안 된 부드러운 표정과 말투가 훈련 과정 없이 면접 현장에서 바로 나온다는 것은 당연히 어렵다고 본다.

그렇다고 직업군인의 경력이 전문면접관 활동에 단점만 있는 것은 아니다. 전문성은 학습이 필요하겠지만 앞에서 정리한 7가지 역량 중에 의사소통 능력을 제외한 경청, 관찰, 분석, 의사결정 능력, 공정성은 군 생활을 통해 이미 습득하였기 때문에 강점으로 작용할 것이다. 따라서 생활 속 훈련(거울 보고 웃기, 부드럽게 말하기, 부드러운 표정 짓기 등)을 통해 의사소통 능력을 개발하기 위해 좀 더 노력한다면 장기 복무 후 제대한 군인 독자들도 전문면접관에 충분히 도전해 볼만 하다고 생각한다.

나는 지인의 소개로 우연히 전문면접관 활동을 알게 되었고, 새로운 도전을 시작했다. 인생을 살아오면서 항상 그랬지만 이 도전을 대충 할 생각은 전혀 없다. 국가경쟁력에 기여하는 역량 있는 전문면접관이 되기 위해 나름대로 세운 전략에 맞춰 내공을 쌓아가며 면접 경험 축적을 통해 성장해 나가고자 한다. 그리고 기회가 된다면 면접 관련 전문 강사, 심사 및 평가위원, 역량면접 코치 등 그 활동 영역을 확

대해 나가며 성취감과 보람을 느끼고 싶다.

》 인생의 거친 파도를 넘으며 깨달은 나의 철학과 비전

사람은 누구나 인생을 살면서 한번쯤은 거친 파도를 만난다. 그래서 인생을 롤러코스터에 비교하는 것 같다. 나는 중년의 나이에 20여 년의 군 생활을 뒤로 하고 우여곡절 끝에 사회에서 인생 2막을 여는 데 성공했다. 돌이켜보면 운이 좋았다고 할 수도 있겠으나 인생의 거친 파도 앞에서 좌절하지 않는 신념과 그것을 뒷받침한 열정과 노력이 있었기에 가능했다고 생각한다. 또한, 어린 시절 거친 파도를 넘었던 소중한 경험은 나에게 다시 시작할 수 있는 원동력이 되어 주었다.

나무는 폭풍우를 만날수록 뿌리가 단단해진다. 그리고 뿌리가 단단해진 나무는 튼튼하게 성장하고 오랫동안 살아남는다. 하지만 폭풍우를 견뎌내지 못한 나무는 뿌리가 뽑혀 생(生)을 마감한다. 인생도 마찬가지다. 난관에 부딪쳤을 때 좌절하고 포기한다면 더 이상 비전은 없는 것이고, 그것을 극복한다면 더 나은 인생의 비전을 꿈꿀 수 있다. 그리고 난관을 극복하는 경험이 많아질수록 뿌리가 튼튼해진 나무와 같이 더 크게 성장할 수 있다.

이것이 인생의 거친 파도를 넘으며 깨달은 나의 철학과 비전이다. 지금 나는 전문면접관이 되기 위한 새로운 도전을 시작하고 있다. 인생의 거친 파도는 나를 성장시켜 왔고, 머물지 말고 전진하라고 나에게 파도친다. 그래서 나는 또 파도를 넘을 준비를 하고 있다.

이런 나의 인생 스토리가 특별하지는 않을 수도 있다. 그러나 나와 같이 직업 군인의 삶을 살다가 중년의 나이에 전역하여 인생 2막을 준비하는 독자들에게 도움이 되었으면 하는 마음이다. 아울러 지금 내가 도전하고 있는 전문면접관 활동에도 관심을 가졌으면 한다. 재취업에 성공한 이후 군 생활 경험을 살려 본업 외에 부업(Second Job)으로 전문면접관 활동을 하게 된다면 분명 성취감과 보람을 느낄 것이므로 적극 추천하는 바이다.

03

30대, 면접관은 처음입니다

MZ 면접관이 말하는 면접관

Chapter 1. 20대의 N포 세대가 30대 면접관으로!
Chapter 2. 취준생이 많이 겪는 상황, 전문면접관의 행동 지침!
Chapter 3. 좋은 면접관은 어떤 사람일까요? (체크리스트)

Profile

커리어캐치
김수인

나는 현재 30대, 매년 수백회 이상 강의 현장에서 얻은 통찰과 인사이트로 외부 면접관을 다니고 있다. 그리고 대학교육부 사원으로 직장 생활 후, 사내 기업 강사와 청년 대상 취업 강사로 활동했다. 청년뿐 아니라 전 연령대를 아우르는 커리어 교육을 기획하고 현장에서 온·오프라인으로 직접 강의를 하고 있다. 주력 강의로는 교내 및 기업체 커리어 매핑(로드맵), 기업체 조직 활성화와 직원역량 강화교육, 진로 교육, 취업 면접강화 교육, 프로마인드와 인성태도 교육으로 비즈니스 매너, 소통 교육 등을 한다.

현재는 '커리어를 열다. 시각을 바꾸다'라는 슬로건으로 〈단델리온커리어〉 교육컨설팅 회사대표로 일을 하고 있다. 〈단델리온커리어〉는 많은 사람들이 삶 속에서 일에 몰입할 수 있고, 커리어를 진정으로 즐기고 사랑할 수 있게 돕는 회사다. 그 방법으로 직접 교육을 한다거나 위탁 교육 운영이나 교육기획을 하고 있다. 또한 '지간지교'라는 모임을 운영하고 있다. 각 분야의 전문가와 교육을 하는 멘토 및 강사들과 함께 교류하며 타인에게 도움이 되는 행복한 일을 만들어가고 있다.

집필 동기

MZ 세대가 겪은 면접문화,
이제 그들이 MZ 면접관이 되어 '좋은 면접문화가 무엇인가?' 대한 이야기를 한다!

면접관이 되고자 하는 초보 면접관이라면 어떤 방식으로 면접에 임하는 것이 좋은 태도인지 궁금할 것이다. 요즘 20~30대의 업무의 가치관과 40~50대의 업무의 가치관은 본질부터가 매우 다르다. 그러다 보니 면접을 주도적으로 진행하는 기성세대의 질문과 태도가 의도치 않게 현재 젊은 세대에게 불편함을 가져다주기도 한다. 또한 다양한 구직 사이트, 커뮤니티 등에선 면접이 끝나고 나면, 회사에 대한 평가를 남기는 것이 20~30대의 당연한 면접 연습 문화다 보니 많은 면접 사례들이 공유된다.

전문면접관이라면, 20대와 30대의 가치관을 이해하면서 좋은 면접 사례들이 대외적으로 노출되길 바랄 것이다. 또한 궁극적으론 구직자들이 더 나은 면접 경험을 겪길 바란다. 면접관으로서 직접 대면하는 구직자들과 어떤 태도로 소통해야 할지 모르겠다면, 그들이 겪었던 경험을 깊이 '공감'해보고 함께 좋은 면접관으로 성장하는 '방법'을 모색해보자. 이 글을 통해 좋은 면접관으로 거듭나보면 어떨까?

20대의 N포 세대가 30대 면접관으로!

> "나는 9000번의 슛을 놓쳤다. 나는 약 300게임을 졌다.
> 나는 경기를 뒤집을 수 있는 슛 26개를 놓쳤다.
> 나는 살아오면서 계속 실패를 거듭했다. 그것이 내가 성공할 수 있었던 비결이다."
> – 마이클 조던

》 **20대, 첫 면접의 실패, "아⋯. 뭐 마지막으로 하고 싶은 말이라도?"**

취준생에게 면접은 어떤 의미일까? 취업 준비생은 면접을 어떻게 기억하고, 어떤 시간으로 기억할까? 전문면접관으로서 이를 알게 된다면 청년들의 마음을 깊이 공감할 수 있는 좋은 면접관이 될 수 있다.

취준생의 절실한 구직을 향한 마음을 나의 20대, 첫 면접 실패 경험으로 함께 공감할 수 있도록 설명해 보려 한다. 나의 취준생 시절은 '열정' 그 자체였다. 반대로 지옥 같기도 했다. 20번의 서류 전형 낙방으로 매번 좌절감을 맛봤다. 이때 취업 준비생들 사이에서 암담한 취업 현실을 일컫는 'N포 세대'[1]라는 단어가 유행이었다. 매일 밤, 고쳐도 나아지지 않는 자기소개서로 2년간 취업 방향성을 잡지 못하는 나는 N포 세대로 전락하고 말았다. 현실의 벽이 너무 높다는 것을 깨달았다. 그때마다 학교 취업처 선생님과 담당 컨설턴트분들은 나를 '열정 넘치는 대학생'으로 기억해 주며, 새로운 정보제공과 취업 알선에 힘을 보태주셨다. 그리고 지옥 같았던 취업 준비의 한 줄기 빛이 보였다. 끈질긴 실패와 서류탈락에 보상이라도 받는 것처럼 학교 추천으로 대기업 면접 기회를 얻었던 것이다.

나는 황금 같은 기회를 절대 놓치고 싶지 않았다. 누구보다 더욱 치열하게 준비했다. 면접 당일, 긴장과 설렘이 나를 에워쌌다. 원데이 면접으로 하루 종일 면접에 집중했다. 그리고, 임원면접 20분의 짧은 면접이 마지막으로 남았다. 다대다 면접으로, 3명의 지원자가 3명의 임원과 면접을 봤다. 한껏 기대했던 것과는 달리 내게는 전혀 질문이 오지 않았다. 반면 양옆의 지원자들에게는 다양한 질문이 오갔다. 그들은 높은 스펙을 보유하고 있었고, 화려한 경력을 갖고 있었다. 갑작스레 위기감을 느낀 나는 떨리는 목소리로 질문을 했다.

나: (조심스럽게) 아…. 저기…, 저한테는 질문을…?

•

[1] 2015년 취업 시장 신조어로, 어려운 사회적 상황으로 인해 취업이나 결혼 등 여러 가지를 포기해야 하는 세대를 뜻하는 말. 네이버 시사상식사전

면접관: (시선을 돌리며) 아, 네네 그리고, 혹시 마지막 하고 싶은 말이라도?

나: … (울컥하며) 저 정말! 잘할 수….

이후 나는 말을 더 잇지 못하고, 굳은 채 계속 면접관만 응시했다. 그리고 면접관은 나의 눈을 마주치지 않았다. 기대와 설렘으로 준비한 20분의 시간이 지옥 같은 시간으로 바뀐 것이다. 결국 어떠한 소득 없이 면접은 끝났다.

당시 면접 실패의 경험은 너무나 힘들고 고통스러웠다. 누구보다 사람들 앞에서 말하는 것을 크게 두려워하지 않는 성격인데, 면접장의 공기는 나를 무기력하게 만들었다. 특히 면접관에게 질문을 하나도 받지 못하고 관심을 얻지 못했단 생각에 자존심이 많이 상했다. 나의 실력과 준비의 부분에서 매우 부족했던 건 사실이다. 만약 "면접관이 그때 내게 질문을 했더라면 합격을 할 수 있을까?"라고 물어본다면 대답은 "No"다. 결과는 크게 달라지지 않았을 것이다. 그렇지만 아쉬웠던 것은 '만약 그때 내가 면접관에게 질문을 받고 준비한 답변을 할 수 있었다면 후회 없는 시간으로 기억되지 않았을까?'라는 생각을 하곤 한다.

현재 외부 면접관으로 다니면서 해당 실패 경험은 나에게 엄청나게 큰 자양분이 된다. 나는 구직자에게 질문 1개가 얼마나 소중하고, 그 관심 하나가 청년들의 새로운 도전에 긍정적 영향을 미칠 수 있다는 것도 아는 것이다. 전문면접관은 구직자들의 모든 상황을 이해하고 고려할 수 없지만 면접장에서만큼은 그들의 노력과 삶의 태도를 존중해

줘야 한다.

'구직자는 면접장에 들어선 순간 누구보다 절실하다.'

그러므로 면접관은 누구보다 공정하고, 올바른 태도로 면접에 임해야 한다. 그리고 절실함을 가진 구직자에게 공평한 관심을 줘야 한다. 과거의 나처럼 관심을 받지 못한 면접 때문에 '면접은 지옥'이라는 느낌을 가지며 계속 살아서는 안 되지 않을까? 그래서 저자는 Part 3에서 좋은 면접관이 가져야 하는 태도를 체크리스트로 정리해 두었다. 이를 통해 좋은 태도를 갖출 수 있는 방향성을 찾아보자.

》 **멘토와 멘티, "강사님은 제 인생의 귀인이에요."**

20대, 취업 쪽 강의를 시작한 계기는 매우 명확했다. 취업 준비생 시절, 내가 겪었던 시행착오를 줄여주고 싶었다. 취업 시장에서 헤매는 청년들에게 더 좋은 방향을 알려주고 싶었고, 옆에서 힘이 되어 줄 수 있는 커리어 가이던스가 되고 싶었다. 내가 겪었던 많은 시행착오를 덜어주는 그런 좋은 사람이 되고 싶었다. '나와 같은 어려움을 겪는 청년이 1명이라도 줄어들길….' 그리고 〈단델리온커리어〉라는 교육컨설팅 회사를 만들 수 있게 되었다. 이곳에서 취업 준비생들이 사회생활 경험을 쌓길 바라는 마음으로 현재 많은 청년들과 협업하고 있다.

직무 경험이 부족한 학생, 마케터로서 성장하고 싶은데 마케팅을 전혀 모르는 학생, 취업 자체에 두려움이 있는 학생 중 많은 학생과 협업을 하고 그 과정에서 취업 준비뿐 아니라 업무에 필요한 지식과 역량을 키워주도록 노력한다. 그리고 친구처럼 인생 고민을 나누기도 한다. 서로가 멘토와 멘티의 역할을 해주며, 취업과 커리어에 도움을 주고 있다. 최근 한 멘티가 나에게 이런 말을 해준 적이 있다.

"강사님은 제가 가장 힘들 때, 방향을 알려준 사람입니다, 저의 귀인이에요."

이 말을 들었을 땐, 내가 겪었던 취업난에서 힘들었던 경험이 스쳐 지나가며 뭉클했다. 그리고 그들이 실패할 때마다 다시 일어날 용기를 주고 방향성을 제시할 수 있는 버팀목이 되고 싶어졌다.

그때부터였다. 청년들에게 채용 시장의 평가 요소를 정확하게 알려주고 싶었다. 그리고 좋은 채용 시장 문화를 만들어갈 수 있는 공정하고 올바른 면접관이 되고 싶었다. 청년들에게 필요한 건 냉철한 평가와 현실적인 조언일 때도 있다. 그렇지만 평가라는 것은 애정이 바탕이 되어야 한다. 그러기 위해선 청년들을 이해하는 마인드와 교감 능력이 외부 면접관에게 꼭 필요하다. 나를 귀인이라고 말해주는 많은 청년들을 위해서 채용 시장의 올바른 문화를 선물해주고 싶다. 그리고 나는 그들이 많은 실패를 겪어도 다시 일어날 수 있는 강한 정신력을 지지해주는 멘토가 되려고 한다.

면접관의 말 한마디, 손짓, 몸짓 하나로 많은 의미 부여를 할 수 있다. 그러므로 우리 전문면접관의 언행에 더욱 책임감을 느끼면 좋을 것이다.

결국 전문면접관은 구직자를 향한 애정이 담긴 평가자가 되어야

한다.

》 MZ 세대, 드디어 면접관이 되다!

취준생 시절, 수많은 면접과 수십번이 넘는 서류전형 탈락은 내게 큰 '실패 경험'을 가져다줬다. 그 순간은 괴롭고 힘들었지만, 세월이 지난 지금, 엄청난 가치가 있다는 것을 발견했다. 왜냐하면 '전문면접관'이라는 직업을 가진 후, 내가 겪은 채용 실패 경험이 엄청난 교훈과 통찰력을 준다는 것을 알게 되었기 때문이다.

나는 취업준비생이었을 때 면접장에서 아쉬워했던 면접관의 행동을 반면교사로 삼는다. 3번의 면접관 교육을 받으면서 더욱더 면접관이 가져야 할 역량과 지식 그리고 더 나아가 태도를 쌓았다. 그러다 보니 자연스레 면접관의 기회가 생겼다. 현재는 외부 면접관이나 서류평가 위원으로 꾸준히 찾아주는 곳이 생겼다.

더욱이 최근 기사에 따르면, 실제 일을 할 때 소통하는 직원이 20~30대다 보니, MZ세대라 일컫는 요즘 사람들을 면접관으로 등장시키는 추세라고 한다. 또한 지금의 20대, 30대는 치열한 취업 준비를 거친 세대다. 그리고 MZ세대 구직자의 가치관과 업무 스타일, 라이프 스타일을 적극적으로 공감할 수 있다. 그리고 차별화된 기업문화와 채용 프로세스 매뉴얼이 생기게 될 수 있다.

결국, 나 또한 좋은 면접문화를 만들기 위해 책임감을 가지고 전문면접관으로서 역량을 키워가고 있다. 그래서 Part 2에서 전문면접관이 알아야 하는 주의사항과 Part 3에서는 면접관이 가져야 하는 태도를 알려주고자 한다.

올바른 면접문화를 선도하는 사람은 좋은 면접관이다.

Chapter · 2
취준생이 많이 겪는 상황, 전문면접관의 행동 지침!

> "모두가 세상을 바꾸어야 한다고 생각할 뿐,
> 자신을 바꾸겠다고 생각하는 사람은 아무도 없다."
> – 레오 톨스토이

 이번 장에서는 취업 준비생들이 실제로 겪은 당황스러운 면접 경험 사례를 공유할 것이다. 전문면접관이 면접에서 주의할 상황과 개선점에 대해 알아보자.

》 면접에 늦게 오거나 면접 카드만 작성하려는 유형

〈상황〉
30대 A군, 취업포털사이트에서 본인의 이력을 보고 연락이 왔다. 오전 이른 아침부터 1시간 30분 동안 지하철을 타고 이동했다. 면접 시작 시간이 지나도 인사담당자는 보이지 않는다. 그때 다른 팀의 담당자가 와서 안내를 해 준다.

담당자: 지원자 A군이시죠? 아, 저희 팀장님이 지금 회의가 늦어지네요.
A군: 네?
담당자: 10분만 기다려볼래요? 아, 아닙니다. 그냥 앞에 면접 카드 작성하고 가세요.
A군: 면접 카드요?
담당자: 네, 앞에 있는 종이 있죠? 그것만 쓰고 가세요!

Why. 왜 이런 일이 발생할까?

조직에서 이런 일이 발생이 되는 이유는 2가지 이유다. 먼저, 면접관이 면접의 우선순위를 정하지 않고 시간 엄수의 중요성을 갖지 않는 것이다. 즉, 면접관의 태도에 문제가 있는 것이다. 두 번째는 회사 자체에서 정리된 면접 프로세스가 없는 경우이다. 이 경우에는 면접에 관한 매뉴얼 자체를 개선할 필요가 있다. 또한 면접 카드는 면접을 효율적으로 보기 위한 용도이다. 면접 인터뷰를 대신하는 용도가 아니기 때문에 면접 카드 작성의 목적도 명확히 할 필요가 있다. 위와 같은 사례가 발생 되면, 해당 조직은 구직자에게 매우 부정적으로 기억된다. 또한 구직자들은 자신을 과소평가하고, 중요하지 않은 사람이라고 느낄 수 있다.

How. **전문면접관으로서 어떻게 개선할까?**

첫째, 면접관 스스로 면접에 대한 적극적인 참여 의지를 갖는 것과 솔선수범하는 자세가 필요하다. 아래와 같은 상황을 통해 면접관의 자세를 고민해 보자.

'면접관으로서 구직자에게 좋은 면접 경험을 주려면 나는 어떤 행동을 해야 할까?'
'시간 엄수가 되지 않는다면, 구직자는 어떤 부정적 경험을 할까?'
'매너 있는 면접관으로서 기본적인 자세는 무엇일까?'

둘째, 회사에는 면접 전 사전 매뉴얼이 필요하고, 돌발상황에 대응할 응대 매뉴얼이 있어야 한다. 보통 회사에서는 면접을 진행하기 전, 면접관과 구직자에게 사전 안내와 일정 조율이 필요하다. 그리고 내부 면접 평가위원인 내부 직원들에게 시간 엄수와 기본 면접 매뉴얼 사전 교육을 꼭 진행해야 한다.

셋째, 만약 면접관이 지각하는 경우, 다음과 같은 방법을 고려한다. 먼저 즉시 연락과 사과를 한다. 그다음으로 구직자에게 추가 시간에 대한 양해를 구한다. 마지막으로 면접 재조정이나 구직자와 조율하여 면접 재개를 신속히 한다. 지각은 예상치 못한 상황이지만 신속하고 적극적인 대응이 구직자에게 불편함을 최소화하고 긍정적인 인상을 준다. 오히려 요즘 MZ 세대에게는 진솔하게 상황을 설명해 주고, 사과하는 것이 좋다. 예를 들면 "죄송합니다. 예상치 못한 상황으로 면접관이 늦게 도착하실 것 같습니다. 그래서 저희가 제안해 드리는 방안은 …입니다." 늦은 사유는 정확하게 말하고 이에 대한 해결 방안은 정중하게 제안하는 것이다.

》 무시하는 말투와 하대하는 눈빛의 유형

〈상황〉

면접관: (얼굴을 쳐다보지 않고) 자기소개 해주세요.
구직자: 네, 저는 3가지 역량을 바탕으로 해당 직무에 … (중략). 감사합니다.
면접관: (눈살을 찌푸리며) 이력서에 다 적힌 내용이네. 다른 내용은 없나요?
구직자: 아, 네 저는 작년 대외 활동에서 프로젝트 경험을 리드하며 성과를 거둔 적이 있습니다.
면접관: (건조한 말투로) 그건 저희가 다 알만한 내용이네요. 더 차별화될만한 건 없나 봐요?
구직자: 혹시 생각할 시간을 더 주실 수 있나요?
면접관: (눈을 살짝 흘기며) 그러세요.

Why. 왜 이런 일이 발생할까?

위와 같은 태도를 보이는 이유는 크게 2가지다. 첫째, 구직자의 외모나 출신 경력에 대한 부정적 편견을 미리 갖는 것이다. 미리 형성된 편견으로 적절하지 않은 태도와 말투를 보일 수 있다. 두 번째는 일부 면접관이 구직자를 더 낮은 위치에 있다고 생각하는 경우다. 본인의 지위나 권력을 강조하며 구직자를 무시하는 태도가 나올 수 있다. 이런 경우 구직자는 자신감이 매우 훼손되고 긍정적 경험을 얻기 어렵다.

How. 전문면접관으로서 어떻게 개선할까?

첫째, 면접관은 구직자를 향한 부정적 편견을 배제해야 한다. 편견을 가지지 않기 위해 구체적 평가 기준과 질문을 사용해야 한다. 즉 사전에 구직자의 이력서와 경력을 숙지하며 면접 질문을 미리 정하는 것이다.

둘째, 면접관은 구직자를 면접은 서로를 알아가는 과정이라는 것을 기억해야 한다. 면접은 힘이 센 사람과 힘이 약한 사람이 존재하는 상황이 아니라는 것을 정확히 인지할 필요가 있다. 구직자를 존중하는 눈빛과 언어와 태도 등을 통해 상호존중을 강조하는 자세가 중요하다. 면접관의 태도와 행동을 지속적으로 리뷰하고 피드백을 주고받아야 한다.

》 지식을 과시하거나 지원자를 계속 가르치는 유형

〈상황〉

구직자: 지난 2년간 디지털 마케팅 분야에서 근무했습니다.
면접관: 아, 그런가요? 실제로 저도 오랫동안 해당 업무를 해 오면서, 어려움을 겪었는데요. 어떤 어려움들이 있었나요? 아마 제 경험보단 부족할 것 같은데요.
구직자: 네, 아무래도 데이터 분석력이 필요하다 보니 공부를 해야 했습니다. 다행히 지속적인 선임과의 피드백으로 현장에서 일을 배워갔습니다.
면접관: 음, 그렇게 일을 하면 발전이 더딜 겁니다. 무엇보다 중요한 건 스스로 전략

> 을 세심하게 세워봐야 하거든요. 실제로 혼자서 그 일을 맡아서 해보지 않으면 업무 능률은 절대 오르지 못할 겁니다.

Why. 왜 이런 일이 발생할까?

위 상황에서 면접관은 지원자의 답변을 부정하고 있다. 그리고 면접관 본인이 얼마만큼 많이 알고 있는지를 이야기하고 있다. 이는 자기중심적 태도로 전문면접관이 면접에 임하기 때문에 생겨난 문제다. 그러다 보니 면접관이 면접을 통해 자신의 지식과 역량을 과시하거나 구직자를 가르치려 하는 것이다.

How. 전문면접관으로서 어떻게 개선할까?

면접관은 회사에 적합한 사람을 뽑아야 한다. 적합한 인재냐, 적합하지 않은 인재냐를 파악하려면 적절한 질문을 구직자에게 할 수 있어야 한다. 또한 면접관은 구직자와 양방향 상호작용으로 면접에 임해야 한다. 면접의 목적은 지원자의 능력과 적합성을 면접으로 평가하는 것이다. 그러니 면접관은 자기중심적인 면접이 아닌 지원자 중심으로 면접의 본질적 목적에 부합하는 질문을 배워야 한다.

예를 들면, 아래의 질문리스트와 같다. 아래 질문들은 지원자의 능력과 경험에 대한 이해를 바탕으로 하는 질문이다.

- 해당 프로젝트에서 어떤 역할을 했고 어떻게 결과를 달성했나요?

- 해당 경험에서 차별화되는 자신만의 노하우와 활용 능력은 무엇이었나요?
- 업무 시 문제 상황에 직면했을 때, 어떤 방법으로 문제를 해결했나요?
- 협력을 통해 성과를 낸 사례를 말해주세요. 협력의 장애요인은 무엇이고 어떻게 극복했을까요?
- 현재 상황에서 더 높은 목표를 설정하여 좋은 성과를 낸 경험을 이야기해 주세요.

》 **개인적 질문을 과도하게 하는 유형**

〈상황〉
면접관: (이력서를 살펴보며) 지원자 A님, 혹시 현재 혼자 거주하고 계시나요?
구직자: 네, 현재 혼자 살고 있습니다.
면접관: 아, 그렇군요. 그렇다면 결혼 계획은 따로 있으신가요?
구직자: 아뇨. 현재 계획이 따로 있지는 않습니다. 혹시 물어보시는 이유가 있으실까요?
면접관: 결혼을 하면 사실상 업무에 많은 변화가 있을 수 있어서 여쭤봅니다.
구직자: 네, 저는 결혼을 해도 제 직무에 대한 열정은 변함이 없을 것입니다.
면접관: 네, 알겠습니다.

Why. 왜 이런 일이 발생할까?

위와 같은 문제가 발생하는 이유는 첫째, 개인적인 호기심일 수 있다. 사람을 이해하고자 하는 욕구로 인해 과도한 질문을 하게 된다. 두 번째는 면접 전문성의 부족이다. 개인적 질문(결혼 여부, 가족 관계 등)으로 업무와 관련된 정보를 얻으려 한다. 이렇게 면접관이 직무 역량과 관련된 경험 질문이 아닌 개인적 질문을 과도하게 할 경우, 구직자는 면접의 목적에 알맞게 평가받고 있다 느끼지 못한다.

How. 전문면접관으로서 어떻게 개선할까?

개인적 주제가 면접에서 많이 다뤄질 경우, 구직자의 직무능력을 올바르게 평가하지 못할 수도 있다. 그래서 올바른 면접의 본질적 목적에 부합해야 한다. 해당 내용은 '3. 지식을 과시하거나 지원자를 계속 가르치려는 유형'의 내용에서 언급한 질문리스트를 참고하면 좋다. 또한 면접관이 가지고 있는 개인적 호기심으로 무심코 구직자에게 사적인 질문을 할 수 있다. 사적인 질문 유형을 파악하고, 면접에서는 이런 질문들을 지양해야 한다.

예를 들면, 아래의 질문리스트와 같다. 아래 질문들은 사적인 질문으로 면접에서 하지 말아야 할 질문이다.

- 가족 구성원이 어떻게 되시나요?
- 결혼 계획은 있으신가요?
- 고향은 어디 신가요?
- 결혼 후에도 직장 다니는 데 지장은 없나요?
- 부모님은 현재 어디서 거주하고 계시나요?
- 혹시 종교가 어떻게 되실까요?

Chapter · 3
좋은 면접관은 어떤 사람일까요? (체크리스트)

> "생각이 바뀌면 행동이 바뀌고, 행동이 바뀌면 습관이 바뀐다.
> 습관이 바뀌면 인생도 달라진다."
> – 윌리엄 제임스

    면접은 사람 대 사람으로 만나는 자리라고 한다. 면접관들은 구직자들을 평가하는 평가 지표가 존재한다. 그렇다면 면접관에게도 본인을 평가할 수 있는 평가 지표가 있으면 어떨까? 나는 실제로 면접관 일을 하면서 자문자답을 많이 했다. '나의 언행이 면접관으로서 자격이 있을까?', '좋은 인재를 만날 준비가 현재 되어져 있을까?'.

    또한 Part 1의 'MZ 세대, 드디어 면접관이 되다!'에서 언급했듯이 올바른 면접문화를 만드는 것이 중요하다고 생각했다. 좋은 면접문화를 구직자에게 경험하게 함으로써 오히려 더 좋은 인재를 선발할 수 있다. 그러므로 아래 4가지 카테고리를 통해 좋은 면접관에 대한 평가 지표를 스스로에게 물어볼 필요가 있다. 아래 내용을 체크리스트로 제공하니 면접관으로서 스스로 성찰할 수 있도록 체크를 해보도록 하자.

》세대 간 문화를 수용할 수 있는 가치관

MZ 세대인 요즘 구직자들의 문화를 이해하지 못한다면, 면접에서 MZ 세대와의 소통이 어려워질 것이다. 면접관이 세대 간 다른 가치관과 경험 그리고 관점을 수용할 수 있다면 조화로운 분위기로 더욱 효과적인 면접을 진행할 수 있다. 그렇게 되면 좋은 면접문화를 형성할 수 있을 것이다.

No.	항목	체크(O, X)
1	세대 간 가치관과 특징을 최근 3개월 안에 학습한 적이 있다.	
2	다양한 세대와 배경을 가진 인재가 조직에 필요하다는 것을 이해하고 있다.	
3	자신이 속한 세대와 구직자의 세대 간 차이에 대해서 알고 있다.	
4	요즘 세대를 향한 부정적인 편견이나 선입견을 가지고 있지 않다.	
5	최근 3개월간 세대 간 차이가 나는 사람들과 지속적인 교류를 하고 있다.	
6	면접 전, 구직자의 세대를 파악하기 위한 사전 준비가 있었다.	
7	면접 시, 세대 간 언어적 예의나 존중의 방식을 이해하고, 상호존중하는 대화를 이끌었다.	
8	면접 시, 구직자에게 본인이 가진 세대적 배경의 가치관이나 지식을 과도하게 관철하지 않으려 했다.	

》좋은 질문을 고민한 흔적과 행동

좋은 질문은 좋은 답변을 가져온다. 그래서 면접관은 구직자에게 '좋은 질문'을 하여 구직자의 직무능력을 평가할 수 있어야 한다. 좋은 질문이란, 면접관이 구직자의 직무 경험과 직무능력이 드러나는 답변을 할 수 있게 하는 질문이다. 사전에 면접관은 효과적인 질문 방법을 숙지하여, 면접 목적에 맞는 좋은 질문을 해야 한다.

No.	항목	체크(O, X)
1	면접 질문 방법에 대한 교육을 심층적으로 받아본 적이 있다.	
2	면접 연습을 통해 실제 평가에 도움이 되는 질문리스트를 숙지한 적이 있다.	
3	BEI 면접에 대해 이해하고 면접에 활용하기 위한 면접 질문 사례를 공부했다.	
4	역량의 종류와 개념에 관해서 공부한 적이 있다.	
5	면접 전, 구직자와 입사지원서를 검토하고 구체적 질문을 준비했다.	
6	면접 시, 질문은 간결하고 핵심 내용만을 담아 질문했다.	
7	면접 시, STAR 기법을 활용하여 질문을 한다.	
8	면접 시, 구직자의 답변을 깊게 듣기 위한 심층적인 꼬리 질문을 한다.	

》 정확한 직무 능력을 파악하는 면접 기술

위의 '2. 좋은 질문을 고민한 흔적과 행동'에서 좋은 질문을 할 때 고려해야 하는 것이 바로, '직무능력'을 파악하는 것이다. 그래서 구직자를 만날 때엔 면접관이 평가하는 구직자의 지원 직무를 정확히 이해하고, 이를 잘 평가하기 위한 면접 기술이 있어야 한다. 그래야 구직자는 본인이 공정한 평가를 받고 있다고 느낄 것이다.

No.	항목	체크(O, X)
1	직무 역량에 대해 학습하고 정확히 이해하고 있다.	
2	직무 역량 파악을 위한 직접 질문의 장단점을 알고 있다.	
3	직무 능력을 파악하기 위한 행동 사례 면접 기술을 숙지하고 실천하고 있다.	
4	상황 질문에 대해 숙지하고 학습했다.	
5	면접 전, 구직자 회사의 직무 핵심 요구사항을 분석했다.	
6	면접 시, 구직자의 직무 관련 경험을 자세하게 평가하는 질문을 했다.	
7	면접 시, 구직자의 직무 역량이 드러나지 않을 때, 추가적인 질문을 전혀 하지 않았다.	
8	면접 시, 구직자의 핵심 역량에 초점을 맞춘 질문을 통해 어떤 강점이 있는지를 파악했다.	

》 지원자의 평소 모습을 끌어내는 분위기 형성

구직자는 면접관의 차가운 말 한마디와 딱딱한 분위기 속에서는 더욱 큰 긴장을 한다. 그럴수록 본인이 가진 잠재적인 강점을 드러내기가 어렵다. 또한 면접관도 좋은 인재를 위와 같은 분위기에서는 발견하기가 쉽지 않다. 구직자와 면접관의 좋은 상호작용은 결국 구직자의 진정한 모습과 역량을 파악할 수 있게 한다.

No.	항목	체크(O, X)
1	구직자의 긴장을 풀어줄 간단한 스몰토크(Small Talk)에 대해 숙지하고 있다.	
2	면접 연습을 통해 본인의 언어와 비언어가 타인을 존중하는지 살펴봤다.	
3	평소 본인의 눈빛이 따뜻하고, 제스처가 열린 자세이다.	
4	면접 시작 전, 구직자에게 진정성 있는 인사와 이름을 부르며 눈을 마주쳤다.	
5	면접 시작 전, 따뜻하고 친근한 태도로 구직자를 반겼다.	
6	면접 시, 구직자에게 반말을 사용하거나, 지시/명령형 언어를 사용하지 않았다.	
7	면접 시, 구직자와 눈을 마주치며, 이야기에 집중하고 주의를 기울이는 태도를 보였다.	
8	면접 시, 머리를 끄덕이거나 몸을 숙이는 등의 비언어적 신호를 줬다.	

면접관이 위와 같은 태도들로 면접에 임한다는 것은 결국 단순한 예의나 친절 이상의 의미가 있다. 좋은 면접문화에서 구직자들은 자신을 더욱 자연스럽게 표현한다. 또한 긍정적인 면접 경험을 겪는다. 그리고 면접관은 효율적인 면접 과정에서 더 좋은 인재를 선발할 수 있는 것이다.

면접관은 누구보다 절실한 마음으로 면접에 임하는 취준생들을 진실하고 애정 어린 마음으로 대해야 한다. 그래야 면접관은 구직자의 상황을 깊이 공감하고, 더 나은 인재를 뽑을 수 있는 좋은 면접관으로 성장할 수 있다.

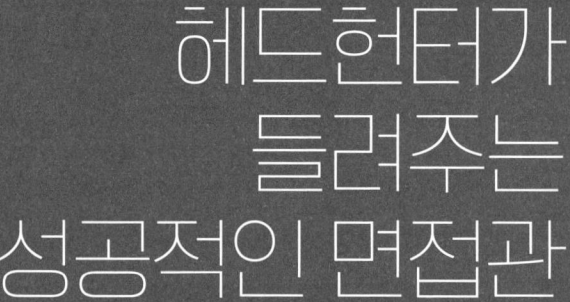

헤드헌터가 들려주는 성공적인 면접관

Chapter 1. 낯선 도전! 게임 개발자에서 헤드헌터로
Chapter 2. 헤드헌터가 들려주는 면접 심리학
Chapter 3. 헤드헌터가 알려주는 최고의 면접 전략

채용큐레이터
김재근

IT산업 분야에서 활동하는 커리어 컨설턴트이며 현재는 채용 면접관으로도 활동하고 있다. 패키지게임, 온라인 게임, 모바일 게임을 개발하는 게임개발사에서 근무하며 기획과 PM 등의 업무를 해왔다. 이후 전직하여 커리어 컨설턴트로 활동하고 있으며, 현재는 공공기관 채용 면접관으로도 활동하고 있다.

집필 동기

나는 사람 앞보다 모니터 앞이 더 익숙했던 사람이다. 처음 헤드헌터 일을 시작하면서 업무 프로세스를 익히는 것보다 생전 처음 만나는 사람과 대화를 이어가는 것이 가장 어려운 일이었다. 한 사람을 충분히 이해하기 위해서 원하는 이야기를 끌어내야 하는 것은 낯설고 두려운 일이었다. 기존에 내가 일했던 방식과는 전혀 다른 일이었다. 그러나 게임을 개발하며 다양한 것들에 호기심을 가지고 바라보았던 습관들, 특히 사람과 마음에 관심을 가지고 이해하려고 노력했던 시간들이 헛된 시간이 아니었음을 깨달았다. 점점 새로운 사람을 만나는 것을 즐기며, 서로의 경험을 나누며 인터뷰하는 것을 즐기게 되었다.

나는 활발한 성격을 갖고 있었던 것도 아니고, 영업과는 거리가 먼 평범한 게임개발사의 한 직장인이었다. 그런데 커리어 컨설턴트로 일하며 경험을 쌓았고, 현재는 공공기관의 인재를 채용하는 면접관이 되어 일의 영역을 확장하고 있다. 낯선 모든 것들을 재미있게 바라보고, 끊임없이 배우고, 새로운 도전을 즐기는 나와 비슷한 평범한 사람들이 좋은 면접관이 되길 바라는 마음으로 이 글을 시작한다.

Chapter · 1
낯선 도전! 게임 개발자에서 헤드헌터로

"모든 경험은 결국 삶의 양식이 되기 때문에 인생에 헛된 것은 하나도 없습니다."
– 미야모토 시게루

》 **제리 맥과이어처럼**

처음 헤드헌터 일을 시작하고 나서 어떤 헤드헌터가 되어야 하는지 고민했던 적이 있었다. 나는 특별히 활발한 성격을 갖고 있지도 않았다. 주로 모니터 앞에서 일을 해왔기에 팀원들, 회사 직원들과 소통하는 경우가 대부분이었고, 홍보를 위한 외부 업체 담당자를 만나는 정도가 전부였다. 생면부지의 사람들에게 먼저 연락해서, 만남을 약속하고 이직을 제안하고 설득하는 일은 꽤 낯설고 어려운 일이었다.

한번은 세일즈 경험이 많았던 한 동료 컨설턴트가 나에게 이렇게 말했다. "당신은 영업 스타일이 아니에요. 영업직으로 맞지 않으니, 현업으로 복귀하는 것을 생각해 보세요." 누가 봐도 그랬을 것 같다. 당시 서치펌 대표님은 컨설턴트는 가능하면 정장을 입으라고 권유했는데 정장을 입고 사무실에 앉아있는 내가 스스로도 너무 낯설었다. 전화하는 것도, 사람을 만나는 것도 헤드헌터라는 생각을 가지고 만나다 보니 경직되기 십상이었다.

그러면서 '나만의 방법으로 헤드헌터를 한다면 어떻게 해야 할까?'라는 고민을 하게 되었다, 그때 생각났던 것이 영화 제리 맥과이어이다. 꽤 오래전 영화이지만 유명해서 많은 분들이 알고 있을 것이다. 영화 속에서 제리의 직업은 아주 잘나가는 스포츠 에이전트였다. 스포츠 에이전트와 헤드헌터는 조금 다른 면이 있지만 어찌 보면 비슷한 일을 하고 있다는 생각이 들었다. 물론 유명한 스포츠 에이전트들은 구단주에게 악마라는 별명을 얻을 정도로 사이가 안 좋다고 하지만 헤드헌터는 고객사에 그렇게까지 원망을 들을 일은 없을 것 같다.

잘나가던 에이전트였던 제리는 "회사는 방대한 고객보다는 소수 정예의 고객들에게 진실한 관심을 기울여야 하며, 정작 중요한 것이 돈이 아니라 인간이다."라는 요지의 보고서를 제출했다가 해고를 당하게 된다. 그 뒤 내용은 우여곡절 끝에 사랑도 얻고 인간미 넘치는 에이전트로 성공하는 내용이다.

'어떤 사람이 되어야 할까?'라는 나의 질문에 "모든 사람을 사랑하지 않으면 성공할 수 없어"라고 말했던 인간미 넘치는 제리 맥과이어는 헤드헌터로 전직했던 나에게 어떤 헤드헌터가 되어야 할지를 보여 주었다. 헤드헌터를 하다 보면 성과에 치중하게 되어 후보자 한 사람 한 사람을 소중하게 대하지 못할 수도 있다. 그때마다 나는 영화 속 제리의 말을 다시 떠올린다.

》 Fail은 다시 하라는 뜻이잖아요

스마트폰으로 게임을 하던 4살 아들이 게임 화면에 FAIL이라고 크게 뜨자 갑자기 좋아한다.

"너 FAIL이 뭔지는 알고 좋아하는 거니?"
"실패라는 말이에요."
"그런데 왜 좋아해?"
"FAIL은 다시 하라는 뜻이잖아요!"

게임 개발자 콘퍼런스에서 모 대학 게임교육원의 교수님이 했던 이야기로 회자되며 게임업계에서는 유명한 이야기가 되었다. 어른들에게 실패는 끝, 더 이상 할 수 없는 좌절감을 주는 단어이다. 하지만 아이들에게 실패는 다시 도전하고 시도할 수 있는 기회일 뿐 끝이 아니라는 이야기다. 사람은 누구나 실패하며 배워간다. 크고 작은 실패들을 통해 배우며 성장하게 된다. 실제로 어떤 사람은 그 실패 때문에 크게 좌절하기도 하고, 어떤 사람은 여러 번의 실패에도 다시 도전해서 성공하곤 한다. 그렇게 성공하는 사람들은 게임에서 FAIL이 뜨자 기뻐했던 아이처럼 다시 도전하고 시작하면 된다고 생각했을 것이다.

나의 첫 직장은 다른 사람들과 사뭇 달랐다. 또래의 친구들처럼 취업을 고민하지 않았다. 게임 스쿨에서 만났던 동료들과 게임개발사를 창업했기 때문이다. 무슨 자신감으로 그랬는지 모르겠지만 지금은 멋진 공원이 된 혜화동 낙산에 있던 동료의 자취방에서 게임 개발을 시작했다. 그리고 결국 첫 번째 게임을 완성했다. 하지만 게임을 어떻게 홍보하고, 어떻게 팔아야 하는지 몰랐던 우리는 어렵게 만들었던 게임의 판로를 찾지 못해 어려움을 겪었다. 게임을 팔아줄 게임 유통사를 찾았지만, 대형 유통사에서는 처음 들어 보는 개발사의 게임에는 관심이 없었다. 우여곡절 끝에 작은 회사와 계약을 하기는 했지만, 만족할 만큼 판매가 되지 못하고 첫 번째 게임은 잊혔다.

그 뒤 두 번째 게임은 대형 유통사와 계약하여 괜찮은 판매량도 올렸고 연말 게임 대상에서 상을 받는 등 성과도 냈다. 하지만 빠르게 변하는 IT 기술로 인해 게임의 플랫폼이나 트렌드가 매우 빠르게 변하는 상황이었다. 우리는 그 속도를 따라가지 못했다. 세 번째 게임은 시장에서 좋은 반응을 얻지 못했고, 거의 4년 가까운 시간 동안 밤낮을 가리지 않고 일했던 나는 지치기 시작했다. 피로감이 몰아치기 시작했다. 체력도 성장 가능성에 대한 불안감도 부담이 되어 왔다.

이후 나는 창업한 회사를 나와 휴식 기간을 가진 후 새로운 온라인 게임 개발사에서도 근무 하였고, 그 이후에는 모바일 게임개발사도 거치며 새로운 플랫폼과 트렌드에 도전했지만 내 의지와는 관계없이 여러 가지 사정에 의해 개발이 무산되는 일들을 겪어야 했다. 마지막으로 게임을 개발했던 곳은 소규모의 모바일 게임개발사였는데 2008년 금융위기를 맞으며 중소 모바일 게임사는 큰 어려움을 겪었고, 내가 있던 회사도 금융위기의 여파를 피할 수 없었다. 그렇게 나의 게임 개발의 여정을 마감하게 되고, 헤드헌터로의 도전을 시작하게 된다.

》 게임 개발자에서 헤드헌터로

돌이켜보면 나의 게임 개발 도전사는 실패만 남은 것으로 보인다. 한발 늦거나 빠르거나 뭔가 타이밍이 맞지 않았다. 같이 시작했던 동료 중에는 꽤 큰 돈을 번 사람도 있었고, 회사를 키운 사람도 있었다. 나는 원하던 만큼의 성공을 만들어 내지 못했다. 그러나 Fail을 보고 게임을 다시 시작했던 아이처럼 나도 계속 도전을 했다. 그리고 그 도전은 수많은 사람을 만나고 연결하며 지금의 나로 성장 할 수 있게 한 시초가 되었다. 아마도 컴퓨터 앞에 계속 앉아있었다면 나를 성장시킨 수많은 매력적이고 멋진 사람들과의 만남은 없었을 것이다.

호기심 많았던 나는 게임 개발을 하며 인문학부터 우주까지, 그리고 책과 영화와 음악과 신기술에 푹 빠져서 즐겁게 살았다. 폭넓고 다양한 지식을 쌓아갔다. 그리고 그러한 경험들은 결국 내가 사람들을 만나고 대화하고 그들을 이해하는 데 큰 도움이 되었다.

"모든 경험은 결국 삶의 양식이 되기에 인생에 헛된 것은 하나도 없다"라고 했던 슈퍼마리오의 아버지인 미야모토 시게루의 이야기처럼 게임 개발을 통해 얻게 된 사람들과 다양한 지식, 여러 가지 직간접 경험들은 나도 모르게 헤드헌터로서 성장시켜 주었다.

Chapter · 2
헤드헌터가 들려주는 면접 심리학

"나는 천재가 아니다. 다만 호기심이 많을 뿐이다."
– 아리스토텔레스

》 호기심과 관찰력은 나의 힘

기획 일을 할 때 같은 팀의 개발자들에게 늘 했던 말이 있다. "너무 모니터 앞에 앉아서만 문제를 해결하려고 하지 말아라. 주말에는 사람들을 만나고, 책도 읽고, 여행도 하고 다양한 경험을 해야 한다." 우리가 살면서 경험하는 모든 것이 기획과 디자인, 개발에 필요한 요소들이다. 그 경험들이 게임 만들 때 분명 도움이 될 것이라고 말이다.

호기심과 관찰력은 게임을 만들며 나에게 주어진 문제들을 해결하기 위해서 만들어진 습관 같은 것이고 일종의 취미가 되어 버렸다. 새로운 채용 건을 진행하며 찾게 된 후보자들은 가능하면 반드시 만난다. 만나서 사전 인터뷰를 통해 어떤 이직 니즈를 갖고 있는지, 어떤 역량을 가졌는지 이력서에서 볼 수 없는 것들을 꼭 확인한다. 또한 말투, 버릇, 말할 때 본인도 모르게 나오는 비언어적 습관 등을 인터뷰하다 보면 서류에서는 볼 수 없는 것들을 보게 된다. 사람에 대한 기본적인 호기심과 꼼꼼한 관찰은 후보자를 더 잘 이해하고 파악하게 되고, 그리고 추천할 때 강점은 더 강조하고, 약점은 보완해 줄 수 있게 된다.

한번은 한 후보자와 미리 만나 인터뷰를 진행했다. 사람들로 가득 찬 카페였는데 나와 대화하며 무의식적으로 귀를 계속 후비면서 이야기하는 것이다. 아무리 편하다고 해도 처음 만나서 인터뷰하는데 귀를 계속 후비는 모습에, 내 시선은 그 사람의 귀로만 가게 되었다. 결국 그 인터뷰에서 후보자가 무슨 말을 했는지 보다 후보자의 귀 후비는 모습만 기억이 남았다. 이 후보자는 면접까지 가더라도 떨어졌을 확률이 높았을 것이다.

한 후보자는 카이스트를 졸업한 인재였다. 만나서 인터뷰를 진행하는데 답변할 때 내 눈을 쳐다보지 못하고 시선 처리가 매우 불안해 보였다. 인터뷰 중간에 가족에게 전화가 왔는데 갑자기 버럭 화를 내기도 했다. 처음에는 긴장해서 그런가 싶었는데 시간이 지나도 마찬가지였다. 이 후보자는 스펙도 좋고 실력도 있어 보였지만 마음속에 불안감이 생겼다. "아, 고객사에서는 이미 면접을 보자고 했는데 어쩌지?"라는 생각이 들었다. 최대한 인터뷰 팁을 알려주고, 여러 가지로 가르쳐 주었는데 결국 면접에서 최악의 피드백을 받았다.

좋은 후보자도 많이 만났다. 만나서 이야기를 한마디 주고받는 순간 '이 사람 너무 괜찮다'는 느낌을 받았다. 경력 기술서에 적혀있는 업무 역량도 업무 역량이지만 대화를 하면 할수록 매력적인 사람이라는 것이 느껴지는 사람들이 있다. 말투와 태도에서 나오는 인성과 성장에 대한 열망 모든 것이 괜찮았다. 면접이 까다롭기로 유명한 S사에 추천하고 PT 인터뷰를 하게 되었다. 여러 번의 미팅과 PT 첨삭, 그리고 퇴근 후 회의실에서 만나 PT 모의 면접을 여러 번 했다. 한 번의 불평 없이 따라와 주던 그 후보자는 S사에 당당하게 합격하였다.

좋은 후보자를 만나 호기심을 가지고 다양하게 물어보고, 후보자의 이야기를 듣는다. 또 끊임없이 관찰하며 인터뷰하고 나면 지치는 것이 아니라 오히려 에너지를 얻는 날이 많았다. 사람에 대한 호기심과 애정 어린 관찰은 오랫동안 내가 헤드헌터로 살아남게 도와주는 나의 힘이 되었다.

후보자뿐 아니라 고객사도 마찬가지였다. 고객사에서 원치 않는 것이 아니라면 반드시 담당자를 만나러 갔다. 그래야만 Job description(직무기술서)만으로는 보이지 않는 것들을 알 수 있게 된다. 인사 담당자 혹은 현업 담당자를 만나서 어떤 인재를 원하는지, 채용 과정에서 이야기하지 않은 인재의 조건을 듣고 온다. 그러면 그 회사에 인재를 입사시킬 수 있는 확률이 높아진다. 그 기업으로 들어가는 골목길, 건물 입구, 사무실의 입구와 실제 후보자가 일하게 될 사무실의 분위기까지 꼭 확인했다. 별것 아닌 것으로 보이는 것들이 좋은 후보자 하나를 얻을 수 있느냐 못하느냐의 차이를 갈랐다.

》 헤드헌터가 들려주는 면접 심리학

헤드헌터는 기업에서 의뢰한 채용 건에 가장 적합한 인재를 찾는 일이다. 때로는 다른 사람이 알아보지 못하는 숨겨져 있는 보석 같은 사람을 만나서 갈고 닦아 후보자를 더 빛나게 한다면 그것만큼 보람을 느끼는 일도 없다.

보석 같은 후보자를 찾기 위해서는 인터뷰 기술이 필요하다. 오랫동안 인터뷰를 하면서 자연스럽게 습득이 되기도 하겠지만 의식적으로 노력해야 하는 부분들도 있다. 아래는 인터뷰를 잘하는 헤드헌터가 되기 위해 기억해야 할 것들을 정리했다.

첫째, 비언어적 신호를 파악해야 한다. 인터뷰에서는 후보자의 비언어적 신호를 파악하는 것이 중요하다. 신체 언어, 표정, 제스처 등을 관찰하여 후보자의 자신감, 긴장, 호기심 등을 판단할 수 있다. 또한 특유의 습관을 통해 후보자의 실제 태도와 의도를 파악하고 후보자에 대해 적합한 판단을 할 수 있다.

둘째. 좋은 질문을 해야 한다. 인터뷰 시 적절한 질문을 통해 후보자의 인성, 성격, 역량 등을 파악할 수 있어야 한다. 개방형 질문과 상황 질문을 적절하게 조합하여 후보자의 경험과 행동에 대해 자세히 물어보아야 한다. 경력 기술서나 자기소개서에 적혀진 이야기들이 꾸며진 것인지, 혹은 드러나지 않는 뒷면의 이야기들이 없는지 꼭 확인해야 한다. 때로는 질문의 순서와 흐름을 조절하여 후보자의 반응과 응답을 분석하고 평가할 수 있다.

셋째, 인식의 편향을 극복해야 한다. 나의 편견과 선입견을 인식하고 이를 극복하기 위해 최대한 객관화하는 노력을 해야 한다. 주관적인 판단이나 선호도에 영향을 받지 않고 후보자의 실력과 잠재력을 평가할 수 있어야 한다.

넷째, 감정 조절을 해야 한다. 인터뷰 과정에서 감정을 조절하는 능력이 필요하다. 감정에 휘둘리게 되면 후보자를 정확하게 판단하기 어려워진다. 객관적이고 공정한 평가를 위해 감정적인 영향을 최소화하고 전문적인 태도를 유지해야 한다.

반대로 후보자라면 면접을 잘 보기 위해서 어떻게 해야 할까? 물론 기본적인 역량과 면접 태도를 가지고 있어야 하지만 면접을 준비하는 과정도 아래에 간략하게 정리를 했다.

첫째, 인터뷰 전에 자신이 속해있는 업계와 기업을 충분히 조사하고 숙지해야 한다. 당연한 이야기지만 직무에 따라서는 기업의 제품과 서비스는 직접 체험해 보고 내용을 알고 있어야 한다. 실제로 한 지원자는 특수한 근무지에서 근무하는 직무에 지원하여 면접을 보는데 기본적으로 근무지에 대한 정보가 하나도 없었다. 내 후보자였다면 최소한 면접을 보기 전에 근무지를 확인해 보라고 했을 것이다.

둘째, 자기소개 준비가 필요하다. 너무 길거나 장황하지 않은 간결하고 명확한 자기소개를 할 수 있어야 한다. 채용하는 직무에 대한 경험과 성과를 강조하여 자신의 강점과 역량을 표현해야 한다.

셋째, 예상 질문에 대한 준비가 필요하다. 경력직 면접에서는 직무에 관한 질문이 대부분이다. 자신이 쓴 이력서와 자기소개서에 들어있는 내용들을 리뷰하면서 질문을 할 것들을 미리 확인해 보고, 그동안의 경험에 대해서 스스로 리뷰를 해볼 필요가 있다.

넷째, 질문의 정확한 이해 및 명확하고 간결한 응답을 해야 한다. 면접 시 질문을 정확히 이해하고 묻는 요지를 파악해서 답변해야 한다. 긴장하거나 의외로 커뮤니케이션 역량이 부족한 경우 질문의 요지를 파악하지 못해 엉뚱한 답변을 하기도 한다. 또한 답변은 중언부언하지 않고 명확하고 간결하게 핵심만 요약해서 답변해야 한다.

》 마음을 큐레이팅하는 헤드헌터

헤드헌터를 하면서 나를 소개하는 강의를 한 적이 있는데 그때 나를 대표하는 단어 3가지로 나를 표현했는데 사람, 마음, 정직(Integrity)이었다. 사람에게 관심이 많고, 마음을 소중히 여기고, 꾸준히 정직하게 하자라는 의미에서 그 세 가지 단어를 내 모토로 삼았다.

나는 헤드헌터는 인연으로 만들어 가는 직업이라고 생각한다. 나는 소위 영업 스타일이 아니어서 쉽게 다가가서 금방 친해지는 성격은 아니었다. 하지만 담당자가 하는 이야기들, 후보자가 하는 이야기들 한 마디 한마디를 잘 들어주고 기억해 두며, 성사 여부와 관계없이 상대를 존중하다 보니 어느새인가 그들이 나를 먼저 기억해 주었다.

편안하게 상대방의 이야기를 들어주다 보면 업계나 기업에 대한 다양한 정보에 대해서 자연스럽게 대화를 나누게 되고, 후보자가 마음속에 담아두고 있는 이야기들이 쏟아져 나왔다. 그 덕분인지 나는 마케팅을 열심히 하지 않아도 늘 일이 넘쳐났다. 한꺼번에 많은 채용 의뢰가 들어오면 정말 중요한 꼭 필요한 포지션만 달라고 다시 요청할 정도였다. 내가 만났던 후보자가 나와 관계없이 이직에 성공해도 옮겨간 회사에서 채용 의뢰가 발생하면 나를 추천하여 연결해 주었다. 고객사에 있던 담당자가 다른 고객사로 이직해도 나를 다시 불러 주었다.

나는 한번 인연이 되면 오래도록 기억해 주었고, 상대방도 나를 기억해 주었다. 이런 부분은 일 뿐만 아니라 개인적인 관계에서도 마찬가지였다. 나는 깊게 친해지는 데 시간이 걸리는 사람이었지만 한번 친해지면 오래도록 연락하며 성실하게 관계를 유지한다. 그러다 보니 비교적 내향적임에도 오랫동안 연락하는 친구들과 지인들이 많았다.

아내는 나와 달리 성격이 밝고 리액션이 좋아, 사람들과 금방 친해지고 사람들도 좋아하는 호감형이다. 그런데도 사람들을 만나는 걸 즐겨하지 않고 깊은 관계를 맺는 것에 힘들어한다. 소수의 사람들과 교류한다. 그런 우리를 보고 큰 아이는 엄마는 인싸 같은 아싸이고 아빠는 아싸 같은 인싸 같다고 해서 웃은 적이 있다.

그렇게 한 사람 한 사람에게 좋은 모습을 보였던 것이 좋게 보였던 것일까? 우연한 기회에 내가 헤드헌터라는 것을 아는 한 대표님이 나에게 면접관이 잘 맞을 것 같다고 하시면서 면접관 업무를 소개해 주셨다. 면접은 헤드헌터를 하면서 수도 없이 많이 겪어 본 일이었기에 나 또한 자신이 있었다. 게임 기획자가 헤드헌터로 전직하여 사람들을 만나며 배운 인터뷰 노하우를 면접관 업무를 통해 충분히 발휘할 수 있겠다는 그런 새로운 호기심에 면접관으로의 또 한 번의 도전을 시작한 것이다.

Chapter · 3
헤드헌터가 알려주는 최고의 면접 전략

"아무리 재능이 뛰어나도 노력하지 않으면 평범한 사람으로 머물 수밖에 없다."
– 앤드류 카네기

》 면접관은 헤드헌터의 확장판

오랫동안 헤드헌팅을 하며 인터뷰를 해왔고 면접관 교육도 받았지만, 공공기관 채용 전문면접관으로 첫 시작을 하는 순간은 긴장이 되었다. 면접관의 인터뷰는 헤드헌팅의 인터뷰와는 같지만 많이 달랐다. 예상했던 것보다도 훨씬 면접 시간이 짧았고, 그 시간 동안 내가 할 수 있는 질문은 한두 개 정도였다. 그래서 면접관은 계속 공부해야 한다고 생각한다.

또한 헤드헌터와 면접관은 채용을 돕기 위해 후보자 혹은 지원자와 면접을 본다는 점에서는 유사하지만, 실제 면접의 형태나 목적은 조금 다르게 정의 될 수 있다. 한마디로 면접관 업무는 헤드헌터와 비슷하지만 다른 확장판 같다는 생각이 들었다. 아래는 헤드헌터와 면접관을 인터뷰 관점에서 비교해 보았다.

	헤드헌터	전문면접관
인터뷰 시간	1. 필요하면 1시간 이상도 가능 2. 같은 사람을 여러 번 만날 수 있음	1. 10분~15분 정도, 실제 질문 시간은 5분 이내 2. 단 한 번의 면접 기회
인터뷰 형태	1. 한 번에 한 명과 구두 인터뷰 진행 2. 인터뷰어는 1명 3. 편안하고 자유로운 공간에서 진행	1. 면접 방식에 따라 한 명 또는 여러 명과 다양한 방식으로 면접 2. 면접관은 보통 2명~4명 3. 제한된 공간에서 절차에 의해 진행
인터뷰 목적	1. 기업에 적합한 사람인지 판단 2. 기업에 채용이 될 수 있도록 면접을 잘 볼 수 있게 하기 위함 3. 적합한 후보자를 기업에 입사시키기 위함 4. 후보자를 전반적으로 파악하기 위함 5. 기업의 입장과 후보자의 입장을 모두 고려하여 인터뷰 진행	1. 기업(기관)에 적합한 사람인지 판단 2. 기업에서 적합하지 않은 사람인지를 확인하기 위함 3. 적합하지 않은 지원자를 후보군에서 걸러내기 위함 4. 정해진 기준에 의해 면접 점수를 부여하기 위함 5. 기업을 대표하는 입장에서 지원자를 인터뷰 진행

헤드헌터로서의 인터뷰는 후보자가 기업에 적합한 사람인지 판단할 수 있는 인터뷰 시간이 충분하다. 보통 만나서 짧게는 30분에서 길게는 2시간 이상 인터뷰를 한 경우도 있었다. 후보자의 이야기를 들으며, 역량과 인성, 성향 등 후보자를 검증하는데 충분한 시간을 가진다. 또한 인터뷰를 보는 목적은 검증을 통해 좋은 후보자라고 판단되면 기업과 실제 면접 진행을 하기 위한 정보를 주고 어떻게 면접을 진행해야 할지 가이드를 준다. 즉, 후보자를 기업에 입사시키기 위해서 인터뷰를 한다고 볼 수 있다. 이때의 질문은 아이스 브레이킹을 할 수 있는 질문부터, 업무 역량을 확인하고, 실제 경력을 확인하는 질문, 성향과 이직 니즈를 파악하는 등 다양한 질문을 하게 된다.

그런데 면접관은 다르다. 우선 인터뷰 시간이 매우 짧다. 길어야 15분 정도인데 그 시간도 인터뷰 방식에 따라 실제로 면접관 한 사람이 질문을 하는 시간은 5분 이내이며, 면접 형태에 따라 1~2분 정도밖에 주어지지 않는 경우도 있다. 짧은 시간 안에 질문을 하고 지원자가 적합한 사람인지 판단을 하기 위해서는 꼭 필요하고 중요한 질문들을 해야만 한다. 또 헤드헌터 입장에서의 인터뷰와 달리 면접관은 기업을 대신하여 그 자리에 앉은 것이기에 철저하게 기업 혹은 기관에 적합한 사람인지를 짧은 순간에 판단하고 정해진 기준에 따라 점수를 부여해야 한다. 지원자를 합격시키기 위해서라기보다는 지원자의 적부 판정을 하기 위해 인터뷰를 보는 것이다.

특히 헤드헌터로서 인터뷰를 볼 때 후보자는 자발적인 지원자도 있지만 제안과 설득의 과정을 통해 기업에 채용되도록 노력하는 과정들이 있게 되는데, 면접관은 지원자를 검증하여 채용하지 않아야 하는 지원자인지를 판단해야만 하는 과정이다.

수많은 인터뷰를 진행해 본 헤드헌터로서 면접관의 인터뷰와의 차이를 생생하게 느끼며 면접관으로서의 준비해야만 한다고 더 절실하게 느끼게 되었다. 공공기관의 NCS 기반 채용을 설계했던 김기호 박사님의 말을 인용하면, 면접관은 그 기관의 경쟁력을 책임지는 사람이고, 나아가 국가경쟁력을 책임지는 사람이라고 했다. 헤드헌터를 하면서도 기업과 후보자에게 감사하다는 이야기를 듣고, 커리어 컨설턴트로서 자부심을 느낀 적도 많이 있었다. 하지만 면접관은 그 이상의 사명감을 가지고 준비해야 한다는 것이다.

》 **헤드헌터의 면접관 사용기**

헤드헌팅을 오래 했음에도 긴장되는 마음으로 면접장에 들어섰다. 첫 면접관을 진행했던 기관은 면접 내용 등의 보안을 위해 아침에 면접관 교육을 했다. 면접실에 도착 후 휴대전화나 전자기기를 모두 제출했고, 면접이 완료되고 평가 확인이 되고 나서야 다시 휴대전화를 받을 수 있었다. 점심시간에도 외부로 이동하지 못하고 면접실 안에서 식사해야만 했다. 첫 면접 진행부터 진행 과정이 매우 엄격해서 조금 놀랐었다. 물론 그 이후 면접관 업무를 통해 모든 기관의 채용이 엄격하게 진행되는 것이 아니라는 것을 알았다. 하지만 첫 면접 진행이 꽤 조심스러웠던 만큼 이후에도 나는 면접관으로서 태도에 기준을 세울 수 있었다.

첫 면접관으로서 진행된 인터뷰는 PT 면접이었는데 지원자는 주어진 시간 동안 과제물을 통해 PT할 내용을 정리하여 1~2분 이내에 발표하고 3분 정도 시간에 4명의 면접관이 질문을 해야만 했기에 면접관은 각자 질문 1개 정도만 할 수 있었다. 매우 스피드하게 진행이 되었기에 집중력이 필요했다. 지원자의 PT 내용을 확인하고 그 안에서 질문할 것을 빠르게 생각해야 했다. 다른 면접위원들의 질문의 답변도 잘 확인해야 평가에 반영해야 할 수 있고, 다른 면접위원과 겹치지 않는 추가 질문을 하기 위해 계속 집중해야 했다. 오후 시간에는 집중력이 떨어지지 않도록 면접 지원자만큼이나 긴장해서 면접에 임했다. 면접을 모두 마치고 첫 데뷔라 긴장도 했지만, 잘 마무리했다는 생각도 들었다. 하지만 또 한편으로는 더 잘 준비해야겠다는 생각이 들었다.

두 번째 면접관 일은 모 광역시에 갔었는데, 이번에는 동시에 3명의 후보자가 들어와서 30분간 PT를 준비하고 발표하고 돌아가며 질의응답을 하는 방식의 인터뷰 방식이었다. 지난번 기관과 달리 지원자를 관찰할 수 있는 여유가 있어서 좋았다. 다만 질문 시간은 제한이 있었기 때문에 역시 한두 가지 질문을 잘하기 위해서 PT를 집중에서 들어야 한다는 점에서는 동일한 긴장감이 있었다.

그때 한 지원자가 PT 면접을 마쳤는데 갑자기 한 면접위원이 일장 연설을 하기 시작했다. 전산 인력을 채용하는 면접이었는데 자신의 커리어가 전산실에 있었다는 것을 알리고 싶으셨는지 지원자의 답변에 계속 맞고 틀림을 가르치고 있었다. 면접관 교육을 받으며 면접관이 하지 말아야 할 전형적인 행동이라서 '아 저러시면 안 되는데'라고 생각하며 안타까워했다.

다른 한 지원자의 PT 발표가 다른 지원자와 달리 꽤 창의적이어서 좋게 보고 있는데 발표를 들은 면접위원이 그 지원자에게 훈계를 했다. 왜 남들과 다른 내용으로 발표를 했냐는 것이다. 아까운 면접 질문 시간에 훈계를 하며 시간을 다 쓰셨다. 추후에 내부 면접관과 의견 조율을 할 때 내부 면접관과 나는 그 지원자의 발표에 좋은 점수를 주는 것으로 동의했는데 여전히 한 면접위원만 못마땅해하셨다.

현업에 오래 계셨고 그 분야에서 베테랑 일지라도 지원자에게 적절한 평가를 하고, 좋은 질문을 하며, 가이드에 따른 점수를 배점하기 위해서는 면접관 공부가 절실히 필요하고, 끊임없이 노력해야 한다는 사실을 새삼 느낀 면접 경험이었다.

물론 좋은 면접관도 많이 만났다. 면접위원장으로서 면접실의 분위기를 잘 이끌어 주시고, 좋은 질문들을 부드럽게 잘하셔서 많이 배울 수 있었던 기분 좋은 면접관 경험도 있다. 또한 내부 면접관과의 협업도 중요한데, 면접에 익숙하지 않은 내부 면접관을 편안하게 해주고, 미리 사전 정보를 주고받아 기업에 필요한 인재에 대해서 더 구체적으로 확인하여 즐겁게 인터뷰를 진행했던 경험도 있다.

면접관 업무 경험이 쌓이면서 문득 "면접관을 헤드헌팅 한다면 어떤 면접관을 뽑을까?"라고 생각해 봤다. 그리고 '나는 헤드헌터가 선택하는 면접관일까?'라는 질문을 하게 된다. '어떤 헤드헌터가 되어야 할까?'라고 질문했던 그때의 마음으로 다시 묻게 된다. '나는 좋은 면접관인가?'

》 헤드헌터가 알려주는 최고의 면접 전략

최고의 면접 전략이라고 쓰니 거창해 보이기는 하지만, 면접관 경험이 많지 않은 경우 면접관으로서 꼭 필요한 준비가 무엇이 있을까 생각해 보았다. 모든 일이 마찬가지겠지만 면접관으로서 가장 기본적이면서도 가장 핵심적인 부분을 잘 수행해야 한다고 생각한다.

첫째는 직무 이해와 좋은 질문 만들기이다. 면접관으로서 가장 기본적이면서도 가장 중요한 것은 '좋은 질문하기'라고 생각한다. 면접관의 질문은 기업(기관)에 따라서, 또 직무와 면접 상황에 따라서 적절한 질문이 되어야 한다. 사전에 면접을 진행하는 기업(기관)의 정보나 면접 직무에 대한 이해는 당연하고 면접에 참여하여 지원자의 자격과 역량을 평가하기 위해 적절한 질문을 미리 선별해야 한다. 면접 질문에 익숙하지 않다면 스크립트로 만들어서 여러 번 읽어보고 나만의 정제된 언어로 질문할 수 있어야 한다.

구조화된 질문 혹은 행동 기반의 질문들이 필요하다. 가정 상황, 의지나 생각을 묻는 질문은 짧은 시간 안에 지원자를 판단해야 하는 면접관의 질문으로 적합하지 않다. 가정 상황이나 의지를 묻는 질문은 지원자에게 거짓말을 유도하게 된다. 면접관은 그러한 가정 질문을 역량 확인을 위한 경험 질문으로 바꿀 수 있어야 한다.

예를 들면 "일이 힘든데 하실 수 있겠습니까?" 이런 질문보다는 "책임감을 가지고 어려운 프로젝트를 마치기 위해 본인이 희생한 경험이 있다면 구체적으로 답변해 주시겠습니까?" 등으로 바꿀 수 있다. 실제 사례와 경험을 구체적으로 묻는 질문들이 필요하다.

둘째는 면접 위원들 간의 협업과 커뮤니케이션이다. 사전, 사후에 면접관 간 커뮤니케이션으로 호흡을 잘 맞추어야 한다. 면접 전에 서로의 역할을 나누어 어떤 역량을 확인하는 질문을 할지 사전에 의사소통을 반드시 해야 한다. 면접실 안에서는 함께 협업하여 좋은 지원자와 역량이 미달인 지원자를 찾아내야 한다. 다른 면접관의 질문을 귀담아듣고 후속 질문을 하여 질문이 겹치지 않도록 집중해야 한다.

면접위원장을 맡게 된다면 그 역할이 더욱 중요하다. 전체 면접 과정이 부드럽게 진행되도록 시간과 프로세스에 더 신경 써야 한다. 소통과 협업을 하지 않는 면접관은 지원자를 정확히 평가하기 어렵다. 특히 요즘은 기업(기관)의 이미지를 중요하게 생각하기에 기업(기관)을 대표하는 자리라 생각하고 지원자에게 좋은 인상을 줄 수 있도록 해야 한다.

셋째는 정확한 청취 및 예리한 관찰 능력이다. 지원자를 잘 관찰하고 지원자의 답변이나 발표를 정확하게 청취하여 지원자의 답변 의도와 태도를 이해해야 한다. 또한 정확한 관찰을 통해 비언어적인 태도와 자세를 확인하여 정확한 평가를 위한 자료를 얻기 위해 노력해야 한다.

청취와 관찰 능력을 기르기 위해 면접관도 커뮤니케이션 능력과 집중력이 있어야 함은 당연하다. 이 부분이 부족하다면 절대 좋은 면접관이 될 수 없다고 생각한다. 디테일한 청취와 관찰을 통해 얻은 내용은 평가에 반영되도록 공유하는 것도 필요하다.

넷째는 정확한 판단과 분석을 통한 체계적인 평가이다. 사람은 매우 감성적인 판단을 한다는 것을 전제해야 한다. 누구도 편향이 있음을 자각하는 것이다. 특히 실무 경험이 많은 외부 면접관일수록 편향이 있을 수 있다고 생각하고 집중하지 않으면 지원자를 평가할 때 기준이 일정치 않고 개인의 주관이 많이 개입될 수 있다.

나의 평가 성향이 첫인상에 영향을 많이 받는지, 관대화 오류가 있는지, 후광 효과나 일관되지 않은 정서적 오류가 있는지 체크해 보아야 한다. 나의 오류 가능성에 대해서 인정하고 미리 준비하고, 질문에 대한 평가 기준을 정해둔다면 더 정확한 평가가 가능할 것이다.

헤드헌터로서 면접관 일에 도전하면서 처음에는 자신감이 있었지만, 면접을 마치고 나면 아쉬운 부분도 많이 있었다. 나는 누구보다 면접을 잘 안다고 생각했지만 분초를 다투는 시간 동안 지원자를 정확하게 파악하는 일은 결코 쉽지 않았다. 누구도 그러할 것이다. 그런 면에서 면접관은 누구나 도전할 수 있지만 누구나 쉽게 할 수 없다고 생각한다. 그러나 끊임없이 노력하고 공부하며 성장하는 면접관이 된다면 기업과 국가의 경쟁력을 높이고 자부심을 가진 면접관이 될 수 있을 것이라 생각한다. 면접관을 도전하는 평범한 모든 사람에게 도움이 되길 바라며 글을 마친다.

미국 회사에서
배운 사람과
면접 이야기

Chapter 1. 새로운 시작
Chapter 2. 미국계 회사에서 배운 사람을 선택하는 원칙과 교훈
Chapter 3. 면접관으로 미국계 회사 지원자들에게 하고 싶은 말
Chapter 4. 새로운 여정, 전문면접관

인재스카우터
김홍연

한국외국어대학교에서 독일어 교육을 전공하고, 머천다이저[1]로 사회생활을 시작했다. 메이시즈 머천다이징(Macy's Merchandising) 그룹 코리아 (1997-2020, 대표), 어쏘시에이트 머천다이징(Associate Merchandising) 컴퍼니 (1989-1997, 부장, 타켓/콜스/머빈스 스토어) 등 미국백화점 한국 지사에서 일하며, 자사 브랜드의 의류 제품 대외 구매와 제품 개발 업무를 담당했다. 한국 지사는 미국 본사를 대리해 한국 무역회사나 해외 생산 공장과 업무를 하는 곳으로, 사원으로 시작해서 한국법인의 대표에 오르며 커리어를 완성했다. 현재는 전문면접관으로 활동하고 있다.

●

1 바잉 오피스에서 해당 물품의 적합한 생산처를 선정하고, 가격 체결에서 선적에 이르는 제반 업무를 맡아서 하는 전문인

집필 동기

잘되고 안정적이던 회사가 갑자기 문을 닫게 되었다. 본사의 한국 법인 폐쇄 결정이 내려지고 나의 일상은 갑자기 변했다. 어느 정도 시간이 흐른 뒤, 주변 정리가 되면서 평생 공무원으로 근무하시다 정년퇴직하신, 올해로 90세인 아버지의 말씀이 계속 귓가에 맴돌았다.

"홍연아 내가 30년 일하고 30년 놀았는데 지나고 보니 노는 시간이 너무 길 더구나. 너는 더 오래 할 일을 찾아라." 이 말을 새기며 나는 새로운 길을 찾기 시작했다. 의미 있으면서 동시에 돈도 벌 수 있는 일이 무엇일까? 그러던 중 오래전부터 참여하고 있었던 스피치에 관심이 있는 사람들의 클럽인 '토스트 마스터스'에서 내 안의 새로운 가능성을 발견하게 되었다. 'Job 인터뷰' 라는 주제로 미팅을 진행하는 나의 모습을 지켜본 지인이 다가와 내게 말했다. "한나! 정말 진행을 잘했어. 면접관으로 추천해도 손색이 없겠는 걸!" 이 말은 내 안의 면접관을 새롭게 발견하는 계기가 되었다.

그렇게 우연히 전문면접관 이란 새로운 직업을 알게 되었고, 이제는 그 분야의 전문가 교육을 받고, 경험을 쌓아가고 있다. 이 글은 내가 일했던 미국 회사에서 만난 사람들과 면접에 대한 이야기다. 그리고 면접관의 시각과 관점으로 미국 회사에서의 경험을 이야기해보려고 한다. 미국계 회사는 공공기관과 면접 과정부터 다르지만, 그만큼 새로운 도전과 성장의 기회를 준다.

무조건 원어민 수준의 영어 스킬이나 고학력을 요구하지는 않아서 제대로 알고 준비만 되어 있으면 오래 일할 수 있는 좋은 옵션이 될 것이다. 나의 실패와 도전 그리고 함께 일했던 사람들의 이야기를 통해 미국계 회사에서 일하는 것이 어떤 경험이며, 그 과정에서 어떤 업무 프로세스를 겪게 되는지 내가 근무한 리테일 회사의 사례로 이야기하려고 한다. 이 글은 미국계 회사에 입사를 원하는 이들에게 중요한 지침서가 될 것이다. 그리고 내 이야기를 통해 독자들이 미국계 회사의 업무 문화를 이해하는 데 도움이 되고, 동시에 자신감을 갖고 미국계 회사에 도전하는 기회가 되길 기대하며 이 글을 쓴다.

마지막으로, 이 글을 읽는 모든 이들에게 하고 싶은 말은 어떤 상황에서도 새로운 시작이 가능하다는 것이다. 어떤 일을 했더라도, 어떤 나이라도 새로운 도전을 통해 성장할 수 있다고 믿는다. 내가 전문면접관으로서의 새로운 여정을 힘차게 시작했듯이 이 글이 독자들에게 새로운 시작과 변화를 위한 용기를 줄 수 있기를 바란다.

Chapter · 1
새로운 시작

"새로운 시작을 두려워하지 마라. 그 안에는 새로운 기회와 희망이 있다."
– 마하트마 간디

》 폭풍전야

분위기가 매우 어수선했다. 코로나19의 여파로 8백여 개의 미국 전 매장이 문을 닫아야 했고, 전 직원은 강제 휴가에 들어갔다. 모든 물류 이동은 정지되었고, 해외 공장들도 연달아 셧다운(shutdown-공장, 사업장의 멈춤)에 들어갔다. 혼돈의 10주가 지나고, 본사 리더십은 대규모의 손실을 줄이고자 대대적인 구조조정을 결정했다. 이를 위해 외부 컨설턴트를 고용하였고, 뉴욕 본사의 직원들과 여러 차례의 미팅을 하고 있다는 소식이 전해졌다. 얼마 후 오랫동안 같이 일해왔던 부사장급부터 차례로 사임 소식이 들려왔다.

 이제 아시아와 유럽에 있는 6개 오피스의 차례가 되었다. 뉴욕 리더십 그룹, 컨설턴트 그룹과 6개 오피스 지점장들은 홍콩에 모였다. 나 역시 한국 지점장으로서 홍콩에 불려 갔다. 며칠 동안 각 지점의 업무 특성, 업무 프로세스 등에 관한 이야기를 정리하고 확인하는 지루한 미팅이 있었다. 나는 실무를 잘 아는 지점장이었기에 누구보다 목소리를 높여 문제가 있는 프로세스를 지적했고 회사가 더 나은 방향으로 변화되길 꿈꾸었다. 그러나 안타깝게도 앞으로 몇 주 후에 내가 알게 될 비보를 예상하지는 못했다.

 사실, 2개 정도의 오피스가 문을 닫는 것은 결정된 사안이었다. 일부 오피스 지점장은 은퇴할 시기를 넘긴 지 오래되었고 해당 오피스는 경쟁력마저 상실된 상태였다. 또 다른 오피스는 큰 의미 없이 적은 금액의 수출을 하는 효율성 떨어지는 벤더들만 많았다. 반면 한국 오피스는 TOP10 안에 5개 이상이 오를 정도로 규모 있고, 일 잘하고, 무엇보다 모두가 함께 일하고 싶어 하는 강한 팀을 보유하고 있었다. 한국 사람들이 얼마나 똑똑하고 순발력이 좋은가! 실제로 지점장들이 고된 미팅 후에 한마디씩 건네 왔다. "한국 오피스는 문제없을 거야…." 사실 말하지는 않았지만 나 역시 속으로 동의하고 있었다. '맞아. 한국 오피스와 벤더는 회사에 꼭 필요해.'

 홍콩 출장에서 돌아온 후, 구조조정의 윤곽이 서서히 드러났다. 이미 결정된 사항이었는지 알 수는 없지만, 뉴욕 본사의 자사 브랜드 팀은 완전히 와해되었고, 해외 오피스들과 벤더에게는 더 많은 책임을 지고 업무를 수행하라는 요청이 내려왔다.

》 극소수만 알았던 비밀

어느 날, 한 컨설턴트의 실수로 파일 하나가 공유되었다. 평소와 같이 파일을 열어 내용을 확인하던 중, 내 눈을 의심할 수밖에 없는 내용이 내 눈앞에 펼쳐졌다. 파일은 순식간에 삭제되었지만, 그것은 세 개 오피스의 법인 폐쇄로 발생할 수 있는 비용에 대한 것이었다. 그리고 그 세 오피스 중 하나가 '한국'이었던 것이다. '아니 왜?' 나는 뉴욕 리더십의 결정을 이해할 수 없었다. '뭐가 문제였을까? 왜 가장 일 잘하는 오피스를 닫으려고 하지?'

정말 숨이 막히는 하루를 보내고, 나는 뉴욕 리더십에게 일대일 미팅을 요구했다. 그는 기밀 파일이 공유된 것과 이미 몇몇 사람들이 그 내용을 확인했다는 사실을 알고 있었다. 그리고 내가 미팅을 왜 요구하는지도 알고 있었다. '왜?'라는 나의 질문에 그는 이 결정은 나와 한국 오피스의 성과와는 전혀 상관없이 회사의 전략적인 결정이란 답변만 반복했다. 또, 이미 국내 로펌과 법률적 자문이 마무리되었다고 했다. 순간 말할 수 없는 무력감이 밀려왔다. 이런 결정이 내려졌다는 사실을 전혀 인지하지 못했던 것에 대한 뒤늦은 후회가 밀려왔다.

》 다른 문이 열리다

퇴직 후 갑작스러운 변화에 점차 적응해 가면서, 단순한 즐거움 그 이상의 사회적 인정과 함께 경제적 보상을 얻을 수 있는 새로운 일에 대해 고민하기 시작했다. 그러던 중 남편이 여성 사외이사에 관한 신문 기사를 캡처해서 보내왔다. 나는 새로운 분야에 흥미를 느꼈다. 그래서 바로 OOOO 경영대학원 여성 사외이사 전문가 과정을 등록했다. 토요일 하루를 꽉 채운 커리큘럼에도 불구하고, 새로운 지식을 습득하는 것은 흥미롭고 즐거웠다. 매주 새벽마다 지방에서 서울까지 올라오는 열정적인 동기들은 그야말로 대단했다. 그들은 각자의 전문 분야에서 유리 천장을 깨고 꾸준히 커리어를 쌓아온 능력자들이었으며, 대부분 현재도 직장 생활을 이어가고 있었다. 그럼에도 불구하고 이미 5년, 아니 그 이후를 준비하고 있는 것이 놀라웠다. 이 배움의 시간은 그들의 성공 이야기뿐만이 아니라, 사외이사의 역할과 의사결정의 중요성에 대해 이해하게 된 소중한 기회였다. 그러나 여성 사외이사는 아직도 특정 전문 직업군에서만 주로 추천되고 있는 것이 일반적이기 때문에, 내 이력과 경험으로는 문턱이 높다는 것도 깨닫게 되었다.

다음으로 알게 된 직업은 '전문면접관'이었다. 나는 '토스트 마스터즈'라는 스피치 모임에 참여하고 있었다. 그날은 내가 진행자로서 'Job 인터뷰'라는 주제의 모임을 한 날이었다. '가장 기억에 남는 면접 질문은 무엇이었나?'라는 질문으로 모임을 진행했다. 이 모임에 참석했던 한 지인이 나에게 말했다.

"한나! 내가 면접관으로 당신을 추천해야겠어!"

이것이 전문면접관으로의 출발이었다.

Chapter · 2
미국 회사에서 배운 사람을 선택하는 원칙과 교훈

"경험은 최고의 스승이다."
– 토머스 칼라일

    미국 회사라고 해서 좋은 인재를 찾는 노력과 기준이 국내 기업과 크게 다른 것은 아니다. 단지 우리나라 공공기관과는 다르게 출신 학교나 공인 영어점수 같은 것들이 처음 서류 스크린 단계에서 중요하게 작용한다. 그러나 일단 서류 심사 단계를 통과하고 나면 소위 스펙이란 것이 별로 중요하지 않고 오직 면접과 실력을 통해 자신을 어필할 수 있다는 장점이 있다.

》 비슷해 보이면 가장 필요한 사람에게 기회를 주자

한국 지사 법인 대표였을 때 나는 내부 면접을 다수 진행했었고, 신입사원 지원자도 많이 만났다. 미국 회사이기 때문에 영어 의사소통 능력이 기본적으로 필요했고, 지원자들 중에는 좋은 학력과 화려한 스펙을 가지고 있는 사람도 많았다. 나의 일은 오히려 필요 이상의 자격을 갖춘 사람을 가려내는 것일 수도 있었다. 그러나 돌이켜보면, 이력서와 자기소개서 그리고 짧은 면접만으로 내가 항상 올바른 결정을 내린 것은 아니었다. 반신반의했지만 기대 이상으로 적응하고 성과를 보이는 사람도 있었고, 반면에 오래 일하지 못하고 퇴사하여 민폐가 된 사례도 있었다.

여러 번의 경험을 거치며 깨달은 원칙이 있다. 그것은 비슷한 능력을 갖춘 사람들 중에서 선택해야 할 때는, 가장 일이 필요한 사람에게 일자리를 얻을 기회를 주자는 것이다. 이 원칙은 내가 대학 졸업 후 얼마나 절실하게 취업을 원했는지에 기인한다.

나는 1986년 졸업생이다. 당시는 현대, 대우와 같은 대기업에서 여자 대졸자를 처음으로 공채 모집한 해였다. 나는 외국어 전공의 사범대 출신으로 교사가 되기 위해 임용고시를 준비하거나 교사가 아닌 다른 분야에서 기회를 찾기 위해 새로운 도전을 해야 했다. 나는 새로운 도전을 선택했고, 대기업 두 곳을 포함한 많은 기업에 입사 지원서를 냈다. 친구들의 합격 소식이 여기저기서 들려오기 시작했지만, 나는 아직 아무런 면접 기회를 얻지 못했다. 나의 간절한 목표는 졸업과 동시에 일자리를 얻어 부모님으로부터 경제적으로 독립하는 것이었지만, 상황은 너무도 막막했다.

　6월이 되고, 나는 신문과 학교 취업 관련 공지를 뒤적거리며 학교, 도서관, 집을 오갔다. 그러던 어느 날, 학교 취업 공지에 영어가 가능한 여자 졸업자를 찾는다는 짧은 글이 눈에 들어왔다. 재빨리 이력서를 냈고, 며칠 후 면접을 보러 오라는 연락을 받았다. 드디어 고대하던 첫 면접이었다! 그 회사는 캐나다와 미국 의류 도매상의 대리점 역할을 하는 직원 5명의 작은 에이전트였다. 사장님과 부장님은 내 눈의 간절함을 읽으셨는지 몇 가지 질문과 함께 나의 영어 실력을 테스트했고, 바로 일주일 후에 출근할 수 있느냐고 물었다. 속으로 쾌재를 외쳤다. "네 그럼요!"

》 **경험으로 얻은 교훈들**

　　첫 번째 교훈 - 늦더라도 오래가면 좋다.
　첫 회사는 소규모 조직이기에 처음부터 끝까지 많은 것을 배울 수 있었다. 그러나 2년을 채우고 나니 좀 더 큰 조직에서 일하고 싶은 욕심이 생겼다. 마침 거래처 담당자를 통해 외국계 회사를 알게 되었고, 경력을 인정받을 뿐 아니라 직급별로 승진의 기회도 상대적으로 많은 회사로 이직하게 되었다. 그 사이에 대기업에 입사했던 동기 친구들의 퇴사 소식도 들려왔다. 여직원은 대부분 고졸 밖에 없던 대기업에 대졸 여직원으로 입사해서 고졸 여직원과 남자직원 사이 업무로 인한 갈등을 경험했다고 했다.

　그러나 미국계 회사는 일찍이 수평 문화가 자리 잡고 있어서 남녀

학력의 차별 없이 기회가 주어지는 환경이었다. 나는 친구들보다 출발은 늦고 초라했을지도 모르지만, 점점 성장하고 있는 것이 분명했다. 그리고 교직과 자영업을 하는 친구들을 제외하면 내가 가장 오랫동안 직장 생활을 했다. 그래서 알게 되었다. 출발은 좀 늦더라도 준비되어 있는 사람에게는 반드시 기회가 오고, 또 준비된 사람에게만 그 기회가 보인다는 것을 말이다.

두 번째 교훈 - 어리석은 질문은 없다. 명확하지 않으면 질문하고 확인해라.
- 관 짝을 보낸 사연

글로벌 회사에 근무하다 보면 정확한 커뮤니케이션이 매우 중요하다. 같은 영어 이메일을 읽어도 서로 다르게 이해할 수 있어서 내가 이해하는 것이 맞는지 확인할 필요가 있다. 지레짐작하는 것은 금지 사항이다. 정말로 잊지 못할 에피소드가 있다. 당시 나는 머천다이저로서 한 바이어를 담당하고 있었고, 다른 회사로 이직하기 위해 업무 인수인계를 진행하고 있었다. 그러던 중 어느 날 거래처 직원의 전화를 받았다. "이번 코트 선적건의 패킹은 어떻게 해요?" 질문의 요지는 '코트를 어떻게 접어서, 박스에 넣어야 하는가?'였다. 보통 바이어마다 다른 패킹 사항이 요구되어서 매뉴얼을 찾아보거나 아니면 바이어에게 직접 물어봐서 대답을 해야 하는 상황이었는데, 나는 크게 의심하지 않고 그만 무심히 말해버렸다.

"구겨지지 않게 잘 펴서 넣으세요."

두 달 후, 나의 업무를 맡은 선배 언니로부터 다급한 전화를 받았다. "한나! 바이어가 관이 도착했다고 난리가 났어. 도대체 패킹을 어떻게 하라고 한 거야?" 나는 정확하게 코트를 몇 번 접어서, 몇 장을 박스 안에 넣으라고 말해야 옳았다. 그랬다면 구겨지지 않게 펴서 넣기 위해 관처럼 긴 박스를 보내는 전대미문의 기행은 일어나지 않았을 것이다.

- 짝짝이 소매 드레스 사건

대량 생산 단계 전에 피팅이 끝나고 승인이 된 견본은 바이블과 같다. 영어에 익숙하지 않고 현지어가 통용되는 해외 생산 현장에서는 승인된 샘플을 근거로 대량 작업을 한다. 문제가 된 것은 드레스 오더였는데, 담당 디자이너가 어떤 소매 모양을 할지 결정하지 못했다. 그래서 한쪽은 벨 모양 소매, 또 다른 한쪽은 커프스 모양 소매로 만들어 피팅 견본을 보내 달라는 요청이 있었다. 피팅 후 디자이너는 최종 결정을 내렸고 코멘트와 함께 승인된 견본이 생산 현장으로 보내졌다.

본 작업이 진행되고 최종 검사 후 선적되었고, 약 2~3달 후 매장에 제품이 걸리게 되었다. 어느 날 매장을 둘러보던 디자이너에게서 다급한 이메일이 왔다. "매장에 양쪽 모양이 다른 드레스가 걸려있어!" 초대박 사고였다. 사실 수천 장에서 수만 장의 본 작업을 위해 재단하고 봉제를 시작하기 전에 최소한 3~4번의 반복되는 확인 포인트들이 있다. 그런 단계를 거치며 생산이 끝나서 최종 검사 후 선적이 완료될 때까지, 수많은 눈이 그 드레스를 보았을 텐데 그 누구도 짝짝이 소매 드레스라는 것을 인지하지 못한 것이다.

뉴욕 팀, 담당자와 거래처 그리고 공장은 그야말로 난리가 났다. 뉴욕 팀은 당장 상당한 티켓 가격 인하를 하고, 매장에서 전 수량을 끌어 내려서 생산자에게 돌려보내야 한다고 했다. 예상되는 거래처와 공장의 손해는 그야말로 막대했지만, 일단 생산자 측의 잘못이니 손해를 배상하겠다는 확인이 나간 후 초조하게 결과를 기다렸다. 몇 주 후 정말 뜻밖의 소식이 들려왔다. 티켓 가격을 확 내리기는 했지만 드레스가 팔린다는 것이다! 신비스럽게도 어떤 소비자에게는 짝짝이 소매도 패션으로 인식된다는 행운을 경험한 것이다. 물론 가격 인하로 손해가 있었지만, 예상보다는 적은 손해로 해피 엔딩이 된 에피소드였다.

담당자가 승인 견본과 다른 코멘트가 있다는 점을 한 번 더 강조했더라면 사고는 방지될 수도 있었다. 특히 영어로 커뮤니케이션을 할 때는 원어민뿐 아니라 영어가 외국어인 사람도 같이 소통한다. 그래서 내가 먼저 내용을 정확하게 이해하고 전달하는 꼼꼼함은 아무리 강조해도 지나치지 않는 필수 자질임을 큰 대가를 지불하고 알게 되었다.

》 글로벌 회사의 리더들

- C-레벨 최고 임원을 꿈꿔라

C-레벨 임원은 회사의 전략을 책임지는 최고경영자(CEO), 최고 재무책임자(CFO), 최고 운영 책임자(COO), 최고 마케팅 책임자(CMO)를 포함하여 조직의 가장 높은 경영진이다. 내가 근무한 회사에서는 한국계 C-레벨 임원이 없었지만, 다수의 실무진 부사장과 디렉터들이 있었다. 주로 디자인 분야였는데 어렸을 때 부모를 따라 미국으로 가서 자란 이민 2세대였고, 한국인 특유의 근면함과 스마트함이 돋보였다. 그

분들은 문제나 사고가 발생했을 때, 한국 거래처와 영어가 서툰 기술자들의 든든한 도움이 되어 주었다. 나는 좀 더 많은 이민자의 자녀들이 좋은 교육을 받고, 주류 사회의 유리 천장을 뚫고, 중간 리더를 넘어서 중요한 결정을 내릴 수 있는, 최고 임원급으로 승진하고 성장하는 소식이 더 자주 들리기를 바란다.

아무리 최고 임원이라 하더라도 그들의 공개 이력을 보면 대학 졸업 후, 예외 없이 누구나 초급·신입 경력으로 시작했음을 확인할 수 있다. 물론 단계별 승진 속도가 우리와 비교할 수 없게 빠르기는 하지만, 거인 같아 보이는 그들도 우리와 시작은 별다르지 않음을 기억했으면 좋겠다. 그래서 좀 더 많은 중간 리더들이 목표를 높이 세우고 다른 의미의 유리 천장에 도전하기를 기대해 본다.

한국경영자총협회가 발표한 〈2023년 여성의 일자리 현황〉 보고서에 따르면, 국내 상장기업 2,000개 회사 중 여성 CEO는 54명 또는 2.7%에 불과하며, 이는 OECD 평균인 24.9%에 비해 현저히 낮은 수치이다. 자녀 신분으로 임명된 CEO 숫자를 고려하면 실질적인 수치는 더 낮은데, 이제 40세를 갓 넘긴 최수연 씨가 네이버 CEO로 임명된 것은 고무적인 일이라고 생각한다. 이러한 성공적인 인사가 후배 리더들에게 롤모델이 되어서 더욱 다양한 여성 리더가 등장하기를 진심으로 응원한다.

》 미국계 회사에서 기회를 얻는 방법

미국계 직장은 익숙하지만 늘 새로운 도전이 있어 역동적이었다. 역동적이기 때문에 직무에 따라 기대치와 요구 사항에 큰 차이가 있다. 그래서 해당 직무를 잘 이해하고 진입에 성공하면 기대하는 것보다 많은 성장의 기회가 열릴 것이다.

결론적으로 외국계 취업을 준비하시는 분들에게 드리고 싶은 말을 정리하면 다음과 같다.

첫째, 원어민 수준은 아니더라도 소통할 수 있는 영어 실력을 갖춰라.
둘째, 관심 있는 직무와 연관된 경험을 쌓고 이것이 강점이 되게 하라.
셋째, 어떤 직무이든 정확한 커뮤니케이션이 중요하다.
넷째, 개성이 존중되고 자유롭지만 결국 성과로 평가된다.
다섯째, 첫 진입이 어렵다면 관련 업무를 하는 국내 중소기업에서 실무를 익히고 경력직으로 미국계를 도전하는 것도 방법일 수 있다.

내가 근무했던 회사처럼 한국 법인이 철수하는 경우도 있지만 또 새로운 외국계 산업군과 연관 산업군들이 계속 생겨난다. 그래서 새로운 정보를 찾는 노력이 중요하다. 취업 경험이 없다면 학교 선배와의 멘토링, 해당 기업의 홈페이지 그리고 구인 사이트를 자주 확인해 보기를 추천한다.

Chapter · 3
면접관으로 외국계 회사 지원자들에게 하고 싶은 말

"도전하지 않으면 결코 알 수 없다."
– 헬렌 켈러

》 **경험이 중요해! 인턴십에 도전하라**

요즘 구직의 문이 너무 좁고 제한된 것이 안타깝다. 우리 회사도 정규직이 아니라 육아휴직으로 인한 대체 계약직 직원을 뽑아야 할 경우가 많았는데 지원자 중에 기간제나 계약직 근무조건을 기피하는 경우를 봤다. 불완전한 고용을 꺼리는 심정을 충분히 이해하지만, 회사나 직무가 본인이 하고 싶고 관심 있는 분야라면 인턴십이나 기간제라도 경험해 보기를 추천한다. 대학생 때 방학을 이용한 단기 업무 경험도 좋다. 외국계 회사에서 뽑는 포지션과 연관성이 있는 인턴이나 단기 알바 경험이 있으면 무조건 플러스이다.

외국계 인턴십 정보는 국내 주요 채용 사이트에서 찾을 수 있고, 규모가 있는 외국계 기업이라면 기업의 웹 사이트를 방문 통해 공고를 확인할 수 있다. 링크드인 같은 네트워크를 이용해도 외국계 인턴십 공고를 어렵지 않게 찾을 수 있다.

》 **수평 문화와 건설적 비판**

미국 계열 회사의 장점 중 하나가 수평 문화라는 것은 의심할 여지가 없다. 전반적으로는 캐주얼한 분위기지만 미국 회사도 보수적인 회사는 여전히 보수적이다. 놀랍게도 내가 일했던 회사의 공식적 주중 드레스 코드에서 청바지가 허락된 것은 그리 오래전 일이 아니다. 또 자신의 보스에게는 깍듯하게 대하는 것이 일반적인 문화이다. 그리고 내가 관찰한 바로는 자기 상사에게 잘 보이려는 노력을 더하면 더했지, 미국 회사의 문화도 우리의 직장 문화와 크게 다르지 않다. 특별히 공식 석상에서 자기 보스를 소개할 때 시키지 않아도 오글거리는 멘트를 추가하는 것을 자주 목격했다. 또 상사에게 비판적 의견을 말할 때는 하고 싶은 말과 함께 나의 비판이 건설적인지 아닌지를 한 번 더 생각해봐야 한다. 이러한 태도를 가지는 것은 사실 '훈련'의 결과이며, 이런 훈련은 서로를 존중하는 직장 문화를 만들 수 있으며 무엇보다 조직에 유익하다.

》 가죽점퍼와 청바지

가끔 이 친구를 떠올리면 미소가 번진다. 오래전 일인데 신입사원 한 명을 뽑아야 하는 시기였다. 가죽점퍼에 청바지 차림의 그녀가 매니저의 안내를 받으며 면접실로 들어왔다. '아니 청바지를 입고 면접장에?' 나는 내심 놀랐지만, 대화를 하면서 그녀가 솔직하며 자존감이 높다는 걸 알았다. 그녀는 디자인을 전공한 친구였고 틀에 얽매이지 않는 사고가 복장으로도 표현된 듯싶었다. 겉모습은 나의 선입견이었고 면접도 진지했으며 보통의 디자인 전공자들과 다르게 영어도 꽤 잘했다. 공공기관의 면접 현장에서는 상상할 수 없는 일이고, 심지어 외국계에서도 드문 일이긴 하지만 매니저들과 상의 후 우리는 그녀를 선택했다. 입사 후 일도 깔끔하게 했던 걸로 기억하고 있다. 아마도 그녀가 정장에 구두를 신고 왔더라면 나는 그녀를 이리 오랫동안 기억하지 못했을 수도 있다고 생각한다. 무리가 되지 않는 절제된 자신감은 면접관에게 특별한 인상을 남긴다.

》 일 잘한 것만 생각나는 거래처 과장님

거래처 담당자 중 한 분이셨던 OOO 과장은 소위 지방의 듣보(듣지도, 보지도 못한) 대학교에서 의상학과를 전공했다고 들었는데 일을 참 잘했다. 우연히 같이 밥을 먹을 기회가 있어서 이야기를 나누었다. 그는 지방에서 진학할 학교가 마땅하지 않았는데 패션을 좋아해서 의상학과를 선택했고, 졸업 후 서울에 올라와서 중소기업에 취직했다고 했다. 그는 대기업 다니는 친구가 부럽지 않다고 했다. 처음에는 급여 차이가 났지만, 지금은 급여 차이도 많이 줄었고 퇴사에 대한 스트레스를 받으며 대기업에 다니는 것보다 좋아하는 일을 인정받으며 할 수 있는 지금이 매우 만족스럽다고 했던 기억이 난다. 그래서 또 알게 되었다. "일을 즐기는 실력은 학벌을 압도한다."

》 **다시 채용할 의사가 있을까?**

퇴직하는 직원들에게 왜 퇴직하는지, 또 회사에 하고 싶은 말은 무엇인지 서류로 남겨야만 하는 프로세스가 있다. 또한 회사에서도 다시 이 직원을 고용할 의사가 있는지 인사서류에 남긴다. 나는 '다시 채용할 의사가 있는가?'라는 질문에 Yes를 표시한 적이 있는데, 이는 드문 일로, 그 직원이 특별히 탁월했던 것을 기억하기 때문이었다.

신입뿐만이 아니라 경력 직원이어도 기본적으로 책임감이란 소양이 있기 때문에 모두가 열심히 일한다. 그중에도 사소한 일일 수 있지만 탁월함을 보이는 사람들이 있다. 아무도 알아주지 않는다고 생각할 수는 있어도 몸에 밴 탁월함은 빛이 나고 그 사람의 브랜드가 된다. 우리 업계에서는 보통 사원의 직무 중 하나가 그날 바이어에게 온 이메일을 거래처 직원에게 전달하고 답을 얻는 것이다.

보통은 업무가 많으니 메일만 전달하고 궁금한 것은 질문하라고 할 수도 있다. 그런데 이 직원은 이해가 느리거나 또는 신입인 거래처 직원을 불러서 차근차근 알아들을 때까지 반복해서 설명하는 것이었다. 그 직원이 그런 노력을 하는 이유는 거래처 담당자가 먼저 정확하게 이해를 해야 정확한 답을 들을 수 있기 때문이었다. 그의 친절함과 꼼꼼함은 거래처의 많은 사람에게 알려졌고, 오랜 시간이 흐른 후 거래처에 스카우트되었을 뿐 아니라 지금은 그 회사의 어엿한 임원이 되었다.

 사소한 일에도 몸에 밴 탁월함은 자신의 능력을 증명하는 것이고, 누군가는 그것을 보고 기억한다. 그리고 때가 오면 그런 사람은 반드시 선택된다. 이것은 명확하다. 내가 사무적인 일을 기계처럼 반복해야 하는 신입 사원들에게 자주 했던 말이 있다. "여러분의 보스가 갑작스레 결근을 하거나 출장을 갈수도 있고 기회가 올 겁니다. 하찮아 보일 수 있는 일이라도, 내가 다음 단계로 넘어갈 준비가 되어 있음을 보여 주세요."

Chapter · 4
새로운 여정, 전문면접관

"이제 시작이다."
- 존 D. 록펠러

》 앗, 알람 벨!

면접관으로 추천되어 처음으로 OO시 연관 단체 인성 면접을 갔을 때 일이다. 교육을 받은 대로 홈페이지 채용 사이트에 들어가서 회사, 채용 공고문, 응시 요건, 직무들을 숙지하고 야심 차게 별도의 면접 질문도 준비했다. 너무 떨렸지만 마음을 다부지게 먹고 있었는데, 아뿔싸, 면접이 시작하려는 찰나에 내 휴대전화에서 벨 소리가 울렸다. 휴대전화를 묵음으로 했는데 기존에 저장되어 있었던 알람을 미처 생각하지 못한 것이었다. 금방 끄기는 했으나 면접자들에게 그리고 면접위원님들께 너무나 부끄러웠다. 면접장에서는 시계를 볼 필요는 없으니 면접장에 들어가기 전에 휴대전화기는 반드시 꺼서 나 같은 실수를 하지 않기를 바란다.

》 정확성과 스피드

서류 평가였는데 지금도 그때를 생각하면 식은땀이 쭉 흐른다. 채용 공문과 직무 기술서를 숙지하고 정해진 시간 보다 일찍 도착하기는 했는데, 파일 안에 저장된 자소서와 경력 기술서를 읽고 8개의 영역에서 감점 요인을 찾으며 주어진 시간 내에 채점표를 완성해야 했다. 빽빽하게 기술된 비슷한 글에서 블라인드 위배 감점 요인을 찾기에도 분주했는데, 아뿔싸, 00으로부터 "지방에서 채용 의뢰인들이 면담을 위해 올라오셨으니 1시간 당겨 채점표를 제출해 주세요."라는 요청을 받았다. 식은땀을 흘리며 겨우 시간 안에 완성했다. 서류 평가도 신속하고 정확하게 하려면 많은 연습이 필요함을 통감했다.

》 남다른 관점, 다른 질문

한 가지 케이스는 00 공단 사업 지원 부서 구내식당에서 근무하실 조리장을 선발하는 면접이었다. 면접 전 채용 담당자와의 짧은 대화에서 나는 영양사와 연차가 있는 조리사들과 함께 갈등 없이 일할 수 있는 사람을 찾는 것이 중요하다고 판단했다. 그런데 면접자 중에 20대로 보이는 젊은 청년 지원자가 있었다. 재빨리 이력서와 자기소개서를 읽어보니, 어린 나이 때부터 식당 일을 해온 조리사 자격증도 갖춘 지원자였다. 갈등 상황을 어떻게 해결할 것인지 묻는 질문들이 이어졌고, 내 순서가 되었을 때 나는 '당일 배식이 끝나고 반드시 해야 하는 일들이 무엇인지'를 질문했다. 그는 재료는 신선도 때문에 당일 배송이 원칙이고, 다음날 메뉴에 따라 영양사와 조리 레시피를 공유하고 조리실무자들에게 업무 분담과 함께 가스 정리와 소독에 신경을 쓴다고 대답했다. 나는 그가 실무뿐 아니라, 같이 일하는 영양사나 조리사분들을 배려하며 해야 할 일을 정확히 알고 있다고 판단했다.

》 **준비된 전문가로의 각오**

더 나아지는 사람

매년 직원들의 업무 평가서를 작성하며, 자신이 완벽하다고 말하는 사람들을 본다. 더 개선할 것이 없는 사람은 부러워해야 할 대상이 아니라 오히려 불행한 사람이다. 나아질 것이 없으면 노력할 것도 없으니 얼마나 삶이 지루할까? 굳이 현인의 말을 빌리지 않아도 도전하고 극복하는 데 걸리는 시간은 모두에게 같지 않다. 세상이 공평하지 않기 때문에 어떤 사람은 쉽게 빨리 이겨내고, 어떤 사람은 느리고 어렵게 이겨낸다.

대부분의 구직자는 취업 준비에 몇 달 혹은 1년 이상의 시간을 투자하고 스터디하며 전문가가 되어 면접장에 들어온다. 나 역시 전문면접관으로 신뢰를 얻고, 과거 경험에만 근거한 평가오류를 범하지 않도록 전문 강의를 반복하여 공부하고 있다. 전문면접관 마스터 교육과정 중에 발표와 토론 면접을 훈련하기 위해 발표자나 평가자로 롤 플레이 실습을 하기도 한다. 평가자로 지원자를 지켜볼 때도 생각했지만 주어진 짧은 시간에 주제를 이해하고, 과제에 맞는 발표와 평가로 이어지는 과정이 어찌나 어려운지 진땀을 흘렸다. 나는 "연습이 완벽을 만든다"라는 말을 속으로 여러 번 되새겼다.

연구하는 사람

KSA (한국표준협회)에서 제공하는 공공분야 평가 교육을 이수하는 동안, 수업의 일부로 코이(COWI)라는 덴마크 기업에서 진행하는 채용 면접 동영상을 시청했다. 내가 근무했던 미국 회사를 포함 한국 기업은 일반적으로 인적성 검사를 지원자를 걸러내는 목적으로 사용한다. 그러나 코이(COWI)는 결과를 지원자에게 보여 주며 채용 과정의 중요한 면접 도구로 사용했다. 면접관이 인성 검사 결과와 면접 질문에 대한 지원자의 답을 매칭시키며, 일치하지 않는 부분에 대해 집중적인 질문이 이어지는 것을 보았다. 이 과정을 통해 지원자의 진실성을 확인하고, 지원자 스스로 회사가 추구하는 가치를 인지하고 생각하는 기회를 주는 것이다.

사실 이런 면접이 현재 우리의 공공기관의 면접과는 괴리가 있다. 하지만 앞으로는 공공기관면접도 전통적 공채 방식에서 벗어나 좀 더 사람과 회사 직무의 이해를 추구하는 상시 채용으로 변환이 이루어질 것이라고 생각한다. 그러므로 면접관으로서 다양한 도구를 사용하여 올바른 인재를 선발하기 위한 노력이 필요하다고 생각한다.

사람을 존중하는 사람

00 공공기관에서 진행했던 면접이 기억난다. 1차 서류 전형과 2차 필기 전형에 합격한 분들의 다대일 3차 PT와 인성 면접이 진행되는 중이었다. 면접이 순조롭게 흘러가고 있었는데 면접실 문을 들어오는 한 지원자의 유달리 긴장한 얼굴이 눈에 띄었다. 어렵게 PT를 마치고 질문이 시작됐는데, 지원자가 입을 떼지 못하고 책상과 허공만 쳐다보며 입술을 열려고 애쓰는 모습을 보았다. 다시 질문을 했지만 숨 막히는 정적이 흘렀다. 나는 이래서는 안 된다는 생각이 번뜻 들었고, 질문 순서에 대해 양해를 구하고, 이번 면접을 위해 본인이 준비한 것이 있으면 발표해 보라고 말했다.

지원자는 면접을 준비하며 회사 홈페이지를 살펴보았다며 떠듬떠듬 입을 떼기 시작했다. 그리고 다른 후속 질문에도 무사히 답변하고 면접을 끝까지 마쳤다. 면접을 마치고 모든 면접관들이 평가 여부를 떠나 이 지원자를 기억하고 안타까워했다. 그리고 이 지원자에게 말할 기회를 주었던 나와, 동의해 주신 다른 면접관들의 배려가 감사하고 자랑스러웠다.

면접관은 하루 종일 또는 며칠 내에 최대한의 집중력을 발휘하여 기관이 요구하는 인재를 분명한 기준을 가지고 공정하게 선발해야 한다. 그러나 면접관이 하는 일은 책임감과 더불어 지원자의 입장을 이해하고 배려하는 마음이 필요하다고 본다. 너무 긴장한 나머지 얼어 버렸던 그 지원자에게 말할 기회가 주어지지 않았더라면 그 지원자에게는 다음 면접의 긴장을 이겨낼 수 없었을지도 모른다. 다행히도 이전 경험을 통해 잘 준비된 지원자뿐만 아니라 그렇지 못한 지원자도 이해할 수 있게 되었다. 무엇보다 나 스스로 전문가로서 역량을 발전시키기 위해 노력함으로써, 준비된 인재를 알아보고 그들이 일할 기회를 제공하는 의사 결정에 참여할 수 있다는 점이 더 없이 감사하고 행복하다.

끝으로 어떤 상황에서나 새로운 시작은 가능하다는 말을 다시 한번 강조하고 싶다. 평소 자주 생각하는 윌 듀란트(미국 역사학자) 말을 빌려 마지막 글은 대신한다.

"습관은 우리의 행동을 결정하고, 우리의 행동은 우리의 결과를 만든다. 따라서 좋은 습관을 찾아내기 위해 노력한다면 좋은 결과를 얻을 수 있다."

새로운 출발, 두 번째 직업 '전문면접관'

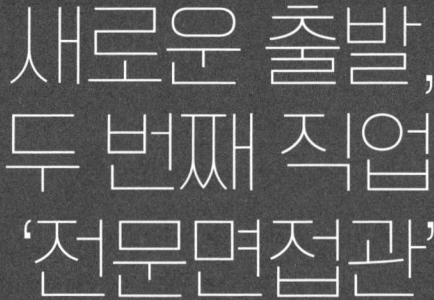

Chapter 1. 인생 후반전 준비
Chapter 2. 직장 생활의 마침표와 새로운 시작
Chapter 3. 전문면접관의 역할과 미래

공기업전문면접관
백형재

1989년 서울교통공사에 입사하여 34년간 재직 중(사업수행센터 처장, 공로 연수)에 있으며 2023년 말 정년퇴직 예정이다. 회사에서는 영업 분야(운전취급실, CS패트롤강사, CS전문강사, 부역장, 상가개발부장, 수입금심사부장, CS총괄부장, 안전총괄부장), 종합관제소, 신성장본부 총괄부장, 철도사업처 위례신사선, 서해선, 신노선팀장, 인재개발원 책임교수로 근무하였다. 경북대 철학과를 졸업하고 한국방송통신대 법학과, 교육학과, 학점은행제 사회복지학, 서울시립대 경영대학원(MBA)을 졸업하였다. 올해 초 전문면접관 교육을 받고 퇴직 후 활동하기 위한 준비로 포럼과 독서모임 등에 참여하며 다양한 분야에 대한 식견을 넓히면서 사람에 대한 공부를 하고 있다.

집필 동기

나는 34년 동안 직장생활을 하면서 다른 직원들보다는 다양한 분야에서 근무하였다. 특히 CS 교육 업무를 3년 6개월 하면서 1년에 6주 정도씩 전문기관에서 CS 교육을 받으며 나 자신의 역량을 높일 수 있는 시간을 가질 수 있었다. 교육 내용을 준비하고 직원들에게 서비스 교육을 하는 것이 쉽지 않은 일이었지만 나와 교육을 받은 직원들에게 변화가 일어나는 것은 큰 보람이었다. 기본적인 이론 교육도 하였지만 사례 중심의 교육이 직원들에게 더 쉽게 전달되었으며 교육적인 효과도 크다는 것을 배운 시간이었다.

또한 공사 내의 여러 부서에서 근무한 경험들을 토대로 안전 교육도 해 왔는데, 이 역시 매뉴얼을 기본으로 하고, 사고 사례 중심으로 실시하였다. 나는 누군가에 가르침을 주고 싶어 하는 사람 같다는 생각이 들기도 하는데, 가르치기 위해서는 나 스스로가 배워야 하기 때문이다. 내가 성장하고자 하는 한 방편으로 가르치는 것을 좋아하는 것 같다. 직장 생활을 하면서 여러 배움의 과정들을 계속해 온 것도 이러한 내적인 욕망이 있었기 때문이다.

이 글은 공기업에서 근무하면서 많은 사람을 만나며 다양한 분야에서 근무하고, 정년퇴직 이후 무엇을 할 것인가에 대해 고민하는 50대 이상의 간부급 직원이나, 공공기관에 입사를 희망하는 지원자를 위해 준비했다. 이 글을 통해 전문면접관 분야가 조직 생활의 오랜 경험과 사람에 대한 탐구심과 책을 좋아하는 분이라면, 퇴직 후의 좋은 선택지가 될 수 있다는 것을 이야기하고 싶다. 더불어 공공기관에 입사를 희망하는 지원자들에게는 공기업에서 근무하면서 사람들과의 관계와 조직 생활에서 내가 느꼈던 점, 신입사원 채용 면접에 면접관으로 참여하면서 겪은 내부 면접관의 관점을 보여주고 싶다.

Chapter · 1
인생 후반전 준비

"우물쭈물하다 내 이럴 줄 알았다."
– 조지 버나드 쇼

》 독립을 위한 준비

1) 평생학습의 중요성

　직장 생활을 하면서 누구나 고민하는 문제가 퇴직 이후의 삶이다. 나도 몇 개의 자격증을 취득했지만, 퇴직 후에 무엇을 해야겠다는 구체적인 목표를 수립하고 준비를 해 온 것은 아니다. 처음에는 많은 직장인이 취득하고 있는 공인중개사 자격증을 취득하였고, 다음으로 평소에 관심이 있던 교육학을 공부하면서 평생교육사 2급, 보육교사 1급 취득했다. 마지막으로 사회복지 분야에 대한 관심이 증가하는 사회의 분위기와 향후 실버산업에 많은 수요가 예상되어 사회복지사 2급을 취득하였다. 이처럼 퇴직 이후의 삶에 대해 다양한 탐색 활동을 하였지만, 어떤 분야가 나와 잘 맞는 업인지 결정하는 것은 쉬운 일이 아니었다. 그러나 지속적인 배움의 과정들이 나를 전문면접관이라는 세계로 이끌어 준 것이라 생각한다.

2) 노후에 대한 고민과 계획의 필요성

퇴직을 한 선배들을 보면 정년퇴직 이후 일을 가지지 않으면 빨리 늙어가는 것처럼 보였다. 직장생활을 할 때는 규칙적인 생활을 하지만 퇴직 이후는 온전히 본인이 시간 관리를 해야 하기 때문에 아무래도 생활 자체가 불규칙하게 된다. 퇴직 이후 규칙적으로 할 수 있는 일이 필요하다. 또한 퇴직 이후 생활에 대한 경제적인 준비도 필요한데, 준비가 되어 있는 사람들은 문제가 없지만 국민연금 이외의 다른 수입원이 없다면 서울과 같은 도시에서 생활하는 것은 쉽지 않은 일이다.

다음의 표에서 보는 것과 같이 고령화 심화에 따른 노인 인구 급증 추세와 맞물려 60대 취업자 수가 20대 취업자 수를 넘어섰으며, 60대 인구 10명 중 6명은 일을 하고 있는 것으로 나타났다. 2023년 6월 발표된 통계청 5월 고용동향에 따르면 지난달 60대(60~69세) 취업자 수는 446만 7,000명으로 20대(20~29세) 취업자 수(383만 3,000명)보다 많았다. 어느덧 일하는 60대가 일하는 20대보다 더 많아진 셈이다. 이는 고령화 등 인구 구조의 변화에 따라 나타나는 현상으로 60대 취업자 수의 증가가 이제 새삼스러운 일이 아니다.

이처럼 60대에 일을 하는 것이 보편적인 현상이지만, 나이 든 사람이 양질의 일자리를 구하는 것은 쉽지 않은 일이다. 기술직에 있었던 사람들은 자신이 그동안 해왔던 분야의 기술적인 노하우를 활용하여 재취업을 하는 경우가 있지만, 사무 분야 근무자가 취업할 수 있는 분야는 그리 많지 않은 것이 현실이다. 그래서 사무 분야에 근무하고 있

(단위: 천명, %, %p, 전년 동월대비)

	2022.5			2023.5			증감		
	인구	취업자	고용률	인구	취업자	고용률	인구	취업자	고용률
〈전체〉	45,245	28,485	63.0	45,379	28,835	63.5	134	351	0.5
15–19	2,243	208	9.3	2,261	172	7.6	18	–36	–1.7
20–29	6,351	3,807	61.4	6,155	3,833	62.3	–196	–63	0.9
30–39	6,866	5,297	77.1	6,785	5,367	79.1	–81	70	2.0
40–49	8,099	6,363	78.6	7,984	6,314	79.1	–116	–48	0.5
50–59	8,584	6,686	77.9	8,580	6,735	78.5	–4	49	0.6
60–69	7,170	4,211	57.8	7,481	4,467	58.9	311	256	1.1
70세 이상	5,931	1,824	30.7	6,134	1,947	31.7	202	123	1.0

〈연령 계층별 취업자 및 고용률〉[1]

는 사람들은 특히 퇴직 이후의 일에 대한 준비가 더욱 필요하다.

퇴직 이후 일에 대한 필요성은 규칙적인 생활을 통한 건강한 삶과, 평균수명 연장에 따른 노후의 경제적 자립 두 가지 측면에서 의미를 가진다. 60대에 하게 될 일은 기존에 가졌던 직업과는 달리 자신이 좋아하고 재미있는 일이어야 한다. 과거처럼 수입을 기대하지 말고 적더라도 좋아하는 일을 하면서 수입을 얻는 것이 바람직한 두 번째 직업의 조건이라 생각한다. 이러한 탐색 작업과 준비는 50대 초반부터 시작해야만 자신의 새로운 직업을 무난하게 가지게 될 것이다.

---

1   통계청, "2023년 5월 고용동향", p.10

》 전문면접관에 대한 탐색

직장생활을 하면서 지속해 온 배움의 길은 면접관이라는 새로운 장을 만나 지금도 계속되고 있다. '세상에 우연이라고 생각하는 것도 어쩌면 필연이 아닐까'라는 생각이 들기도 한다. 올해 1월 전문면접관 교육을 받은 후 이제 새로운 시작을 하는 지점에 서 있다.

완벽한 준비 없이 면접장에 등장하는 것은 수술 경험도 없는 사람이 수술장에 나타나 집도하려고 덤비는 것과 마찬가지일 것이다. 한 사람의 채용이 그 사람의 인생, 한 기업의 흥망이 걸린 문제라고 생각하면 면접의 과정은 얼마나 중요한 행위인가? 폭탄 직원이 채용되지 않도록 하고 잠재 능력 있는 지원자가 억울하게 탈락하는 일이 없도록 해야 하는 것이 면접관의 책무라고 여겨진다.

면접관을 준비해 보자고 마음먹고 전문면접관 MASTER 과정 교육을 신청하여 수강하게 되었다. 교육 내용은 서류전형 평가 기법과 면접 질문의 기술, 똑똑한 면접관의 심리적 함정, 면접에 대한 철학적 이해와 구조화 면접 스킬, 인적성 검사의 올바른 활용 등이 있었다. 기본적으로 면접이라는 행위에 대한 이해를 바탕으로 면접에서 활용할 스킬을 익힐 수 있는 교육들이었다.

아주대 심리학과 김경일 교수의 강의에서 알게 된 사실이 있다. 이는 대학 신입생 면접 때마다 발생하는 현상으로, 오전과 오후 중 오전에 면접을 본 학생들이 6:4 정도로 합격률이 높게 나타난다는 것이다. 면접에 참여한 교수님들은 이구동성으로 공정하게 평가했다고 하지만 이런 결과는 오전에 면접을 본 학생들의 장점만 기억하여 어벤저스가 탄생하게 된다는 것이다. 또한 오후에는 오전보다 잘 생각하지 못하고 지쳐 있어 관성대로 가기 때문이라고 설명하였다. 이처럼 면접이란 객관적으로 평가한다고 하지만 어려운 일이다.

교육을 받으며 가장 인상 깊었던 내용은 준비되지 않은 사람이 면접관으로 나가는 것을 항상 경계해야 한다는 것이었다. 면접관으로서의 일이 익숙해지더라도 그 역할의 중함에 대해 늘 숙지하고 시대의 흐름에 따라 적합한 준비를 해나가야 한다는 것을 가슴 깊이 새기게 되었다.

면접관 역할에 관한 내용을 제대로 배우고자 이노에치알㈜에서 진행된 다음 기수의 전문면접관 교육을 다시 수강하였는데 같은 주제를 다시 들어도 내용이 새롭게 느껴졌었으며, 기존에 안 보이던 점들도 보이기 시작했다. 이러한 점들은 지속적인 공부가 필요한 이유이다.

면접관 교육 이후 MASTER 포럼에도 주기적으로 참여하려고 하는데 포럼에서는 Big 5 성격유형 이해와 면접, 면접관 컨디션 트레이닝 등의 면접관 역할을 수행하는 데 도움이 되는 내용을 함께 나누고 있다. 또한 면접관 알쓸신잡, 비즈니스 성공사례 등 시사 전반에 관한 내용도 다루고 있는데, 면접관에게 시사 경제 관련 지식의 습득도 면접관의 역할 수행에 있어 중요한 기반이 될 것으로 생각된다.

면접관 컨디션 트레이닝도 교육과 포럼에서 매번 하고 있는데, 이는 면접관이란 고도의 집중력이 있어야 하는 업이기 때문이다. 지원자의 서류 검토, 질문에 답변하는 지원자의 태도와 내용에 집중하는 것은 많은 에너지를 소모하는 일이기 때문에 면접관으로 면접장에 가는 날은 최상의 컨디션을 유지해야 한다.

Chapter · 2
직장 생활의 마침표와 새로운 시작

"학이시습지 불역열호(學而時習之不亦說乎): 배우고 그것을 때때로 익히면
가히 기쁘지 아니하겠는가?"

– 논어

》 34년을 뚝배기와 같은 자세로 지낸 나의 직장 생활

- 정년을 눈앞에 둔 대한민국의 보통 사람

1989년 서울교통공사에 입사한 것이 엊그제 같은데, 직장생활을 마무리해야 하는 시간을 목전에 두고 있다. 직장생활을 하면서 하루하루를 감사하는 마음으로 나에게 주어진 역할을 성실하게 수행하다 보니 오늘날까지 오게 되었다. 물론 40대 초반에 직장을 계속 다녀야 하는 문제로 약간의 고민을 한 적은 있었지만, 이 직장이 나와 잘 맞는다는 결론을 내리고 다시는 생각하지 않았다. 많은 직장인이 조기 퇴직과 명퇴를 강요받는 세상에서 정년을 맞이한다는 것은 너무나 감사한

일이다. 지금까지는 안정적인 직장의 테두리 안에서 살아왔지만 이제 직장이 아닌 1인 기업가로 독립을 도전하려는 시점에서 이것은 장점이 아니다. 오랜 직장생활에서 나도 모르게 경직된 패턴이나 사고는 앞으로 내가 극복할 과제이기 때문이다.

다행히 나는 배움에 대한 호기심이 큰 편이라 직장을 다니면서도 3개의 학사 과정과 1개의 석사 과정을 통해 끊임없이 공부하면서 부지런히 살아왔다고 자부하고, 지금도 회사에 출근할 때만큼이나 분주한 생활을 하고 있다. 주변의 동료들은 지금까지 충분히 열심히 살아왔으니 이제는 좀 쉴 때도 됐다고 말하지만, 과거처럼 일찍 사망하지 않고 100세까지 살아간다면 남은 40년의 세월은 길고, 무엇보다도 나는 너무나 젊고 일하기에 충분한 열정과 체력을 가지고 있다.

- 전문면접관에 눈을 뜨다

2022년 말 회사에서 신입사원 채용 시 내부 면접위원으로 참여하였는데 면접 둘째 날, 외부위원 중 한 분이 위원장님은 면접관을 하면 잘할 것 같다고 하셨다. 그리고 퇴직 이후 면접관 활동을 권유하면서 이노에치알㈜의 권혁근 대표님을 소개해 주었다.

책을 좋아하는 나는 퇴직하면 일주에 이틀은 도서관에서 살아야겠다고 생각하고 있었는데, 면접관은 공부하기 좋아하는 나와는 조합이 잘 맞는 요소를 가지고 있었다. 면접관으로서 지원자를 평가하여 한 사람의 인생이 걸린 문제를 결정한다는 것은 두려운 일이지만, 면접관 세계에 발을 들여놓은 것은, 그간의 경험과 일련의 배움의 과정들이 의미 있게 연결되어 면접관으로 이끌어 준 것이라 생각된다.

》 배움과 함께 한 나의 삶 - 4 학사(學士), 1 석사(碩士)

- 100만 원의 유혹

아이들이 초등학교에 입학할 무렵, 회사 내 업무도 익숙해지고 아이들을 돌봐야 하는 시간도 상대적으로 줄어들며 나만의 시간이 조금씩 생겨났다. 그즈음 아내로부터 한 가지 제안을 받게 되는데, 공인중개사 자격증을 취득하면 100만 원 주겠다고 하였다. 혹시 언제 가는 자격증을 써먹을 일이 있을지도 모르니 시작하기로 마음을 먹고, 퇴근 후 한 과목씩 책을 구입하여 공부하였는데, '새로운 지식을 알게 되는 것이 꽤 재미있네!'라는 생각이 들었다. 꼭 공인중개사가 되지 않더라도 살면서 알아 두면 요긴한 지식처럼 느껴졌다. 1년간의 공부 끝에 공인중개사 시험에 합격하고, 아내로부터 100만 원을 선물 받으며 비자금을 얻은 느낌도 있었지만, 이때부터 나는 무언가를 배우고 알아가는 것을 좋아하는 사람이라는 것을 느끼게 되었다.

이때를 계기로 '배우고 싶은 것이 있으면 배워보자'라는 마음을 먹게 되었다. 훗날 공인중개사 개업을 하게 되면 법에 대해 조금은 알고 있어야겠다는 생각에 한국방송통신대 법학과 3학년에 편입하여 법에 대한 지식을 넓히는 시간을 가졌다. 졸업 후에는 예전부터 관심이 있었던 교육학을 공부하고 싶다는 생각에 교육학과에 다시 편입하여 교육 심리학, 평생 교육학 등 교육 관련 과목을 공부하며 인간에 대해 이해를 넓힐 수 있는 시간을 가졌다. 이처럼 무언가를 배우고, 새로운 분야에 도전하는 것을 좋아하는 성향은 현재 면접관으로 새로운 도전을 이어 나갈 수 있게 만들어 주는 토양이 되었던 것 같다.

회사에서도 새로운 것을 배울 기회가 주어졌다. 2009년도에 회사 내 동료 직원이 어느 날 CS패트롤 강사란 제도가[2] 생겼다며 강사에 지원해 보라는 귀띔을 해 주었다. 어쩌면 이 동료는 내 인생에서 첫 번째의 인도자였는지도 모른다. 강사 활동을 통해 직장에서의 새로운 경험과 한 단계 성장할 수 있는 토대가 되었으며, 다양한 분야의 사람들을 만날 수 있었다.

당시의 사회적인 분위기 때문에 기업들이 '고객만족도 향상'에 많은 관심을 기울이고 있었으며, 우리 회사도 마찬가지였다. 회사 직원들에게 CS교육을 하기 위해 교수 기법의 효과적 활용, 창의적 교수 기법, 커뮤니케이션, 코칭 전략, 서비스 현장 지도기법, 불만 고객 응대 요령, 인사 예절, role-playing 역할 기법, 서비스 행동 전략 등에 대해 연간 4주씩 전문 교육기관에서 교육을 받았다. 나는 교육을 받은 후 CS실천 방법들을 직원들에게 거부감 없이 전달하기 위해 노력하였다. 기존에 하던 업무와는 완전히 다른 업무였기에 CS카페에 가입하여 자료도 수집하고, 관련 서적에 대한 탐독, 강사들과 스터디도 하고, 혼자서 거울을 보며 강의 연습을 반복하였다.

CS와는 생긴 게 멀어 보이는 사람이 CS교육을 한다는 것은 힘든 일

●

[2] 2009년 8월 서울교통공사에서 운영한 제도로 CS전문기관에서 2주의 교육을 받고, 서비스센터(11개 역을 관할)마다 CS패트롤강사를 배치하여 관할 역사의 CS개선사항과 역 직원들에 대한 CS교육을 담당하게 한 제도로 강사가 개별 역을 방문하여 직원들을 대상으로 CS교육을 하였다.

이었다. 그러나 지하철로 이동할 때마다 출입문의 유리창을 보며 미소 짓는 연습을 하는 등 지속적인 노력을 하면서 얼굴 모습도 점점 바뀌었다. 동료들이 도와주고 열심히 노력한 결과, 경영진 회의에서 센터의 고객 만족을 위한 노력에 대해 발표를 한 후에는 CEO로부터 CS실천 노력에 대한 칭찬을 받기도 하였다. 이러한 결과들을 보면 모든 일의 과정에서 여러 동료들의 도움이 있었기에 가능했다.

  다음으로 CS전문강사 제도가[3] 생겨 직종별로 선발된 9명의 강사들과 7주간의 교육을 받은 후, 나는 CS아카데미의 책임자가 되었으며, 서울교통공사만의 CS를 하기 위해 CS니즈 조사, 교육과정 개발, CS매뉴얼 개발, 교안과 강의용 책자를 만들어 직종별로 1일~2일간의 맞춤형 CS교육, 본부별로 강사를 파견하여 특강도 실시하였다. 이후 CS총괄부장으로서 행안부 고객만족도 조사에 대비하여 2년간 공사 전체의 CS체계를 수립하고, 고객만족도 향상을 위해 공사 내의 대부분의 역사를 방문하여 점검하고 소속장들을 대상으로 교육도 실시하였다.

  이 당시 각기 개성과 연령대가 다른 직원들을 만나 이들에게 맞는 교육을 하고, 각양각색의 불만 민원 고객들을 만난 경험은 면접관으로서 지원자들의 태도를 관찰하며 회사에 필요한 인재를 판별하는 능력을 갖는데 도움이 되었다. 또한 면접 상황에서 지원자들과 소통할 때

---

[3] 2012년 1월 서울교통공사에서 운영한 제도로, 직종별로(사무 5명, 운전 2명, 차량 1명, 기술 1명) CS전문강사를 선발하여 서울교통공사만의 CS를 하기 위해 CS아카데미를 개설하여 각 직종별로 맞춤형 교육을 하였다.

그들의 내면의 능력을 파악할 수 있는 눈을 가지게 된 기반이 되었다.

》 새로운 배움의 길

50대에 회사에서 지원하는 교육 프로그램으로, 서울시립대 경영대학원을 다닐 수 있었는데, 이를 통해 경제, 경영, 마케팅, 인사 등 다양한 분야에 대한 지식을 접할 수 있었고, 그 과정에서 유수한 세계적인 기업들이 성장하고 쇠퇴하는 경영의 흐름도 배울 수 있었다. 특히 매 수업마다 제출하는 인사 수업 과제를 수행하며 사람에 대한 관심을 바탕으로 하는 인사 업무에 대해서도 큰 흥미를 가지게 되었다.

입사 이후 34년의 시간을 돌이켜보면, 공기업 내의 다양한 파트에서의 업무 경험을 비롯하여 현재에 안주하지 않고 계속해서 새로운 지식을 쌓고자 노력했던 과정이 있었다. 배움에 대한 열망으로 끊임없이 다양한 분야를 공부하였는데, 이는 면접관을 준비하고 있는 현재까지도 즐거운 시간으로 이어지고 있다. 향후 전문면접관으로서 본격적으로 활동하게 될 때를 대비하여 사람에 대한 공부를 하고, 예전에 알지 못하였던 것들을 알게 되니 어찌 즐겁지 않을 수 있겠는가? 경험해 보지 않은 분야이지만 지속적인 배움으로 면접관으로서의 역량을 길러가고 싶다는 열망이 누구보다도 크다.

》 공공기관에 입사를 희망하는 지원자에게 보내는 메시지

많은 취업 준비생들이 공기업에 취업하려는 것은 정년이 보장된다는 것과 업무 강도가 사기업에 비해 적다는 것 때문일 것이다. 반면에 사기업처럼 성과를 낸다고 하여 커다란 보상이 따르지는 않는다. 이러한 차이점은 진로를 정함에 있어 개인의 성향을 고려하여 공기업과 사기업을 선택하는 기준이 될 수 있을 것이다. 내가 근무하고 있는 서울교통공사는 시차제 근무(08시~17시, 10시~19시 등 30분 단위로 선택을 할 수 있다.)가 보편화되어 있어 많은 직원들이 활용하고 있으며, 육아휴직도 자유롭게 쓸 수 있어 남자 직원들도 사용하고 있다. 또한 부부 사원들도 쉽게 볼 수 있는데 남자 직원들이 교대 근무를 자원하여 부인을 대신하여 아이들을 돌보는 직원도 있다.

34년간 한 직장에서 근무하면서 다양한 직원들을 만나왔는데, 그중에는 나중에 다시 만나 같이 근무하고 싶은 직원들도 많았던 반면 기억하고 싶지 않은 직원들도 있었다. 아래의 내용들은 공기업에 근무하면서 겪은 경험의 예시이다. 직원을 선발하는 업무를 하고 있는 면접관들을 비롯하여 취업을 준비하고 있는 분들에게도 참고가 되면 좋겠다.

1) 함께 근무하고 싶은 사람들

배우고자 하는 열의가 있는 사람

과거 함께 근무했던 인연으로 지금도 만나고 있는 A가 있다. 그는 요령 피울 줄을 모르며, 우직하다 할 정도로 성실하게 근무하였다. 기본 성향 자체가 그렇게 생겨서 그런 것일까? 이 친구에게는 따로 이야기하지 않아도 본인이 알아서 자신이 해야 할 업무와 역할을 알고 실천했으며 배우고자 하는 열의가 있어 업무의 파악도 빨리하고 적응하였다.

자신의 역할에 대해 최선을 다하는 사람

B는 4년 반이란 시간을 업무적으로 함께 한 후배인데, 그는 막내로서 자신의 역할을 소리 없이 수행하였고, 일의 처리 속도가 빠르지는 않았지만 맡은 일을 묵묵히 하여 믿음을 주는 후배였다. 강하지는 않으나 자신의 의견도 소리 나지 않게 피력할 줄 알았다. 이처럼 자신이 할 수 있는 영역에서 최선을 다하고, 하지 못할 부분은 미리 이야기를 하여 상사로서 예측이 가능하도록 한 부분은 업무에 큰 도움이 되었다.

친화력이 있으며 일의 마감 시간을 지키는 사람

C는 비교적 최근 세대에 속하는 직원이다. 그는 입사 동기들에 비해 비교적 적은 나이에 입사하여, 동기 누나와 형들이 많았는데 그들과도 좋은 관계를 유지하며 교류하고 회사 내에서도 많은 자원을 가지고 있는 직원이었다. 그리고 이러한 친화력은 업무에 많은 도움이 되었다. 일을 처리하다 보면 막히는 문제가 생길 수 있는데, 회사 내에 내가 보유하고 있는 인적 자원을 통하면 막힌 문제를 해결하는 데 도움을 받을 수 있는 경우가 많기 때문이다.

그는 작업의 시한을 정하면 시간 내에 일을 끝낼 줄 아는 사람이었다. 신속하게 문서를 작성하여 큰 틀을 만든 다음 수정하고 보완하여 시한 내에 일을 마쳤다. 일을 처리할 때도 회사의 입장에서 일을 하려고 하며, '왜 이렇게 하였을까?'라는 것을 생각하며 개선점을 찾으려 노력하였다. 이러한 성격과 자세는 그가 동기들 중 빠르게 승진할 수 있는 원동력이 되었으며, 앞으로 회사 내에서도 중요한 역할을 하는 직원으로 성장할 것으로 믿는다.

적극적으로 업무를 수행하는 사람

D는 맡은 업무가 09시 전에 전일의 공사 수입금을 확정해야 하는 일이었기에 정상 출근 시간보다 1시간 반은 일찍 출근하였으며, 숫자를 다루는 업무였는데도 빈틈이 없었고, 어떤 내용에 대해 질문을 하면 체계적으로 정리해 놓은 자료들을 바로 찾아다 주었다. 한 번은 회사에서 제공된 보도 자료를 본 언론사에서 관련된 자료를 요구하여 주말에 그에게 전화하였는데, 즉시 요청한 자료를 카톡으로 보내 주어 정확한 데이터에 근거한 기사가 다음날 보도될 수 있었.

또한 적극성도 있는 사람이었다. 연말에 수입금 처리와 관련하여 현장 점검을 갔는데, 규정대로 수입금이 처리되지 않고 있음을 발견하고 회사 전체로 확대해, 2개월간 지속적으로 모니터링과 현황 파악을 통해 잘못된 부분을 시정하도록 한 일도 있었다. 쉽게 일을 할 수도 있지만 그는 적극적으로 업무를 수행하려는 자세를 가지고 있었다.

동료의 업무를 도와주는 사람

E는 나와는 4년 이상을 함께 근무하였는데, 누구보다도 일찍 출근하여 그날의 업무를 챙겼으며, 자신이 맡은 업무가 아님에도 일정이 급한 부서의 일이 발생하면 업무를 도와주려고 하는 사람이었다. 내가

회사 경영진 회의 때 해야 하는 발표를 앞두고 시간에 쫓기고 있을 때, 주말 시간을 나와 함께하며 자신의 일처럼 도와주기도 했다. 그는 어찌 보면 일 중독자처럼 느껴지기도 하였는데, 업무를 통해 자신이 추진한 일들에 보람을 느끼는 듯했다. 그것은 누가 하라고 해서 하는 것이 아니라 주인 의식을 가지고 있기 때문에 가능한 것이다. 회사에는 이처럼 주인 의식을 가진 직원이 많아야 발전할 수 있다.

2) 함께 근무하고 싶지 않은 사람들

무기력한 자세로 존재감이 없는 사람

A는 회의를 할 때 자신의 의견을 나타내는 일이 거의 없고, 생각을 물어도 묵묵부답이라 함께 일함에 있어 답답함을 많이 느끼곤 했다. 회사 내에서는 오고 가다 만나면 가볍게라도 인사를 하는데 인사성도 부족하여 존재감을 거의 느끼지 못하였다. 그는 일정한 기간이 지나면 자동으로 승진하게 되는 단계에서만 머물러 있는데, 아마 그 상태로 정년퇴직을 맞이할 것으로 예상된다.

자기주장이 강하여 문제 해결을 어렵게 하는 사람

B는 아이디어도 많고 유능한 인재였지만, 자신의 주장이 강하여 관리자들과 마찰이 많았다. 상대방이나 관리자가 정당하게 일을 집행하지 않는다고 생각될 경우에는 대화보다는 규정과 법으로 문제를 해결하려고 하는 경우가 발생하여 주변의 사람들을 어렵게 하였다.

자신의 업무에 책임감이 부족한 사람

C는 업무가 힘들거나 복잡한 일이 발생하면 몸이 좋지 않다거나 집안에 일이 있다며 반차나 휴가를 사용하였다. 본인의 업무와 관련 전화를 하면 잘 받지도 않아 다른 동료들이 곤란한 상황에 처한 경우가 있었는데, 앞으로 많은 세월을 직장에서 근무한다고 했을 때 책임감 없는 태도로 회사 내에서 과연 잘 적응하며 생활을 할 수 있을지 염려가 되었다. 회사란 조직은 크지만 한번 낙인이 되면 금방 소문이 돌아서 벗어나기 힘든 것이 조직의 특성이다.

동료에 대한 배려가 부족한 사람

D는 자신의 업무만 하겠다고 하여 함께 근무하는 것이 어려웠다. 부서마다 직원 개인별 업무 분장을 작성해 놓고 있는데 모든 업무를 업무 분장표에 작성할 수는 없는 것이다. 그래서 새로운 일이 발생하면 가장 유사한 업무를 맡고 있는 직원이나, 현재 업무가 바쁘지 않은 직원에게 맡겨서 처리하는 경우가 일반적이다. D는 유독 업무 분장에 나와 있는 자신의 업무만 하겠다고 하여 다른 직원들과 자주 마찰을 일으켰다. 세상사의 모든 일이란 게 때로는 내가 일을 좀 더 하기도 하고 손해를 보는 경우도 있는데 말이다.

이상과 같이 공기업에 근무하고 싶은 사람들과 반대 유형에 대해 살펴보았지만, 이는 공기업뿐만 아니라 일반기업에도 적용되는 이야기일 것이다. 공기업에 적합한 인재는 성실하고, 책임감이 있으며, 남을 배려하며, 감사할 줄 아는 사람들이 입사하면 좋겠다. 성실하다는 것은 결국은 책임감이 있다는 말과 같다는 생각인데 성실한 사람은 문제를 일으키지 않으며 맡은 바 업무를 책임 있게 처리할 줄 아는 사람이다.

사기업에서 근무하다가 치열하게 살아가는 것이 본인과 맞지 않다고 판단하여 공기업에 입사한다면 잘 적응할 가능성이 높다. 왜냐하면 그는 사기업보다 연봉이 낮음에도 불구하고 공기업의 특성을 알고 입사하고자 하였기 때문이다. 반면 소위 말하는 명문대 졸업자나 좋은 스펙을 소지한 지원자들이 첫 직장으로 입사한 경우는 얼마간 근무하지 않고 퇴사하는 경우도 있다. 마치 대학 입시에서 상위권 대학에서 합격자 발표가 나면 연쇄적으로 이동하듯이 공기업에도 그러한 현상이 발생하고 있다. 이처럼 취업을 준비할 때도 자신의 특성과 각 기업이 가진 특성을 파악하고 지원하면 좋겠다.

또한 면접관들은 위에서 기술한 함께 근무하고 싶은 직원들의 특성을 참고하여 지원자를 선발하면 그들은 정년까지 근무할 가능성이 높으며, 이는 지원자 개인이나 기업을 위해서도 매우 바람직한 일이 될 것이다.

그렇다면 어떻게 그런 사람을 판별할 것인가 하는 것이 중요한 문제인데, 아래와 같은 질문을 통해 판단해 볼 수 있다.

면접 질문에서 첫째, 지원자가 성실하게 살아온 사례를 질문하는 것이다. 지원자의 답변을 들은 후 추가적인 꼬리 질문을 통해 지원자가 과거에 성실하게 살아온 모습을 확인하게 된다면 이 사람은 앞으로도 성실하게 근무할 가능성이 높다. 성실하게 살아온 사람은 책임감이 있는 사람이기 때문이다.

예시)

면접관: 지금까지 살아오면서 성실하게 살아온 사례를 이야기해 주세요?

지원자: 저는 대학 다니면서 한 번도 지각이나 결석을 한 적이 없습니다.

면접관: 지각이나 결석을 한 적이 없었던 비결이 있을까요?

지원자: 저는 건강을 위해 일주일에 3일은 1시간씩 조깅을 하고 있으며, 시간 관리를 철저히 하여 수업 시간보다 30분 일찍 도착하기 위해 계획적으로 움직였습니다.

둘째, 면접장에서 흔히 하는 질문이지만 과거의 갈등 사례를 어떻게 해결하였는지 하는 질문하는 것이다. 사람과의 관계에서 항상 좋을 수는 없는 것이다. 갈등이 발생하면 어떻게 원만하고 신속하게 해결하느냐 하는 것이 관건인데, 갈등을 슬기롭게 해결한 경험이 있는 사람은 동료들과 소통하며 원만한 인간관계를 유지할 가능성이 높다.

예시)

면접관: 최근에 겪은 갈등 사례가 있다면 이야기해 주세요?

지원자: 입사 준비를 하면서 스터디를 하였는데, 함께하던 동료와 답변 내용에 대한 문제로 다툼이 있었습니다.

면접관: 어떤 방식으로 다툼을 해결했나요?

지원자: 동료의 답변도 일리가 있지만, 제 답변의 내용에 타당한 근거를 제시하여 줌으로써 동료도 수긍을 하였습니다.

면접관: 상대방을 설득하는 지원자만의 노하우가 있을까요?

지원자: 갈등 상황은 대부분 감정싸움에서 출발하는 경우가 많은데 상대방이 왜 그렇게 생각했는지 그의 입장을 존중해 주고, 제가 그렇게 생각한 이유를 설명해 주면 많은 경우는 상대방이 이해하여 갈등 상황을 마무리할 수 있었습니다.

셋째, 지원자가 살아오면서 남을 배려한 경험이 있는지를 질문하는 것이다. 타인을 배려한다는 것은 이해심을 가지고 있기 때문에 가능한 것이다. 배려를 할 줄 아는 사람은 성실하고 책임감도 가지고 있는 사람이다. 살아오면서 느낀 것이지만 남을 배려하면 언젠가는 나에게도 그러한 배려가 돌아온다는 것이다.

예시)

면접관: 최근에 다른 사람을 배려해 준 경험이 있다면 이야기해 주세요?

지원자: 친한 친구가 입사 준비에 어려움을 겪고 있었는데, 제가 준비한 자기소개서와 면접 자료를 주어서 친구가 원하던 회사에 입사한 사례가 있었습니다.

면접관: 친구는 입사하고 본인은 아직 입사를 하지 못했는데, 억울한 생각은 들지 않았나요?

지원자: 저도 친구처럼 입사하게 될 것으로 믿습니다.

면접관: 그렇게 생각하는 이유가 있을까요?

지원자: 저도 입사를 위해 열심히 준비해 왔고, 저 자신이 입사하는 데 충분한 능력이 있다고 생각합니다.

함께 근무하고 싶은 직원들을 언급한 부분 중에는 현재의 입장에서 보았을 때 다소간 수긍하기 어려운 부분이 있을 수도 있지만, 지금도 그렇게 열심히 일을 하고 있는 직원들도 있음을 알아주면 좋을 것 같다. 이런 직원들이 있음으로써 공기업이 성장하고 유지되고 있는 것이다.

Chapter · 3
전문면접관의 역할과 미래

"당신이 꿈꿀 수 있다면, 당신을 그것을 성취할 수도 있다. 기회는 준비하는 자에게 온다."
– 월트디즈니

》 **회사의 내부 면접관으로 참여하다**

면접 진행 프로세스와 내부 면접관이 지켜야 할 주의사항

회사에서 신입사원 공채를 할 때는 회사마다 다소 차이가 있으나 일반적으로 팀장급 이상이나, 1, 2급 직원이 내부 면접위원 POOL이 되어 채용 대행업체에서 교육을 진행하게 된다. 내용은 면접 진행 프로세스와 주의사항에 관한 것들이었다. '면접은 구조화된 면접(경험· 상황· 발표· 토론 면접 등)을 실시하며 공정한 평가가 되도록 노력하여야 하며, 면접위원에게 응시자의 인적 사항(학력· 출신 지역 등 편견 요소) 정보제공 금지, 연령, 성별, 학력 등 차별적 소지가 있는 질문 금지, 평정 방법, 면접 시행에 필요한 사전 면접 교육을 실시하여야 함'[4]이라고 규정된 지방공기업 인사운영기준의 내용을 중심으로 교육하였다.

1. 면접 진행 프로세스

① PT 면접(지원자 1명, 면접관 5명)

제시된 주제로 20분간 발표 내용을 준비하여 5분간 발표하고, 2분간 면접관과 질의응답을 한다. 위원장은 질문하지 않고 4명의 면접위원이 질문을 한다.

② 집단면접(지원자 3명, 면접관 5명)

15분간 면접을 진행한다. 위원장은 내부 면접관이 담당하며 지원자들이 긴장하지 않도록 풀어 주고, 면접에서 주의사항을 안내한다. 30초간 지원자별 자기소개하는 시간을 가진 후, 답변 시간이 초과되지 않도록 관리하는 역할과 면접 마무리를 담당한다. 나머지 면접관들이 질문을 한다.

※ 오전에 제시된 주제와 질문지는 오후에는 각각 다르게 주어진다.

2. 내부 면접관이 지켜야 할 주의사항

① 질문 순서를 공정하게 한다.

---

[4] 행정안전부 공기업 지원과, 지방공기업 인사운영기준, 2021.1.29, p.20

② 지원자 간 질문 시간이 차이 나지 않도록 한다.
③ 구조화된 질문을 한다. (지원자 간 동일한 질문)
④ 지원자의 감정을 유발하지 않도록 언행에 유의한다.
⑤ 지원자의 학력, 연령 등 개인적인 질문을 하지 않는다.
⑥ 다섯 가지 평가 항목, 평정기준, 평가 결과 입력 방법을 숙지한다.
⑦ 면접관의 제척 사유에 관해서 숙지한다.
⑧ 입사지원서와 인성 검사 활용 방법에 관해서 숙지한다.

위와 같은 면접 진행 프로세스와 면접 후에 자주 발생하는 지원자들의 민원 유발 사항에 대한 내용 중심의 교육을 실시하였다. 특히 요즘 세대는 공정성에 많은 관심을 가지고 있어 주의해야 하는 내용이다. 교육이 끝나면 문자로 내부 면접위원으로 선정되었으니 정장을 착용하고 지정된 장소로 출근하라는 통보를 받고 면접에 참여하게 된다.

신입사원 채용 시 내부 면접위원으로 참여

의례적인 교육을 받은 후 잊고 있었는데, 면접위원으로 참여하라는 통보를 받고 나도 신입사원 면접관이 되어 회사에 적합한 인재를 뽑기 위해 노력했다. 내부 직원이 위원장을 맡게 되어 있었는데 위원님들의 추천으로 나는 위원장이 되었다. 면접의 시작과 마무리 등 면접의 전체적인 진행을 담당하여 지원자들이 편안하게 면접에 임할 수 있도록 하는 역할을 수행하였다. 지원자들에 대한 질문은 나머지 네 분의 위원님들이 순서를 정하여 구조화된 면접 질문 중 자신이 맡은 영역의 질문을 하기로 하였다. 그래서 나는 나머지 네 분의 질문과 지원자의 답변을 비교적 잘 관찰할 수 있었으나, 짧은 시간 내에 지원자의 변별력을 파악하는 것은 매우 어려운 작업이었다.

　외부 면접위원들은 면접관 경험과 심리 상담, 기업 컨설팅 업무를 많이 한 전문면접관으로서 질문을 매끄럽게 잘했으며 꼬리 질문도 적절하게 하여 지원자의 능력을 파악하려고 노력하였다. 그러나 아무래도 외부 위원이다 보니 우리 회사에 대한 이해가 다소 부족한 면이 있을 수밖에 없었다. 물론 사전에 회사에 대한 정보를 파악하고 지원자들처럼 준비하고 왔겠지만, 내부 직원의 입장에서 바라보면 세세한 부분에서는 아쉬운 점이 있어 보였다. 외부 면접위원으로서 면접을 가게 되면 홈페이지를 통한 자료 수집뿐만 아니라, 그 회사에 대한 언론 기사, 직종별 업무의 특성에 대해 회사 내부 직원들을 통한 자료 수집이 필요하다는 것을 느낄 수 있었다. 특히 우리 회사의 경우 여러 직종의 직원을 선발함으로 직종의 업무 특성과 근무 형태 등도 각기 다르기 때문에 직종별 특성에 대한 이해가 특히 필요하였다.

　오전 9시부터 오후 5시 30분까지 이어지는 강행군이었지만 우리 회사를 위해 일하게 될 직원을 뽑는다는 나름의 보람도 느낄 수 있는 시간이었다. 상황별 대처에 관한 질문을 했을 때 적절한 답변을 하지 못하는 지원자도 있었는데, 면접장에서 나타난 모습이 단지 면접 상황에서 긴장해서인지 원래의 태도인지 구별하기가 어려워 좀 더 편안한 상태에서 대답을 할 수 있도록 분위기를 조성하기도 했다. 어떤 지원자는 면접장의 문을 열고 들어오는 순간부터 긴장한 표정이라 의자에 모두 앉은 후 모든 지원자에게 전부 심호흡을 하도록 한 후 최대한 편안한 상태에서 면접에 임하도록 배려해 주기도 하였다.

기업마다 면접에 할당된 시간이 다르지만, 지원자 1인당 5분에 불과한 짧은 시간 동안에 앞으로 30년 이상을 근무할 직원을 판별한다는 것은 어려운 일이었다. 그러나 현실은 그 시간에 내가 한 사람의 인생이 걸려 있을 수도 있는 직업 선택의 문제를 결정해야 하는 한 사람이라는 것이었다. 그러다 보니 외부 위원과 달리 항목별로 최저점을 주는 것이 두려운 마음이 들어, 완전히 아니라고 판단되는 지원자를 제외하고는 상·하한의 폭을 좁게 잡을 수밖에 없었다. 이는 면접관이 범하는 오류로 '관대화 경향'이란 것을 나중에 알 수 있었다. 애매하게 느껴지는 지원자의 경우는 면접이 끝난 후, 옆의 외부 위원께 어떻게 생각하는지 견해를 물어보기도 하였는데, 대부분은 의견이 일치되는 경우가 많아 사람이 보는 눈은 크게 차이가 나지 않음을 느낄 수도 있었다.

오전 면접이 끝난 후 휴식 시간에 내부 면접관과 외부 면접관이 오전에 있었던 면접장의 분위기와 지원자들에 대한 이야기를 공유할 수 시간을 가졌는데 이를 토대로 오후에 있을 면접에서 지원자들에 대한 면접에 참고하기도 하였고, 면접장에서 면접위원들과 소통을 잘하는 것이 원만한 면접 진행에 도움이 된다는 것을 느꼈다.

》 공공기관 내부 면접관과 외부 면접관의 역할

공기업의 면접에서는 내부 직원들 중에서 선정된 내부 면접관과 외부 면접관들로 구성되지만, 채용 인원이 많지 않은 기업의 경우나 채용 과정의 공정성에 휘말리지 않으려고 외부 채용기관에 채용 과정 전체를 위탁하여 외부 위원만으로 구성하여 진행되는 경우도 있다. 내부와 외부 면접관이 함께 구성되더라도 해당 면접의 면접관 다수는 외부의 면접관들로 구성이 되고 있다.

	내부 면접관	외부 면접관
면접관 비율	과반수 이하	과반수 이상
역할	직원 관점에서 회사에 적합한 인재 선발	외부의 시각에서 해당 기업에 적합한 인재 선발
면접위원 추천 방법	팀장 이상 간부급 대상으로 면접 교육 후 POOL 내에서 기관장이 선임	채용 대행업체에서 기업에 적합한 전문 면접관 추천 후 기관장이 선임

내부 면접관과 외부 면접관의 특성은 다음과 같다.

내부 면접관은 기업 내부의 간부급 직원으로 면접 수당만을 지급하므로 낮은 비용이 소요되고, 면접 스킬은 부족하나 회사의 조직·직무에 대한 이해도는 높다. 반면 외부 면접관은 기업 외부에서 전문적인 면접 교육을 받고 면접 경험이 많은 사람들로 높은 비용이 지출되고, 면접 스킬은 높지만, 기업의 조직·직무에 대해서는 이해도가 낮은 특징들이 있다.

공기업 준 정부 기관의 경영에 관한 지침에서 '면접 진행 전체 위원의 절반 이상을 외부 위원으로 구성함'이라고 규정[5]하고 있다. 2018년

---

5   공기업 준정부기관의 경영에 관한 지침 제16조(채용공정성관리) ③항 2

부터 '공기업 경영에 관한 지침'을 통해 외부 면접위원들이 활발하게 활동하는 계기가 되었다. 외부 면접위원이 다수가 되도록 하여 부정이 개입될 요소를 차단하였으며, 면접장에는 내부의 감사위원이 참여하여 면접 상황을 모니터링하고 있어 공기업에서의 면접은 더욱 투명하다고 할 수 있다.

내부 위원은 기업에 따라 다르나 인사 부서에서 면접위원의 2배수를 추천하면 기관장이 선임하는 형태로 결정하며, 외부 위원도 마찬가지로 채용 대행 전문 업체에서 면접위원의 2배수나 3배수를 추천하면 그중 기관장이 선임을 하는 절차를 밟게 된다. 기관에서 원하는 인재상에 대해서 채용 대행업체와 협의를 진행하고 그에 맞는 외부 면접위원을 업체에서 섭외하게 된다. 면접 당일 외부 위원을 대상으로 공사에서 설정한 인재상 등 면접과 관련한 교육을 실시하고 있다.

내부 면접위원은 일부 기업의 경우 면접 교육을 사전에 받은 POOL을 운영하기도 하지만 대부분은 전문적인 면접 교육을 받지 않은 직원들로서 회사에서 진행하는 오리엔테이션 수준의 면접 진행 교육을 받기 때문에 질문을 하는 테크닉 면에서 외부 위원들을 따라갈 수가 없다. 그럼에도 내부 위원이 면접관으로 참여하는 것은 해당 기업에서 보통은 25년 이상을 근무한 사람들로서 회사에 어떤 사람이 입사하면 좋은지 잘 알고 있기 때문에 참여하게 되는 것이다.

외부 면접관 역할의 중요성

외부 면접관의 입장에서는 면접장에서 내부 위원들로부터 해당 기업이 요구하는 인재상이나 직종별 업무 특성에 대한 이야기를 나눈다면, 해당 기업에서 오랫동안 근무할 직원들을 선발하는 데 도움을 받을 수 있다. 전문면접관이란 단지 질문에 답변을 잘하며 외형적으로 능력이 뛰어난 사람을 뽑는 것이 아니라 해당 기업에 적합한 사람을 선발해야 하는 임무가 있는 것이다.

외부 전문면접관들의 판단에 따라 지원자의 당락이 결정되는 현실에서 폭탄 같은 지원자를 걸러내지 못한다면 해당 기업으로서는 엄청난 손실을 감내해야만 하게 된다. 이처럼 중요한 역할을 하고 있는 외부 전문면접관은 막중한 책임을 느끼고 면접장에서 해당 기업이 원하는 인재를 선발해야 하는 책무를 가진다.

》 전문면접관을 향한 발걸음

전문면접관이란 한 기업의 생사를 가를 수도 있고, 한 개인의 미래를 결정하게 되는 막중한 업무를 수행하는 사람들이다. 그래서 책임감이 무거운 것은 당연한 일이다. 내가 사람을 잘못 판단하여 기업과 직원들에게 피해를 주지 않도록 끊임없는 공부가 필요한 이유이다.

면접관과 관련하여 정해진 공부법이 있다면 커리큘럼에 따라 공부를 하면 되는 것이지만, 전문면접관이 되기 위해서는 이런 과정을 거쳐야 하며, 이렇게 해야 한다고 정해진 것은 없다. 그래서 여러 교육기관에서 진행되는 교육을 통해 면접에 접근하는 다양한 특성을 배우고, 포럼과 선배 전문면접관들을 통해 지속적으로 배우는 과정이 중요하다. 특히 선배 전문면접관들은 생생한 면접의 현장을 많이 경험하였기에 이분들의 실전 노하우와 공부법에 대한 가르침은 향후 전문면접관으로 나아가기 위한 토양이 될 것이라고 믿는다. 아직은 많은 분들과 인사를 나누지는 못했지만 향후 포럼이나 교육장에서 만나는 분들과도 교류를 통해 나를 알리고 면접관으로 활동하는 데 있어 도움을 받는 것이 필요해 보인다.

이러한 활동들은 혼자가 아니라 함께 소통하고 협력하며 같이 성장할 수 있는 토대가 되며, 사람에 대한 이해를 넓히는 시간이 된다. 전문면접관은 해당 기업에서 성실하게 오랜 기간 근무할 사람을 선발하는 사람들로서 인간 내면을 볼 수 있는 안목을 가져야 한다. 인간은 미완의 존재이며 많은 가능성을 소유하고 있는 존재로서 전문면접관은 질문을 통해 지원자의 가능성을 발견해 내야 한다. 이를 위해 실존주의와 현상학, 심리학 등에 관한 공부도 지속적으로 하려고 한다.

올해 말 정년퇴직 이후 전문면접관을 향한 새로운 도전을 준비하기 위해, 어떻게 하면 기업에 적합한 사람을 선발할 수 있고 어떤 면접관이 좋은 면접관인지를 고민하며 이 글을 쓰고 있다. 전문면접관이란 누구나 할 수 있는 일은 아니지만 끊임없이 준비하는 사람에게 기회가 이어질 것으로 기대하고 있다.

전문면접관으로 활동하게 될 경우 내가 얻을 수 있는 것들은 다음과 같다.

첫째, 끊임없는 공부를 통해 나 자신이 계속해서 성장한다는 점이다. 면접관 관련한 내용뿐만 아니라 최근 기업의 동향이나 시사적인 부분까지 폭넓은 공부를 하는 과정을 통해 하루하루가 새로운 날들이 될 것으로 기대가 된다.

　둘째, 많은 사람들과 교류를 통해 새로운 지평을 가지게 될 것이다. 포럼이나 면접장에서 만나는 다양한 이력을 가지신 분들을 통해 나 자신의 능력을 개발해 나간다면 면접관 분야뿐만 아니라 강의의 영역, 컨설팅, 헤드헌터 등 다양한 분야까지 진출할 수도 있다.

　셋째, 전문면접관으로서 해당 기업에 적합한 인재를 선발한다는 보람을 느낄 수 있다. 내가 선발한 직원이 기업에 입사하여 능력을 발휘하고 성장해 나간다면 사회와 국가의 발전에 내가 일조하는 역할을 담당했다고 할 수 있는 것으로, 나도 국가의 경쟁력 향상에 이바지했다는 자부심도 가질 수 있을 것이다.

　넷째, 면접장에서 만나는 다양한 사람들을 통해 나 자신을 깨우는 시간이 되기도 한다. 면접장에는 젊은 지원자들만 있는 것이 아니라 분야에 따라 나이 드신 분들도 계시는데, 젊은 지원자들에게서는 패기와 가능성을, 나이 드신 분들을 통해서는 일을 하고자 하는 열정을 배울 수 있는 시간이 된다.

　아름답게 나이가 든다는 것은 하루하루가 새로운 날을 맞이하는 것이란 생각을 가지고 있다. 앞으로 남은 내 인생도 은퇴자로서의 생활이 아니라 건강하게 나이를 먹어가고 내가 가진 자산으로 사회에 기여하는 보람된 시간으로 채워나가고 싶다. 나와 같은 세대를 사시는 분들 중 새로운 배움을 좋아하고 인간에 대한 관심이 많은 분이라면 전문면접관에 대해 관심을 가지길 권해 드리며, 입사 지원자들에게는 본인과 잘 맞는 기업에 모두 입사하기를 기원한다.

PART 2

전문면접관
마스터로 성장하기 위한
핵심 노하우와
위대한 비전

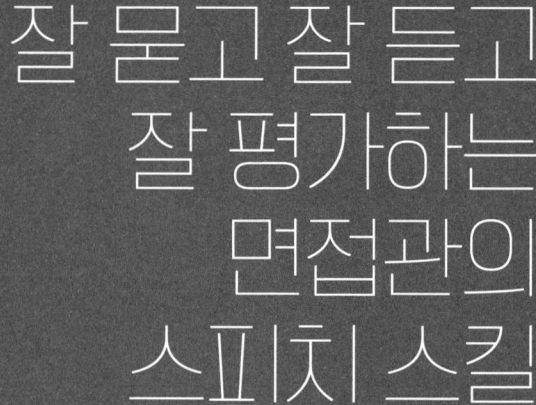

잘 묻고 잘 듣고 잘 평가하는 면접관의 스피치 스킬

Chapter 1. 잘 묻기 위해 잘 준비하라
Chapter 2. 잘 듣기 위해 잘 질문하라
Chapter 3. 잘 평가하기 위해 잘 들어라

Profile

면접스피치전문가
박미경

더라이브 HR 컨설팅 대표로 공공기관, 기업, 대학에서 리더십과 자기개발 창의적 문제해결을 지도했다. 장점은 어린 영아부터 초, 중, 고, 대학생, 주부들, 기업의 주니어부터 액티브 시니어를 넘어 초고령층까지 모든 연령대와 의사소통, 조직활성화 강의를 한다는 것이다. 국문학 공부를 통해 평소 갈급했던 글쓰기와 논술 역량을 함양했고, 서비스 경영학이라는 학문과 만나며 영역을 넓혀 월드유스비전 리더스 코칭협회에서 HR 업무를 시작했다. 대표적인 업무는 조직문화 담당자로(Culture Evangelist) 내부 직원들 대상 조직인식개선, 조직 캠페인, 리더십 교육, 사내 소통 프로그램 기획 및 운영이다. 현재는 이런 활동들을 기반으로 전문면접관 일을 한다.

집필 동기

처음으로 기다리던 면접관 의뢰가 들어왔다. 조금은 긴장되고 들뜬 마음으로 광주에 있는 컨벤션센터로 갔다. 분위기를 익히려는 순간 면접위원장을 하라고 하는데, 지금 생각해 보니 딱! 그때가 지원자들이 준비하지 못한 질문을 받았을 때와 같은 심정이었던 것 같다. 그래도 '못해요. 저 면접관 처음인데요.'라고 말할 수 없었다. 소개해 주신 기관에 누를 끼치는 일이라 생각되었고 또한 초보 면접관으로 보이고 싶지 않았다. 그리고 곧 풍부한 경험의 면접관인 척하며 20여 년의 스피치, 의사소통 강의를 했던 경험을 녹여냈다.

하루 종일이었던 첫 면접 일정이 끝났다. 걱정과는 달리 내부 감사위원이 "위원님, 지원자들이 나올 때 분위기가 밝았습니다. 감사합니다."라는 인사가 돌아왔다. 다행히 평이 좋은 걸로 이해됐지만 종일 신경을 곤두세우며 스스로를 자책했던 기억이 난다. 지금도 첫날은 운이 좋았다고 말할 수 있다.

면접관을 막 시작한 당신에게 첫 면접관부터 자존감을 올릴 수 있는 면접관 스피치 스킬을 나누고 싶다. 두세 번 면접관을 해보고 '아, 나하고는 면접관 일은 맞지 않아.'가 아닌 점점 더 잘해보고 싶은 사명감을 느끼는 일이기를 바란다.

면접관의 일이 거듭될수록 '나는 공정하고 타당도가 높고 신뢰성이 있는 전문면접관인가?'라는 질문이 따라온다. 면접과 채용은 점수로 사람을 평가하는 것만이 아닌, 조직과 개인이 서로 맞는 상대를 찾는 과정이다. 그래서 사회적 역할에서 각 분야의 전문가였던 당신과 내가 면접관이 된 것이다. 공정한 면접을 하기 위해서다. 그리고 면접은 자기소개서 또는 인성 평가로 나타난 지원자의 개별적 특성을 직접적으로 확인할 수 있는 중요한 단계이다. 지원자가 하는 '주장'만을 듣지 않고 주장의 '근거'에 관한 정보를 획득해야 하는 일인 것이다. 그런데 면접관의 일이 준비가 적고 체계가 덜 잡히다 보면 간혹 공정성이 흔들리는 경우가 있다. 내부 면접관의 '오늘 지원자 중 나의 의견은….'을 듣는 순간 지원자의 타당한 '근거'를 찾으려고 온종일 애썼던 일을 잊고 내 평가표를 의심하는 경험도 할 것이다.

이제 면접관 일을 시작하는 당신은 어떻게 할 것인가? 나는 자타 커뮤니케이션, 스피치 전문가로 일한 자신감이 있었다. 그래서 첫 면접관 이후에도 별 노력 없이 다녔고, 진땀 났던 순간들이 오히려 많았던 것 같다. 부끄럽게도 자존감 떨어지게 면접관 일을 한 것이다. 꼭 여기저기 준비 없이 면접을 가서 덜덜 떠는 지원자들처럼 말이다. 지금 나는 전문면접관 일이 너무나 소중하고 행복하다. 그래서 전문면접관 일을 준비하는 당신은 나와 같은 초보 경험을 하지 않기를 바라며 이 글을 적는다.

Chapter · 1
잘 묻기 위해
잘 준비하라

》 **면접관의 임무는 3일 전부터 시작된다**

　면접관 요청을 받으면 전날, 혹은 며칠 전부터 면접관으로서 책임을 다하기 위해 준비를 시작한다. 당일에 가서 파악할 수 있는 정보가 한정되어 있기 때문에 미리부터 기관과 직무에 대해 알아봐야만 한다.
　내가 처음 할 수 있는 일은 면접관 요청을 준 업체에 자료를 요청하는 것이다. 해당 기관이나 직무의 특성이 있는지 여부를 묻는다. 그러나 현실적으로 자료를 정리해서 주는 경우는 드물다. 대부분 이 정보에 관한 공부는 면접관 개인이 스스로 하게 된다. 따라서 초보 면접관의 경우, 자료를 주겠거니 하면서 기다리다가 전혀 정보가 없는 상태로 면접을 시작하는 일도 일어나게 된다. 그렇게 되면 결국 면접관으로서 필요한 질문을 제대로 할 수가 없고, 적절한 평가를 하기도 어려워진다.

그래서 내 경우에는 업체에 정보를 요청하기보다, 별도로 자료조사를 하고 있다. 쉽게는 홈페이지에 들어가 회사 정보, 소개, 비전 및 미션, 인재상 등을 살펴보는 방법이 있다. 대부분 면접관을 요청하는 기관이 공공기관이다 보니 큰 틀에서는 비슷한 인재상을 보게 된다. 그러나 기관이 해결하는 업무의 특성을 고민하다 보면, 똑같은 인재상이라 하더라도 미묘하게 다른 니즈를 파악할 수가 있다. 비전이나 미션을 함께 보는 이유도 여기에 있다. 기관이 나아가고자 하는 방향을 살펴보면, 이 과정에서 필요한 인재가 어떤 인재일지를 확인하기가 쉬워지기 때문이다. 더불어 관련된 기사를 찾아볼 수도 있다. 최근에 어떤 이슈가 있었는지, 사업은 어떤 내용으로 진행되는지, 공공기관의 경우 새로운 정책이나 서비스가 시작된 것이 있는지를 살펴보면 여기에 필요한 인재상을 짐작하는 데 꽤 많은 도움이 된다.

문제는 온라인상에 이렇다 할 정보가 없을 때이다. 대국민 서비스가 적은 기관의 경우, 공공기관이라 할지라도 홍보자료가 온라인에 많이 없을 수 있다. 그럴 때가 난감하다. 그런 경우에는 내부 면접관으로부터 정보를 얻는 방법이 있다. 면접 당일 조금 일찍 도착해 면접을 준비하며, 내부 면접관에게 기관이나 인재상에 대한 정보를 묻는 것이다. 그러나 실제 현장에 가면, 이렇게 질문을 하기가 쉽지만은 않다. 기본적으로 외부 면접관을 두는 이유 자체가 공정성을 기하기 위함이다 보니, 이 과정의 대화가 자칫 내부 면접관의 개인적인 의견을 반영하게 된다는 위험이 따르는 것이다.

더불어 이런 질문이 자칫, 내부 면접관에게 '초보 면접관' 혹은 '경험이 부족한 면접관'이라는 인상을 줄 수도 있어서 교육 기관에서도 현장에 가서 내부 면접관과 이야기를 나누는 것을 조심하라고 말한다. 그러나 내 개인적인 생각으로는 아무 정보가 없는 상태로 인재를 마주하는 것보다 최소한의 정보라도 가진 상태로 면접을 진행하는 것이 더 최적화된 인재를 뽑는 데 도움이 되는 부분이 있다고 생각한다. 그래서 현장 분위기가 나쁘지 않다면, 가볍게 물어보는 편이다. 단, 내부 면접관의 주관적인 판단이 내 판단에 영향을 미치지 않도록 주의하는 것은 필수다.

이렇게 파악한 기관과 직무의 특성, 인재상의 요구 조건을 토대로 질문을 준비해야 한다. 물론, 대부분 기관에서는 표준화된 질문을 제공하기는 하지만, 이 질문을 면접자에게 최적화된 내용으로 수정해서 질문하는 것은 면접관 개인의 역량에 따라 달라진다.

따라서 특성 파악 후 요구 조건에 따라 질문을 어떻게 할지 스스로 고민해봐야 한다. 그러나 쉽지는 않다. 그래서 내 경우, 상황에 따라 변형하는 유형을 정리해 둔 것이 있다.

첫 번째, 지방에 근무처를 두고 있는 공공기관의 경우 가장 많이 요구하는 것이 장기근속이다. 신입을 뽑았는데, 지역적인 한계로 인해 그만두는 경우가 자주 발생하는 탓이다. 그런 경우에는 성실도, 책임감 등을 위주로 질문하고 평가한다.

〈'성실도'를 평가하는 질문〉
1. 매일 1년 이상 꾸준하게 실천하고 있는 것이 있다면 말해주세요.
2. 기상 후 10분간 가장 먼저 하는 일은 무엇인가요?

3. 아무도 보지 않아도 자신과 꼭 지키는 일이 있다면 무엇인가요?

〈'책임감'을 평가하는 질문〉

1. 본인이 원하지 않은 일을 맡아서 완수한 사례가 있을까요?
2. 자신의 실수나 과오를 책임진 적이 있나요?
3. 본인의 책임 범위를 벗어나 팀 (조직, 타인)을 위해 기여한 사례가 있을까요?

두 번째 경우는 근무처가 수도권에 있는 경우다. 이럴 때는 조직 적응력, 소통 능력을 중요하게 생각하는 경우가 많다. 물론, 앞서 예시를 들었던 지방에 있는 기관에서도 이 능력은 마찬가지로 중요하게 평가된다. 그러나 수도권의 특성상 이 능력이 더 중요하게 평가 요인으로 작용하는 것 같다. 그래서 이런 경우에는 이렇게 질문한다.

〈'조직 적응력'을 평가하는 질문〉

1. 남이 싫어하는 일을 솔선수범하여 처리한 경험에 대해 말해보세요.
2. 대인관계에서 가장 중요시하는 것은 무엇입니까?
3. 협업을 위해 했던 행동이나 방법 중 기억에 남는 것이 있을까요?

〈'소통 능력'을 평가하는 질문〉

1. 다른 사람들과의 소통에서 어려움이 있었다면, 그것을 어떻게 극복했는지 말해보세요.
2. 본인의 의사소통 능력 중 가장 뛰어난 것은 무엇입니까?
3. 상대방의 의견을 존중하고 이해한 경험을 말해주세요.

초보 면접관은 챙길 것이 참 많다. 시간대마다 계속해서 바뀌는 면접자를 파악하고, 내가 할 질문도 파악하고, 질문 답변도 들어야 한다. 시간이 정신없이 흐른다. 이 시간을 잘 지켜내기 위해서는 지금까지 설명한 사전 정보 파악이 굉장히 중요하다. 내가 무엇을 볼 것인지만 제대로 알고 있어도, 이 모든 과정에 기준이 생기기 때문이다. 중심이 생긴다는 뜻이다.

이미 다른 분야에서 전문성이 있는 사람이라도 면접관의 업무는 새로운 업무이다. 모든 조직을 경험하지는 못했기 때문에, 내가 설사 잘 아는 회사, 직무라 하더라도 사전에 철저한 자료 조사를 통해서 면접을 대비하는 것이 면접관으로서 최소한의 책임이라고 생각한다.

》 면접관은 기회를 주는 사람이다

이제 막 면접관으로서 발을 내딛었다면, 스스로에게 한번 물어보자. 면접관은 어떤 일을 하는 사람일까?

정말 그러면 안 되지만, 여전히 면접관의 역할을 과거의 형태로 인식하고 행하는 사람들이 있다. 과거의 모델에서는 면접관은 '갑'의 위치였다. 평가하고, 뽑는 위치였기 때문이다. 그러다 보니 역량 평가와 관련이 없는 질문을 하거나 감수성을 자극할 수 있는 질문을 서슴없이 해서 사회적으로 지탄을 받는 경우가 생기는 것이다. 그러나 최근 지속적으로 교육이 이루어지면서 면접관들의 생각에도 많은 변화가 일어나고 있다. 면접관은 평가를 하는 사람이기에 앞서서 지원자가 자신이 준비한 모든 것을 잘 표현하고 드러낼 수 있도록 기회의 문을 열어

주는 사람이라는 생각이 커지고 있다.

　나 역시도 이 부분을 가장 중요하게 생각한다. 면접은 개인당 길어 봤자 보통 30분 남짓 이루어진다. 물론 하루 종일 팀을 이루어 3~4가지의 인성·역량 면접, 토론 면접, PT 면접을 보는 경우도 있다. 그러나 보통은 30분 내외 최소 10분의 시간 안에 지원자는 적게는 수년에 많게는 십수 년까지 노력해왔던 모든 것을 보여 주어야만 한다. 긴장도가 높은 상태에서 아쉽지 않은 면접을 보기란 현실적으로 어렵다. 따라서 면접관의 역할이 굉장히 중요하다.

　잔뜩 긴장해서 들어오는 지원자들이 자신의 역량을 잘 펼칠 수 있게 하려면 일반적으로 면접위원장이 가벼운 인사말로 면접의 시작을 알린다. 나는 HR업무 경력으로 인해 자주 면접위원장 역할을 맡는다. 오는 길이 불편하지 않았는지, 날씨로 인해 힘들지는 않은지, 식사는 잘 했는지 등 일상적이지만 따뜻함이 묻어나는 인사를 건네는 것으로 면접을 시작한다. 별것 아닌 것 같지만, 이 인사는 지원자들로 하여금 면접에 대한 만족도를 결정하는 중요한 척도가 된다. 면접관과 지원자의 첫인상인 것이다.

　이 인사를 통해서 우리 모든 면접관이 지원자의 이야기를 '따뜻한 시선'으로 바라볼 것이라는 기대를 심어줄 뿐만 아니라 면접이 편안한 대화로 이루어질 것이라는 생각을 하게 함으로써 과도하게 긴장하여 말을 못 하는 일이 없도록 만들어 주는 효과를 가진다.

　인사 후에 바로 질문이 시작될 테지만, 그럼에도 불구하고 이 인사를 하는 것과 안 하는 것은 매우 큰 차이가 있다. 그래서 요즘은 면접에서 대부분 이 인사가 정례화 되어 있다. 그러나 이때 중요한 것은 말을 하는 위원장뿐 아니라 옆 면접관도 함께 무언의 인사를 전해야 한다는 것이다. 위원장을 맡지 않았다고 서류만 보고 있거나 딴짓을 하고 있으면 안 되는 이유다. 말을 하는 사람만 보는 것이 아니라 지원자는 다른 면접관에게 시선을 줄 가능성이 높다. 그들은 그런 시선 처리를 배워왔기 때문이다. 이때, 인사를 건네는 사람 외 모든 면접관이 서류를 바라보고 있다고 생각해 보자. 아무리 따뜻한 인사가 있었다고 하더라도 그 지원자는 그런 분위기 속에서 다시 긴장으로 굳어질 수밖에 없다.

그러나 실제 현장에서는 이런 경우가 굉장히 흔하다. 특히 이 인사를 하는 타이밍에 면접관들은 지원자의 자기소개서도 봐야 하고, 이력서도 봐야 하고, 질문도 준비해야 하기 때문이다. 그러나 그것만큼이나 중요한 것이 초반 지원자와의 유대 관계를 잘 만드는 것이다. 그래야 우리가 들어야 하는 이야기를 지원자가 정확하게 할 수 있다. 그래서 내가 인사를 하지 않는다 하더라도, 무언의 인사를 건네는 것을 잊지 말아야 한다. 미소를 띤 표정, 그리고 진심 어린 눈빛으로 지원자에게 인사를 건네야 한다. 그리고 나서 질문을 시작하자.

통상 이 인사를 한 후에 자기소개가 이어진다. 물론, 이 과정을 생략하고 본 질문을 바로 시작하는 경우도 있다. 면접자들이 예상하고 미리 철저히 준비하기 때문에 굳이 들어야 하느냐는 의견이 있는 것이다. 그러나 나의 경우, 보통은 자기소개를 먼저 시킨다. 역으로, 가장 편안하게 자신을 소개할 수 있는 유일한 시간이 될 수 있을 거라는 판단에서다. 더구나 가장 자신 있는 부분을 이야기함으로써, 자연스럽게 긴장감이 감소하는 효과도 있다. 이때 긴장감이 잘 정리되면 이후에

이어질 예상하지 못한 질문에 대해서도 떨지 않고, 비교적 잘 대답을 할 수 있게 되는 것을 여러 차례 경험했다.

여기서도 마찬가지다. 질문을 해놓고, 자기소개가 통상적인 이야기니 나는 다음 질문을 준비한다는 생각으로 서류를 보고 있게 되면, 지원자는 내가 외면받고 있다는 생각에 심리적인 위축을 경험하게 된다. 그래서 최소한 내가 자기소개를 시킨 면접관이라면, 나라도 그를 바라봐주려는 의지를 가져야만 한다.

물론 면접관으로서 짧은 시간 내에 적합한 질문을 해야 한다는 압박감에 시달릴 수도 있다. 그렇지만 이 사람이 적절한 인재인지 아닌지는 하나의 답변만 주의 깊게 들어도 충분히 판단할 수 있다. 너무 조급해하지 말고, 그 순간 지원자의 이야기에 진심으로 공감하고, 경청하는 것이 필요하다. 그래야 부족한 점도 보인다. 그리고 그것에 대해 정확히 질문할 수 있게 된다.

〈면접을 여는 법〉

1. 면접위원장의 역할 : 일상적인 인사를 준비한다.
2. 면접관의 역할: 따뜻한 표정과 눈빛으로 무언의 인사를 건넨다. 동시에 자기소개를 통해 자신감 있게 면접에 임할 수 있도록 배려한다.
3. 단, 처음 시작할 때 자기소개가 정형화된 틀은 아니다.

만약 자기소개를 하는데, 심한 긴장감으로 제대로 말을 못 하는 경우가 있다면, 이에 대해 긴장을 풀어 주는 것 역시 면접관의 역할이다. 나는 그럴 경우 먼저 말을 건넨다. 환기할 시간을 주는 것이다. 가능성이 많은 청년들이고 우리의 지원자이니만큼 긴장을 많이 해서 떨어졌다는 트라우마가 생기지 않도록 배려하는 것이다.

긴장은 당연한 것이니, 너무 당황하지 말라고 이야기해 준다. 물을 건네기도 하고, 크게 호흡하라고 말하기도 한다. '천천히 이야기해도 좋다, 긴장하지 않아도 된다'라는 말로 조급한 지원자의 마음을 읽어주는 것이다. 이러한 배려의 말이 결국 지원자가 주눅 들지 않고, 끝까지 자신이 준비한 것을 보여줄 수 있게 만든다. 또 무엇보다 이렇게 긴장을 풀라고 이야기해 주는 것이 지원자들에게 기업에 대한 좋은 인상을 남길 수 있는 긍정적인 효과를 가지기 때문에 이때의 대화도 굉장히 중요하다.

묻는 것은 단지 질문에만 국한되지 않는다. 묻는 것의 범주 안에, 잘 대답할 수 있는 문을 열어주는 것 역시 포함된다. 잘 묻는 사람은 앞에 설명한 '포문을 여는 대화'에도 능숙하다. 잘 묻는다는 것은 단순히 말을 잘한다는 것이 아니라 상대가 잘 말할 수 있도록 돕는 것까지 의미한다고 생각한다. 좋은 면접관이 되고 싶다면, 훌륭한 면접자가 좋은 기회를 거머쥘 수 있도록 문을 열어주는 다양한 노하우를 겸비해야 한다.

〈긴장한 지원자를 풀어 주는 면접관의 멘트〉

1. 많이 긴장되죠? 편안하게 이야기해도 됩니다.
2. 천천히 이야기해도 됩니다.
3. 심호흡 한 번 하시고 다시 말씀하세요.
4. (물을 건네며) 앞에 있는 물 좀 드실까요?
5. 긴장하지 마시고 자신감을 가지세요.

Chapter · 2
잘 듣기 위해
잘 질문하라

》 **설명하는 면접관은 면접의 독이다!**

최근 모 기관에서 면접관으로서 지원자를 만나는 시간에 일어난 일이다. 채용 기관의 앱 서비스 개선 방안에 대한 PT 발표를 듣고 질문하는 시간이었다. 한 내부 면접관이 여러 앱을 통합하면 좋겠다는 지원자의 의견에 대해 질문을 하려던 순간이었다. 아마도 앱의 사정이 지원자가 말한 것과 조금 달랐던 모양이었다. 갑자기 앱의 종류, 쓰임, 운영 방향성에 대해 설명을 하기 시작했다. "앞으로는 아셔야 하겠다"라는 말까지 포함해서였다. 2분가량 지원자가 발표한 것과 상관이 없는 내부의 상황을 설명한 후에 지원자의 입에서 나온 대답은 "알겠습니다"였다. 아주 민망한 표정이었다. 그도 그럴 것이 자신이 대답한 것이 면접관의 말에 비해 10분의 1도 되지 않는 것이었으니 말이다. 결국 그 장황한 설명의 끝에 우리가 들을 수 있었던 지원자의 대답은 '잘 알겠다.' 외에 어떤 것도 없었다. 평가를 할 수가 없었다.

  이런 일은 여기저기 면접장에서 수시로 일어난다. 나쁘고, 좋고, 훌륭하고, 훌륭하지 않은 것의 문제가 아니다. 때로는 지원자에 대한 애정에서, 혹은 면접 자체에 대한 열정에서, 또는 면접관이 자신의 마음에 정해둔 답을 지원자의 답과 맞춰가려는 마음에서 등 다양한 심리적 상태에서 이루어지는 일이다. 대개는 친절한 면접관, 좋은 사람으로 보이고자 하는 마음에서 이 실수가 시작된다. 긴장한 지원자가 횡설수설하는 경우 그 모습이 안쓰러워서 도와주고 싶거나 지원자에게 우리 기관을 더 잘 알려주고 싶은 마음이 앞서는 것이다. 모두 좋은 뜻에서 출발한다. 그러나 그 지원자에게 꼭 필요한 정보라면 채용한 후에 알려주어도 충분하다.

  지원자의 대답을 대신 정리해서 브리핑하는 면접관도 심심치 않게 찾아볼 수 있다. 대답은 길어졌는데 우리가 확인하고자 하는 역량에 대해 명확한 답이 나오지 않았을 때, 면접관이 그 답을 유추하거나 미루어 짐작하여 질문하듯 정리해 말하는 것이다. "이러저러하게 이야기했는데, 그건 이렇다는 말이죠?"하는 형태다. 여기서 나올 수 있는 지원자의 답은 yes or no다. 그 정리가 지원자에게 도움이 된다고 생각할 수도 있지만 면접관은 굳이 이 말을 할 필요가 없다. 면접관으로서 내가 그렇게 받아들였다면, 그렇게 생각하고 평가하면 될 일이다. 지원자의 답이 yes라고 한들 의미가 없고, no라고 하면 더 큰 일이다. 본전도 찾을 수가 없다. 실제로 그렇게 되어 지원자가 면접관에게 문제를 제기하거나 불필요한 시간 낭비로 가는 경우도 많이 보았다. 결론적으로 면접관의 정리 멘트는 영양가가 없다.

그런 정리가 의미가 있으려면, 결국은 그 정리에서 꼬리 질문이 탄생해야 한다. 꼬리 질문으로 가기 위해 반드시 확인해야 하는 경우가 아니라면, 의미가 없다. 꼬리 질문을 향해 갔다 하더라도 지원자가 대답할 시간보다 질문이 길어서는 안 된다. 최대로 생각해도 20초 이내로 질문의 시간을 줄여야 한다. 계속해서 반복하지만, 면접관의 역할 중 가장 중요한 것은 결국 지원자가 준비한 것을 충분히 발휘하고 자신의 역량을 보여줄 수 있도록 안내하는 것이다. 그런데 지원자보다 면접관이 더 많은 말을 하고 질문이 아닌 설명을 하는 경우, 이 중요한 역할을 잊는 것과 같다.

가장 심각한 질문의 패턴은 지원자의 답변이 자신이 생각하는 정답과 차이가 있다고 생각하는 경우, 이 생각을 바로잡아 주려고 하는 경우이다. 논쟁을 시작하는 것이다. 역량을 평가하는 것과 별개로 인간적인 관심, 자신의 사견을 곁들여 설명하고 그래도 지원자의 생각이 변하지 않느냐고 묻는 형태다. 그런 상황에서 지원자가 할 수 있는 답은 무엇일까? 없다. 면접관과 지원자는 현장에서는 흡사 갑을의 관계이기 때문에 대부분은 지원자가 먼저 논쟁을 피하게 된다. 그러나 이러한 결과는 이 지원자가 탈락한 후에 커뮤니티 같은 곳에 사례를 올릴 경우, 사회적인 논란으로 이어지기 쉽다. 주의, 또 주의해야 한다.

잘 질문하기 위해서는 질문하는 요지를 스스로 잘 정리해야 한다. 설명을 해야 한다면, 왜 설명을 하는지, 그 설명하는 것이 어떤 질문을 하기 위해서인지 스스로가 잘 정리해야만 좋은 질문을 할 수 있다. 앞서서 설명하고 있는 사례들은 여기서 벗어난 것을 의미하고 있다. 질문의 요지가 뚜렷하지 않은 상태에서 섣부른 친절로 시작된 '설명식 질문'은 결국 지원자의 시간만 뺏는 결과를 낸다. 심지어는 다른 면접관의 질문 권리도 앗아간다. 빠르게 질문하고, 평가하며 선순환을 만들어 내야 할 의무가 있음에도 불구하고, 자신의 개인적인 생각으로, 혹은 배려심으로 인해 그 순환을 끊어버리는 실수를 저지르는 것이다.

말이 길어지면, 당연히 길을 잃기가 쉽다. 질문의 요지를 잊어버리고, 이상한 곳으로 샐 가능성이 농후해진다. 그래서 정리를 하더라도 한 줄 이내로, 의사를 확인하는 의도라 하더라도 20초 이내로 끝내는 것이 맞다. 그리고 본론으로 직행해야 한다. 지원자의 입에서 yes, no라고 답이 나오는 질문이 최악이다. 면접을 하러 왔는지, 가르치러 온 것인지, 평가를 하려고 오는 것인지 헷갈리게 하는 질문을 피하고 면접관의 본분에 충실하자.

심지어는 장황한 설명 끝에 질문을 붙였는데, 지원자의 입에서 "질문하신 내용이 정확히 무엇인지 잘 모르겠습니다. 다시 한번 말씀해 주시겠습니까?"라는 말이 나올 때가 있다. 같은 면접관으로서도 진땀이 난다. 그건 정말 최악의 순환고리이기 때문이다. 또 그 질문에 답을 하느라 해당 면접관은 긴 설명을 이어가게 된다. 면접관 스스로도 자신이 질문을 잘못했다는 사실을 인정하기 싫고 '지원자가 면접관의 질문을 잘 이해하지 못했다'라는 논리를 강화하기 위해 이러저러한 말이 붙는 것이다. 그렇게 면접관이 90% 시간을 다 쓰고, 지원자는 아무 말도 하지 못하고 퇴장하는 일이 일어난다.

면접관도 사람이기 때문에 당연히 누군가의 이야기를 듣고 나면 본능적으로 물어보고 싶은 것들이 생겨난다. 하지만 우리는 사적으로 만난 것이 아니라 그들의 역량을 평가해야 하는 의무를 가진 사람들이다. 묻기 전에 생각해 보자. 그들에게 설명하고 있는 그 순간, 정말 그 지원자에게 도움이 되는 일인가? 내가 묻고 있는 것이 그들의 역량을 평가하는데 객관적인 자료로서 충분한 것인가?

친절한 것과 훌륭한 것은 다른 문제임을 반드시 기억하자. 면접관의 감정으로 시작되는 친절은 지원자에게 독이 될 수 있다. 지원자가 준비한 것을 최대한 많이 꺼내놓고 나갈 수 있도록 우리는 말을 줄이고, 그들이 말할 수 있는 질문을 준비하는 것이 우리의 임무이자 사명이다.

〈답변에 대한 재질문 전 면접관 스스로 확인할 것〉

1. 내가 확인, 설명하고자 하는 것은 지원자의 역량 평가와 어떤 측면에서 관계가 있는가?
2. 나의 질문은 지원자의 역량 평가에 도움이 되는 것인가?
3. 내가 묻는 것으로부터 나올 수 있는 지원자의 답이 열려있는가? 아니면 yes or no로 정리되는가?

》 지원자의 진짜 역량을 잡아내는 구조화된 질문법

면접관 교육을 받으면 누구나 구조화 면접이라는 말을 듣게 된다. 구조화 면접이 뭘까? 구조화 면접이란 질문의 내용과 방법, 지원자의 답변 유형에 따른 후속 질문과 그에 대한 평가 점수가 시나리오로 정해져 있는 면접 방식이다.

교육을 들을 때면, 정해져 있다니 쉬울 것 같은데 막상 내게 적용하려고 하면 선뜻 입이 떨어지지 않는 것이다. 대개는 자소서를 기반으로 하여 구조화된 질문을 하라고 하는데, 자소서에 있는 내용을 자세히 질문하자니 이미 지원자가 준비한 것이라 의미가 없는 것 같고, 그렇다고 더 추가적인 질문을 즉석에서 하는 것도 쉽지 않다. 그러니 배우긴 배웠어도 준비와 연습 없이 가면 현장에서 실제 구조화된 질문을 하기가 어려워지는 것이다.

구조화된 질문의 가장 큰 목적은 역량 평가에 있다. 불필요한 질문, 혹은 앞서 예를 들었던 설명 형태의 질문 등을 예방하는 것이다. 불필요한 질문의 범주에는 과거 유행했던 '압박성 질문'을 포함하여 사적인 질문, 각종 감수성을 자극할 수 있는 질문들이 들어간다. 준비되지 않은 질문을 가지고 면접에 임하기 때문에 일어나는 일들인데, 우리가 구조화된 질문에 대해 익숙해지면 이러한 위험성을 제거하는데 매우 용이하다.

특히 구조화된 질문은 요즘 MZ세대가 중요하게 생각하는 것 중 하나인 '공정성' 문제에도 굉장히 영향을 준다. 요즘처럼 온갖 커뮤니티가 활성화 되어 있는 상태에서는 누가 어디 면접에서 어떤 질문을 받았는지 공유하는 것이 어렵지 않다. 하지 말라고 해도, 이 정보가 새어 나가지 않을 방법이 없다. 실제로 취업과 관련된 커뮤니티에 들어가면 자신의 후기를 익명으로 남긴 글을 어렵지 않게 찾아볼 수 있다. 이때 가장 이슈가 되는 것이 바로 공정성이다. 나만 대답하기 어려운 질문을 받은 것인지, 남들도 그런 것인지, 나만 압박성 질문이 있었던 것인지, 혹은 사적인 질문을 받았는지 아닌지 등이 적나라하게 드러난다. 그리고 이에 대해 수도 없는 댓글이 달린다. 내가 설사 어려운 질문을 받았다고 하더라도, 나 뿐만 아니라 모두가 그런 질문을 받았다고 하면 '공통질문'으로 인식이 되면서 공정성 이슈가 사라지게 된다.

그렇다면, 구조화된 질문이라는 것은 무엇일까?

면접은 지원자의 지식수준을 체크하는 것이 아니라 역량을 평가하는 데 그 목적이 있다. 때문에 지원자의 다양한 경험은 면접의 아주 중요한 소재가 된다. 그러나 이것을 판단하는 과정에 있어서 질문은 사람에 따라 매우 다양해지게 된다. 그러니, 어떤 경우에는 질문이 부적절했다, 편파적이다, 답을 정해놓은 것 같다 등 지원자의 부정적인 평가로 이어지기 쉽다. 그래서 나온 것이 바로 구조화 면접 질문 기법이다. 면접관이 처음이라면 STAR 기법을 익혀보는 것도 좋다. 많은 방법론 중에 하나인 STAR 기법은 상황에 대해 질문할 때 물을 수 있는 것을 크게 4가지 정도로 정리해 둔 것이다.

쉽게 말하면, 지원자의 경험을 바탕으로 역량을 가려내기 위해 일종의 공식을 적용하는 것을 말한다. 어떤 상황이었는지, 그 상황에서 본인은 어떤 역할을 했고, 어떤 행동으로 문제를 해결했는지, 그 결과는 어땠는지 묻는 것이다.

〈STAR 기법〉

1. Situation 과거 경험의 상황, 활동을 하게 된 동기 - 그때 상황에 대해서 말씀해 주세요.
2. Task 자신의 역할이나 맡은 업무 - 수행했던 과제, 과업은 무엇이었나요? 그때

지원자의 역할은 몇 퍼센트였나요?
3. Action 상황에 대처한 자신의 행동, 의도, 반응 – 어떻게 행동하였습니까? 무엇을 잘하셨습니까?
4. Result 결과, 성과 – 그 결과는 어땠습니까?

여기서 포인트는 이 4가지 질문을 모두 할 수도 있고, 일부를 뽑아서 쓸 수도 있다는 것이다. 중요한 것은 이 범주 안에서 지원자에게 동일하게 질문한다는 것이다. 사실 면접관으로서 어느 정도 일이 익숙해지기 전에는 질문을 뽑는 것 자체가 굉장히 부담스러운 일이 될 수 있다. 그래서 나 역시, 초보 면접관일 때는 전날 미리 질문지를 뽑아놓고 앵무새 노래하듯 질문을 다 외웠던 적도 있다.

> 먼저 적응력 질문을 해볼까?
> "앞날을 대비하여 지금 당장 필요하지 않아도, 무엇인가를 미리 준비했던 경험을 말씀해 주세요."
> 책임감, 성실함은?
> "매일 1년 이상 꾸준하게 실천하고 있는 것이 있다면 말해주세요.' 그리고 답변을 들은 다음 '왜 그 행동을 시작하게 되었습니까?"라고 말해야지.
> 이번에는 결단력을 질문해야지.
> "신속한 의사결정을 바탕으로 해결하기 어려운 문제를 처리했던 경험이 있다면 말씀해 주세요."
> 다음 상황에 맞춰 꼬리 질문을 하면 나에게 주어진 5분 정도는 문제가 없겠지?

이렇게 생각하며 연습에 연습을 거듭했다.

이 정도면 괜찮겠다 싶었는데, 막상 현장에 가서 자리에 앉았을 때의 그 당혹스러움을 절대 잊을 수 없다. 세상이 내가 짜 논 각본대로 흘러가는 적이 몇 번이나 될까? 지원자들은 내가 원하는 대로 답해주지 않았다. 엉뚱한 방향으로 튀기도 하고, 잘 기억나지 않는다며 난감한 표정을 하는 일도 적지 않았다. 그런 경우가 문제의 시초가 되었다. 그도 당황, 나도 당황하니 미처 구조화된 질문을 준비하지 않은 상황에서 비구조화된 질문이나 하게 되더라는 것이다. 그렇게 실컷 지원자에게 공통적이지 않은 예견되지 않은 질문을 하고 나면, 답변을 듣고 막상 평가 항목에 점수를 줄 곳이 없거나 뒤늦게 '이 질문을 왜 했지?' 하고 자조했다. 이러한 일을 두세 번 경험한 후에 같은 사태를 예방하기 위해 나는 정말 열심히 '구조화된 질문'을 익히고 체화하는 노력을 했던 것 같다.

크게 두 가지로 질문의 맥을 잡을 수 있다. 자소서에 이미 나와 있는 상황을 토대로 질문하는 경우와 자소서 밖의 추가 사례가 있는지 묻고 그 내용을 질문하는 경우다. 두 가지 모두 구조화된 질문이 가능하다. 직업윤리에 관한 질문을 예로 들어 보자.

자소서에 지원자가 직업의 가치 중 '윤리, 도덕성'에 대한 것을 어필하고 그것을 증명하기 위해 이미 관련된 사례를 작성했다고 가정해 보자.

"윤리적, 도덕적으로 옳다고 생각하는 바를 실현하기 위해 애써본 경험이 있습니까?"

"규정이나 원칙을 지키려다 본인이 불이익이나 손해를 입은 경험이 있으면 말씀해 주세요."

"조직과 개인의 가치관이 충돌되었던 상황을 말씀해 주세요."

위에 질문도 질문 자체로는 훌륭하다. 그러나 지원자의 역량을 조금 더 확인할 수 있도록 자기소개서와 연계된 구조화된 질문으로 이끌어 보자.

자소서에 직업 가치관 도덕성에 관한 경험 스토리를 가정해 보자.

> 지난 겨울 부모님 차를 빌려 친구들과 스키장에 갔다. 수많은 인파로 주차장은 만차였고, 운전 미숙으로 주차되어 있던 차와 접촉 후 순간 그냥 가려고도 했다. 왜냐하면 아주 작은 스크래치였고 불현듯 우리 집 차는 문콕, 긁힘 정도는 그냥 넘어가는데 하는 생각이 들었다. 하지만 연락처를 남겼다. 안타깝게 운전자는 블랙박스도 없었는데 현금 30만 원을 요구하여 지불했다. 나는 앞으로 도덕성을 최우선으로 하는 OO기관에 입사할 사람이기에 지금도 당연한 일이었다고 생각한다.

첫 번째는 이 사례와 연계된 구조화된 질문이다.

1. 상황 - 지원자는 스키장 사례에서 규정이나 원칙을 지키려다 본인이 불이익이나 손해를 입었다고 생각하나요?

2. 역할 - 지원자의 어떤 가치관이었나요?
3. 행동 - 그때의 상황으로 다시 간다면 다른 처리 방법이 있을까요?
4. 결과 - 우리 기관의 직업윤리와 어떻게 연계될까요?

두 번째는 직업 가치관 중 '도덕성'에 관해 상황, 역할, 행동, 결과에 맞춰 다른 사례가 있는지 묻는 것이다.

1. 상황 - 지원자의 도덕성을 보여 줄 또 다른 사례가 있나요?
2. 역할 - 그때 본인은 구체적으로 어떤 역할을 했나요?
3. 행동 - 이 상황에서 무엇을 잘한 것 같습니까?
4. 결과 - 해당 경험을 통해 배우거나 깨달은 점이 있나요?

세 번째는 자소서에 내용을 기반으로 직업 가치관, 도덕성은 갖춰졌다는 판단 아래 인내심, 자기 관리 분야에 대한 확대된 질문으로 이어 갈 수도 있다.

1. 상황 - 인생에서 가장 큰 성공 또는 실패 경험을 한 적이 있나요?
2. 역할 - 그때 지원자는 어떤 노력을 했나요?
3. 행동 - 해당 경험을 통해 배우거나 깨달은 점이 있나요?
4. 결과 - 해당 경험에서 배운 점을 지원 직무와 어떻게 연결시킬 건가요? 만약 그 상황에서 다른 선택지가 있었다면 어떻게 했을 것

같나요?

여기서 포인트는 우리가 주요하게 평가하거나 검증해야 할 역량과 직접적 연관성이 있는 것에 관해 물어야 한다는 점이다. 책임감, 갈등 조정 혹은 자기 관리가 큰 이슈라고 한다면 그것과 관련된 구조화된 질문을 미리 준비해야 지원자의 역량을 평가하는 데 큰 도움이 될 것이다.

이 글의 독자들을 위해서 내가 질문했던 내용을 정리해 보았다. 단, 지원자들마다 경험이 다르기 때문에 아래 질문들을 적절하게 응용, 변형하여 사용해야 한다. 과거의 사례를 물어서 역량을 평가할 수도 있지만, 지금 소개한 이 기법을 '만약에' 질문법으로 변형할 수도 있다. 미래형으로, 발생하지 않은 일을 예로 들어서 어떻게 대처할 것인지를 묻는 것이다.

> 적응력 질문 – 앞날을 대비하여 지금 당장 필요하지 않아도, 무엇인가를 미리 준비했던 경험을 말씀해 주세요. (지원한 기관 입사를 위해 준비한 것을 물어도 좋다)
> 책임감 질문 – 자신이 만약 업무상 실수를 저질렀는데, 이 실수가 매우 큰 여파를 불러오는 것이다. 그런데 상사가 매우 권위적이고 화를 잘 내는 사람이라면 이때 어떻게 할 것인가?
> 성실성 질문 – 앞으로 본인의 습관 중 바꾸고 싶은 것이 있는지? 입사 후 꾸준하게 실천하고 싶은 것이 있다면 말해주세요.
> 결단력 질문 – 만약에 업무를 하는데, 신속한 의사결정이 필요하나 결정이 어려운 상황에 놓인다면 지원자는 어떻게 할까요?

처음부터 완벽할 수는 없다. 위의 질문이 정답도 아니다. 그러나 끊임없는 고민과 연습, 또 현장 경험, 피드백을 통해 우리의 질문도 더 완벽해질 수 있다. 가능성은 충분하다. 오랜 기간 스피치 교육을 하면서 기업에서, 대학 강단에서 연습만이 살길이라며 교육했다. 훌륭한 질문은 그냥 나오는 것이 아니라 수차례의 스피치 연습에서 시작된다. 어떻게든 되겠지, 가서 생각하자는 무책임한 생각에서 벗어나 피나는 연습을 해보자. 내 분야에서 열심히 살아온 당신! 구체적인 질문은 어렵지 않다. 연습하면 된다. 전문가로서 면접관 일을 시작했다면 연습을, 고민을, 포기하지 않기를 바란다.

Chapter · 3
잘 평가하기 위해 잘 들어라

》 모든 답은 '평가'로 연결되어야 한다

 잘 묻고, 잘 들었다면 평가까지 잘해야 면접관의 스피치가 완성된다. 질문을 잘해 놓고, 평가에 약한 면접관이 있다. 마음이 약해지거나 본인만의 기준이 불명확해서, 혹은 본인이 왜 이 질문을 했는지에 대해 생각이 뚜렷하지 않아서 평가로 이어지지 못하는 것이다.

 유형별로 한 번 살펴보겠다.

 첫 번째 유형은 평가 항목에 대한 사전 숙지가 되지 않은 상태로 일단 질문하는 것이다. 그리고 답을 들으면서 부랴부랴 평가 지표를 살핀다. 그리고 즉흥적으로, 이미지에 따라 직관에 따라 점수를 주게 된다. 그러니 누군가 왜 점수가 이런지 물었을 때 답을 할 수가 없다. 논리적으로 설명하기가 어려워지는 것이다.

대다수 면접에서는 4~5개의 평가 지표가 제공된다. 기관별로 그 내용은 조금씩 다를 수 있다. 소통 능력, 직무 적합성, 조직 적응력 등 거의 비슷한 포맷으로 진행이 되는데, 때에 따라 역량별로 가중치가 조금 더 있게 배정되는 경우도 있다. 그래서 앞서 첫 장에서 강조한 바와 같이 해당 기관의 이슈, 인사에 관련한 포커스를 잘 파악하는 것이 중요하다. 그러한 사항이 제대로 인지되지 않고 면접에 들어가는 경우, 질문을 하기는 하나 내가 왜 이 질문을 하게 되는지, 어디로 연결해서 평가해야 하는지가 판단이 어려워진다.

"스트레스를 받았던 경험을 말씀해 주세요."

이 질문은 왜 하게 되었을까? 이 질문에 대해 답을 하는 지원자가 있다면, 우리는 어디에 점수를 주어야 할까? 아무리 좋은 질문이라도 평가에 혼돈이 생긴다면 그 의미가 퇴색되기 마련이다. 내가 어떤 역량을 확인하기 위해 질문했는지에 따라서 이 답에서 우리가 평가할 수 있는 내용은 달라진다. 소통 역량일 수도, 조직 적응력(갈등 해결)일 수도, 혹은 직무 적합성일 수도 있다. 보고자 하는 것이 무엇인지에 따라 보이는 것도 달라진다. 평가의 정확도가 달라지는 것이다.

면접관이 되면 각자 집중해서 봐야 할 분야가 생기기 마련이다. 만약 이 질문을 조직 적응력, 즉, 갈등 해결에 대한 자세를 확인하는 것에 그 목적이 있었다면 적어도 그 부분에 대해서는 유심히 관찰해서 평가해야 한다. 그러나 여기서 놓치면 안 되는 사실이 있다. 질문 하나로 한 가지 역량만 평가하라는 의미가 아니라는 것이다. 적어도 그 부분은 놓치지 말라는 뜻이다. 당연히 내가 집중해야 할 역량과 더불어 나머지 역량도 살펴보아야 한다. 이건 당연한 것이다. 면접관은 내가 집중해서 평가해야 하는 역량과 함께 더 살펴봐야 할 역량에는 무엇이 있는지도 머릿속에 탑재해야 한다. 질문을 던져놓고, 들으면서 대강 여기저기 체크하는 방식으로 채점하는 일은 없어야 한다. 종이 한 장 차이지만, 내가 평가해야 할 것이 무엇인지 명확하게 인지된 상태에서 이야기를 들으면 평가 기준이 훨씬 더 명확해진다.

또 하나 좋은 점은 그렇게 해야만 꼬리 질문의 질도 높일 수 있다는 것이다. 하나의 질문에서 여러 가지 역량을 동시에 평가할 수 있지만, 내가 최초에 질문한 목적을 잃지 않아야 뚜렷한 관점에서 추가 질문(꼬리 질문)도 가능해진다. 이 과정이 명확하게 이루어져야 진짜와 가짜를 골라낼 수 있다. 꼬리 질문이 예리하지 못하면, 판단의 정확도가 떨어지는데 대다수 여기서 실패를 하는 이유는 이 지점에서 딴 길로 새기 때문이다.

이것이 바로, 두 번째 유형이다. 두 번째 유형은 역량 평가와 관계없는 압박 질문에 심취해있는 사람이다. 이 경우에는 두 가지 가능성이 있다. 하나는 정말 길을 잃었거나 또 다른 하나는 개인적인 궁금함이 평가자로서의 책임을 이겼을 때이다.

앞서서 이야기한 것처럼 내가 무엇을 평가할 것인지를 모르고 있는 상태로 어디서 들었던 질문을 꺼내는 것이다. 또는 앞서서 다른 면접관이 상황 면접 질문을 하고 그 바통을 이어받았을 때 문제가 발생한다. 갑작스럽게 받은 상황이다 보니, 흐름을 이어서 질문을 해야 하긴

하겠는데, 평가 지표가 내 머릿속에 없으니 일단 나오는 대로 질문을 하게 되는 것이다. 심지어 더 최악은, 앞선 지원자의 대답을 꼼꼼하게 듣지 않았을 때다. 뭐라고 답했는지를 모르니 꼬리 질문은 어려울 수밖에 없고 그런 상황에서 질문을 하게 된다면 맥락을 놓친 압박 질문을 하게 되는 것이다.

"중요한 업무가 예정되어 있는데, 집안에 누군가가 사고를 당했다고 한다면 어떤 선택을 할 것인가요?"

압박 질문으로서 하지 말아야 할 대표적인 질문이다. 이 질문은 지원자가 할 수 있는 답은 정해져 있고, 그 답으로 우리 면접관으로 평가할 수 있는 것은 없다. 실제 이 질문을 던지는 면접관을 옆에서 만난 적이 있다. 옆에서 듣는 나도, 그에 대답하는 지원자도, 참 난감했다. 그 답을 듣고 나는 어디에 평가를 했어야 했을까? 그의 역량도, 인성도, 혹은 책임감도 어떤 것도 평가하기 어려웠다.

왜 이런 일이 발생할까? 압박 질문에 대한 잘못된 기준이 장착되어 있기 때문이다. 압박질문도 쉬운 질문도 결국은 모두 지원자의 역량을 평가하기 위해 하는 것이다. 그런데 우리는 알게 모르게 '압박 질문'이 굉장히 훌륭한 것, 혹은 지원자의 기를 누를 수 있는 '우위의 상위 포식자'로서의 질문을 한다고 의식하는 경향이 있다. 지원자가 제대로 대답을 못 하고 있을 때, 심리적으로 뭔가 중요한 단서를 내가 잡아냈다는 우월감을 느끼기도 하는 것이다.

최근 들어서, 압박 질문은 심리적 압박을 의미하는 것이 아니다. 사실 잘 생각해 보면 지원자의 입장에서 압박 질문은 어떤 형태의 질문이든 본인이 답을 잘 못하면 압박 질문이라고 느낀다. 심지어는 앞서서 이야기한 구조화된 기법으로 질문을 한다고 하더라도 본인이 답하기가 어려웠다면 그들의 후기는 '압박 면접이었다'로 종결될 것이다. 그러니 우리가 선제적으로 그를 감정적으로 몰아붙일 필요가 없다는 것이다. 안 그래도 심리적인 위축이 심할 상황에서 그를 불필요하게 감정적으로 압박하는 것은 최악으로는 '불공정 면접'으로 제소당할 위험까지 포함하는 것이기에 굳이 그렇게까지 질문을 만들 필요는 없다.

압박 면접은 주어진 상황에 대한 응대, 대처 능력을 보려고 하는 것이다. 그러나 많은 경우 너무 당황하여 나머지 질문에도 적절하게 대답을 못 하는 경우가 있다는 사실도 기억하자. 그래서 압박 면접의 가장 좋은 방법은 앞서서 설명한 구조화된 기법을 사용하는 것이다. 그것만으로도 충분히 그들의 상황 대응력을 확인할 수 있다.

또 다른 형태도 함께 살펴보자. 주로 개인의 궁금증을 물어보는 유형이다.

"내부 고발자에 대한 당신의 생각을 말씀해 주세요."
"9시 출근인데, 몇 시까지 출근해야 한다고 생각하나요?"

다짐을 받고자 하는 것일까? 아니면, 도덕적 검증을 하고자 하는 것일까? 혹은 우리를 고발할지 하지 않을지 간을 보겠다는 것일까? 이것으로 확인할 수 있는 지원자의 역량은 무엇일까. 굉장히 날카로운 질문이라고 생각하고 한때 유행했던 질문이지만 얻을 수 있는 것이 별로 없다. 정해진 답에 따라 지원자는 대답할 것이고, 그들의 그 대답이 현장에까지 이어질 가능성은 거의 없다. 그렇다고 해서 그때 면접 때는 그렇게 대답해놓고, 왜 채용하니까 달라졌냐며 책임을 물을 수도 없는 노릇이다.

평가는 공정해야 한다. 당연히 질문도 공정해야 한다. 거듭해서 말하지만, "예, 아니요."로 답할 수 있는 질문, 혹은 사회, 도덕적으로 답이 정해져 있는 질문은 피하는 것이 좋다. 대다수 이런 질문의 특징은 감정적으로 압박은 할 수 있지만 답을 통해 우리가 판단할 수 있는 것이 아주 미미하다. 조심 또 조심해야 한다.

마지막으로 세 번째 유형은 자신만의 확실한 기준이 없이 끊임없이 주변을 의식하며 심지어는 평가 결과를 뒤집어 버리는 경우다. 특히 가장 큰 영향을 주는 대상은 내부 면접관이다. 특히, 내부 면접관의 위치가 절대적으로 보이거나 권위적인 성향으로 읽히는 경우 어쩔 수 없이 그의 의견에 귀를 기울이게 되는 것이다.

특히 면접관이 해당 직무의 특성이나 전문성이 부족하다고 생각할 경우, 주변인들의 의견에 평가 결과를 뒤집는 경우가 많이 발생한다. 자신이 없는 것이다. 거기에 만약 그가 뽑고 싶어 하는 지원자와 내가 뽑고 싶은 지원자의 점수 격차가 거의 없다면? 점수에 대한 특별한 코멘트도 기록되지 않은 상태라면 결과를 뒤집는 것이 하나도 어렵지 않다. 그래서 내가 조언하는 것은 점수의 편차를 가능한 한 크게 주라는 것이다. 그래야 기준이 명확해진다. 지원자에 대한 애매한 동정으로 애매한 점수를 주어 나중에 변별력을 잃게 되는 경우가 꽤 많이 발생한다. 누군가의 의견에 따라 면접의 결과가 한 번에 뒤집히는 사태를 막는 방법, 그것은 나만의 명확한 기준을 주고 확실하게 점수를 주는 것이다.

꼭 기억하자. 우리가 그 자리에 있는 것은 내부 면접관이 놓칠 수 있는 여러 가지 변수를 함께 보는데 그 가치가 있다. 인재 채용의 공정성을 담보하기 위해 그 자리에 선 만큼 나만의 기준, 나만의 논리를 세팅하는 것이 중요하다.

〈좋은 평가자로서의 면접관 되는 법〉
1. 면접의 평가 기준을 명확하게 숙지한다.
2. 보고자 하는 역량을 평가할 수 있는 명확한 질문을 던진다.
3. 압박은 감정으로 하는 것이 아니라 상황으로 하는 것이다.
4. 평가는 가능한 한 냉정하게! 애매한 점수 주기를 멈춰야 변별력이 생긴다.

》 **면접관의 좋은 질문은 체력에서 출발한다**

면접관의 하루는 아침 8시 30분 시작된다. 10시에 시작되는 면접을 대비하기 위해 면접관들은 미리 모여서 면접을 준비해야 한다. 수도권에서 진행되는 경우에는 새벽같이 움직이고, 지방의 경우에는 전날 미리 도착해 숙박하는 일도 잦다. 대다수 여기저기 지방에서 면접관 일이 진행되기 때문에 생각보다 장거리 이동이 잦다. 자차 운전도 길고, 비행기나 기차를 이용해야 하는 일도 자주 일어난다. 그러다 보면, 어쩔 수 없이 체력의 한계를 만난다. 일은 그러라 치고, 신체가 감당해야 하는 여독이 큰 것이다. 일만 많으면 괜찮겠다 싶겠지만, 일이 많으면 여독이 풀리지 않은 상태로 다음 면접장으로 향해야 하니 만만한 상황은 아니다.

일의 강도 역시 만만치 않다. 짧게는 하루, 길게는 일주일 이상 진행되는 면접 일정을 모두 다 소화해야 하기 때문에 면접을 잘 봐야 한다는 생각보다는 하루를 잘 '버틴다'는 심정이 되기도 한다. 아침 8시 30분 시작된 일정이 빠를 때는 오후 3시, 늦게까지는 오후 6시까지 쉴 틈 없이 면접이 진행된다. 내 눈앞에 처음 보는 지원자가 수시로 교체된다. 우리는 한 질문을 또 하고, 때로는 새로운 질문을 현장에서 만들어 내야만 한다.

이때 가장 걸림돌이 되는 것이 바로 체력이다. 강사로서 하루 7~8시간 강의할 때 느끼던 한계와는 다른 결의 괴로움이다. 강의는 내가 나서서 떠들기라도 하는데, 면접관은 주로 '듣는 일'을 해야 하는 데서 오는 어려움이 있는 것이다. 잘 들어야 하는데 졸음이 쏟아지기도 하고, 머리가 멍해져서 이야기가 안 들리기도 한다. 상대방은 잔뜩 긴장해 앉아 있는데 면접관은 피로에 지쳐 제대로 된 질문도 하지 못한다면 너무나 잔혹한 상황이 펼쳐지는 것이다.

지금도 생각나는 일이 있다. 한 면접관이 코로나 시절 하필 감기에 걸렸는지 계속 콜록거렸다. 약도 먹었겠다, 점심 식사 직후니 얼마나 피곤했겠는가. 눈이 스르륵 감기고, 또 깜짝 놀라 눈을 부릅뜨고, 그 모습을 보니 옆에 있는 나까지 긴장이 되었다. 면접관의 사정을 알 리가 없는 지원자와 동료 면접관은 그 모습에 실망감을 감추지 못했다. 어떤 지원자는 시무룩해졌고, 어떤 지원자는 약간 화가 난 듯했다. 실컷 준비해왔는데 내 이야기를 들으면서 졸고 있는 면접관의 모습이라니, 입장을 바꿔 생각해도 황당했다. 좋은 질문을 받고, 좋은 답변을 하고 싶었을 텐데 면접관이 멍한 상태로 앉아 있고, 앞에서 받은 질문을 반복하고 있다면 속상함을 넘어 실망이 되었을 것이다. 그리고, 사실 만약 지원자가 그런 상태였다면 어떤 면접관도 그에게 좋은 점수를 주지는 못했을 것이다. 이런 경우는 이유를 불문하고 그 면접관이 잘못한 일이다. 누구에게도 이해받지 못하는 것이다.

나 역시도 지난 겨울 비슷한 일이 있었다. 대전에 있는 모 기관의 면접을 진행했던 때의 일이다. 눈이 온다는 소식을 듣고 고속도로를 달렸다. 넉넉하게 시간을 정하고 갔음에도 불구하고, 가는 길 눈길에 추돌사고가 난 것이다. 내 잘못이 아니었으니 평소 같으면 보험 처리를 기다리며 병원으로 가서 치료를 받으면 될 일이었다. 그러나 나는 약 1시간 후 면접관으로서 자리에 앉아야 하는 사람이었다. 수십 명의 지원자가 나를 기다리고 있었다. 30분 후에는 면접관 사전 교육이 있었다. 업체 측에 먼저 전화하고, 양해를 구했다. 사고로 놀라고 다친 몸은 고려 대상에 없었다. 그저 약속을 지키는 것, 그 순간 유일한 목표였던 것이다. 그러나 그날 눈길 사고가 많아서 그랬는지 대체 차량을 구하지 못했다. 시동을 걸어보니 다행히 잡음이 나기는 하지만 움직일 수 있을 것 같았다. 결국 다 부서진 차에 올라타 면접장으로 향했다.

그렇게 예정보다 40분 늦게 도착한 사전 교육장, 약 70명의 면접관의 시선이 나에게 꽂혔다. '면접관이 뭐 저래?'하는 눈빛에 "제가 오다가 사고를 당했는데요, 그런데도 부서진 차를 타고 왔어요. 늦었지만 제가 게을러서 그런 건 아니에요, 오해하지 마세요!"라고 외치고 싶은 마음이 굴뚝 같았다. 그러나 그런들 '괜찮다'고 말할 사람이 있겠는가.

지원자가 그랬다고 한다면, 과연 그걸 받아줄 회사가 있을까? 어찌 되었건 늦은 것, 사고를 피하지 못한 것은 무조건 '면접관' 잘못인 게 자명했다. 사고로 인해 늦었다 하더라도, 행여 책임감으로 다친 몸을 이끌고 면접장에 앉았다고 하더라도 그로 인해 있을 수 있는 집중력 저하, 질문의 질 저하는 피할 수 없는 일이다. 모든 것이 다양한 변수를 예측하지 않고, 대책을 생각하지 않은 내 잘못인 것이다.

모든 일이 다 그렇겠지만, 면접관이라는 직업은 그 책임이 무겁다. 일단 이 일은 팀플레이다. 서로 간 합을 잘 맞춰야 지원자의 다양한 면에서 서로 봐야 할 것을 정확하게 짚어낼 수 있다. 내가 봐야 할 것을 잘못 보면 그것은 결국 그날의 면접 팀에게 폐를 끼치는 일이다. 그리고 무엇보다 내 앞에 앉은 지원자를 슬프게 하는 일이다. 수십 명, 더 많게는 수백 명의 삶에 폐를 끼치는 사람이 되는 것이다. 개인사, 개인의 체력 문제, 집중력 저하 문제 등을 잘 컨트롤 해야 하는 이유다.

그러나 면접관으로서 일이 많아지기 시작하면 피할 수 없는 증상은 있기 마련이다. 그 대표적인 것이 바로 목소리다. 좋은 질문을 해야 할 때 빼놓을 수 없는 조건 중 하나가 바로 좋은 목소리를 내는 것이다. 목소리에 문제가 생겨 콜록콜록 기침한다든가, 가래가 섞인 듯한 목소리를 가다듬느라 '에헴'하며 소리를 낸다든가 하는 일이 있으면 그 역시 좋은 면접관으로 기억되기는 어려울 것이다.

공간적인 특성상 에어컨이나 히터가 내내 돌아가다 보니 목이 많이 건조해진다. 그뿐인가? 창문이 없는 곳, 환기가 안 되는 곳도 많다. 탁한 공기가 가득한 공간에 하루 종일 갇혀서 말을 하고, 숨을 쉬다 보면 멀쩡했던 목소리도 오후 시간이 되면 허스키해지기 쉽다. 심하게는 성대결절이 생기기도 한다. 쉰 목소리를 가다듬기 위해서 큼큼거리느라 성대에 상처를 만드는 것이다. 면접관은 기관지도 성대도 혹사당하는 직업이다. 그래서 경력이 많은 면접관 중에서는 '용각산'을 상비해서 먹는 사람도 있고, 도라지청을 따뜻한 물에 타서 들고 다니며 수시로 마시는 사람도 있다. 나름대로 목을 지키기 위해 노력하는 것이다. 평소 쉽게 목소리가 변하는 체질이라면, 미리 선제적인 대처를 고민해야 한다. 꼭 용각산을 먹자, 도라지를 먹으라는 것이 아니다. 하다못해 따뜻한 물이라도 들고 다니는 노력이 필요하다.

또 하나 대표적인 문제는 졸음이다. 지원자들은 각자의 이야기를 하는 것이지만, 듣는 사람 입장에서는 거의 비슷한 이야기가 이어진다. 높은 텐션을 유지하며 적극적으로 지원자의 이야기를 듣고, 새로운 질문을 하고, 역량을 이끌어 내야 하는 사람이지만 인간적인 한계에 부딪히는 일이 일어난다. 특히, 감기약을 먹었거나 비염약을 먹으면 이건 거의 '사투'의 영역이다. 또, 어떤 면접관은 전날 먹은 술로 숙취에 괴로워하기도 한다. 혹은 지속적인 스케줄로 인해 충분하게 숙면을 취하지 못해 피로가 쌓였을 경우 이들의 시간은 평소보다 4~5배 늦게 흐른다. 모든 지원자의 목소리가 슬로우 버전으로 지나기도 하고, 더 좋은 질문을 하기 위해 열의를 낼 수도 없는 지경이 된다.

그래서 면접관으로서 역할을 잘 해내기 위해서는 그날 당일만 잘하는 것이 아니라 평소 관리를 잘해야 한다는 말이 프로 면접관들에게서 자주 나온다. 가장 좋은 컨디션을 만들 수 있도록 최선을 다하는 것이다. 규칙적인 운동, 식사를 통해 평상시 체력을 기르고 전날 밤에 충분한 휴식을 취하고, 금주하는 것, 장시간 운전은 가능한 한 면접 직전에는 피하는 것 등 노력이 필요하다. 그런 노력이 내 앞에 앉을 지원자에 대한 최소한의 예의다. 그래서 오늘도 나는 뛴다. 달리고, 잘 챙겨 먹고, 충분히 휴식을 취한다. 그리고 면접장에 가는 날 아침에는 빠짐없이 따뜻한 물을 챙긴다. 좋은 컨디션은 면접관이 면접장에 가져가야 할 최소한의 준비물이자 필수품이다.

〈잘 듣고 잘 묻는 면접관이 되는 필수행동 강령〉
1. 면접 직전 2시간 이상의 장거리 운전은 피할 것
2. 평소 체력을 기르기 위한 노력에 최선을 다할 것
3. 따뜻한 물을 미리 챙겨 목소리를 잘 관리할 것

처음 하는 것은 실수, 두 번째 하는 것은 습관, 세 번째는 삶이라고 들 한다. 직접 경험을 했거나 혹은 이 글을 통해 간접 경험을 했다면 이제 두 번 다시 같은 실수는 하지 말자. 아마도 이 글을 읽는 분들은 이미 충분히 자신의 분야에서 탑을 쌓아 오셨을 테니, 더 잘 아시고 행동하리라 믿어 의심치 않는다. 끝으로 잘 묻고 잘 듣고 잘 평가하는 면접관의 스피치 스킬이 보람되고 행복한 전문면접관이 될 때 조금이나마 도움이 되기를 바란다.

08

사기당한 적 있나요?
그럼 당신은 이미
인재 발굴의 달인!

Chapter 1. 사람 볼 줄 모르는 사람이 사람을 뽑는다고?
Chapter 2. 사기 경험에서 배운 인재 발굴 노하우
Chapter 3. 누구나 할 수 있지만 아무나 할 수 없는 면접관

면접프로파일러
송규희

은행원, 건설회사 인사 총괄을 거쳐 9년째 직업상담사 일을 하는 직장인이다. 공공기관 외부 면접위원, 중장년 경력설계 카운슬링, 소상공인 폐업 상담, 호서대벤처대학원 벤처 MOT 연구소 연구원의 일을 N잡으로 하고 있다. 또 시민중심 ESG 실천문화협회, 한국취업진로협회 운영이사, 잡닥터즈 대표 강사로 활동하고 있고, 대학원에서 창업을 공부하고 있다.

'면접관의 수준이 뽑는 인재의 수준을 결정한다.', '지원자들은 면접관의 수준으로 회사의 수준을 파악한다.'는 생각으로 막중한 책임감을 느끼며 면접관 활동을 하고 있다. 논문으로는 "대학생의 구직역량이 진성창업의도와 가성창업의도에 미치는 영향에 관한 실증연구"가 있고, "소방산업 육성 및 기술혁신을 위한 R&D 기획 연구용역", "서울시 창업지원 시설 운영성과평가 시행 용역"이 있다.

집필 동기

나는 남이 잘 되었을 때 기쁨이 큰 사람이다. 하지만 거절을 잘못하는 성격으로 그동안 여러 번 사기꾼에게 표적이 되어 4번의 사기와 2번의 보이스 피싱 피의자로 신고당한 경험이 있다. 그로 인해 결국 나의 월급으로는 갚을 수 없는 채무에 직면하게 되었고, 빚을 갚기 위해 생계형 N잡러가 될 수밖에 없었다. 왜냐하면 월급으로 빚을 갚는 데는 한계가 있었기 때문이다.

나의 여러 가지 직업 중 하나가 바로 공공기관 외부 면접관이다. 처음에는 사람 볼 줄 모르는 내가 면접에서 사람을 평가한다는 것이 말도 안 되는 일이라고 생각했고 부담스럽기까지 했다. 하지만 면접에서 사람을 평가하는 데 방해가 되는 단점을 극복하기 위해 더 열심히 노력했다. 그 과정에서 부담감과 두려움은 기대감과 보람으로 바뀌었고, 나도 많은 성장을 할 수 있었다.

나는 면접관으로 활동하면서 "면접관의 수준이 뽑는 인재의 수준을 결정한다."라는 말에 막중한 책임감을 느낀다. 또, 면접관 활동을 하면서 제대로 된 채용평가를 하기 위해서는 인간 본성에 대한 깊은 이해와 인간에 대한 존중이 선행되어야 한다는 사실을 깨달았다. 이는 좋은 인재를 발굴하기 위해 어떤 노력을 해야 하는지에 대한 고민으로 이어졌다.

이 글은 사람을 볼 줄 몰라서 사기만 당하던 내가 면접관 역할을 잘할 수 있을지에 대해서 치열하게 고민하며 얻은 나만의 해답을 담고 있다. 이 글을 통해 나는 좋은 인재 발굴을 위해 고민하고 노력했던 과정 그리고 면접장에서의 고군분투한 경험을 독자들과 나누고자 한다. 따라서 이 글은 초보 면접관분들이나 면접관에 관심이 있으나 '나도 면접관이 될 수 있을까?'를 고민하는 분들께 많은 도움이 될 것이라고 생각한다.

성공은 목적지가 아니라 여정이다. 긴장과 부담의 연속이었던 면접관 활동은 나에게 새로운 용기와 소명감을 주었으며 나를 성장시켰다. 이 글을 통해서 여러분이 전문면접관이 되기 위한 긴 여정을 시작할 수 있는 용기를 얻을 수 있기를 바란다.

Chapter · 1
사람 볼 줄 모르는 사람이 사람을 뽑는다고?

"성공은 끝이 아니며 실패는 치명적이지 않습니다. 중요한 것은 계속할 수 있는 용기입니다"
– 윈스턴 처칠

》 **사기 피해자에서 피의자가 되다**

4번의 사기를 당하고 남은 건 2억 원의 손해와 2천만 원의 빚, 주변 사람들의 수근거림이었다. 내 주머니에 돈이 있으면 삶이 여유롭고 행복하다. 직업상담사 급여는 그리 많지 않고 수입의 전부를 남편과 공유하고 있었지만, 생활비에 마이너스가 생겨도 나는 행복했다. 왜냐하면 이미 3번의 사기를 당했지만, 나에겐 아직 2천만 원의 비상금이 남아 있었기 때문이었다. 하지만 마지막 사기는 나를 죽고 싶을 만큼 불행하게 만들었다.

"친할수록 돈거래를 조심하라"라는 말이 있다. 아무리 친했던 관계도 돈을 빌려 간 뒤 갚지 않으면 원수가 되니 없어도 되는 돈만 빌려줘야 한다. 제일 위험한 돈거래는 그 돈을 빌려간 사람이 갚지 않고 파산하는 경우라고 한다. 나에게 이 경우가 발생한 것이다. 평소 친분이 있는 지인이 금전적 어려움을 겪게 되어 3일 후에 준다는 약속을 받고 소액을 빌려주었다. 이것을 시작으로 내일 줄 것이라는 다짐이 누적되면서 점점 큰돈을 빌려주었다. 결국, 남은 비상금은 물론 다른 사람의 돈까지 차용해 돈을 빌려주게 되었다. 나는 '사람 잃고 돈도 잃는다는 말이 이런 거구나!'를 몸소 체험하면서 살아갈 힘을 잃었다. 배신감과 나의 어리석음에 아무것도 할 수가 없었지만, 나로 인해 누군가가 또 힘들어지는 것이 염려되어 빚을 갚기 위해 취업을 시도했다. 하지만 이미 삶의 의욕을 잃은 나는 더 이상 일을 할 힘이 없었다. 결국 2번의 입사 포기를 하고 이듬해 6개월 기간제 계약직으로 취업을 했다. 나의 경력을 보면 2018년도 한 해 동안 경력에 구멍이 나 있는데, 바로 이 이유 때문이다.

  빚을 갚기 위해 미친 듯이 열심히 일했다. 하지만 남편과 급여 전부를 공유하고 있어 비상금을 만들기가 쉽지 않았다. 그래서 나는 6개월 기간제 계약직을 마치고 비상금을 만들 수 있는 직업으로 이직하기로 결심했다. 하지만 이직은 말처럼 쉽지 않았다. 어느 날 친구에게 연락이 왔다. 본인에게 제안이 들어온 일자리가 있는데 자기는 이직한 지 얼마 되지 않아 할 수가 없으니 자기 대신 일을 해볼 생각이 있냐고 했다. 나는 제안을 받아들였다. 그 일은 폐업하는 소상공인들의 취업을 돕는 일이었는데 바로 내가 찾던 실적에 따른 인센티브가 주어지는 일이었다. 빚을 갚을 수 있는 비상금을 만들 수 있을 것이라는 생각에 미소가 지어졌다. 프리랜서는 아니었지만, 주말도 반납하고 늦은 시간에도 걸려 오는 전화를 응대했다. 주변에서 "그렇게까지 해야 해?"라는 걱정과 핀잔을 듣기도 했지만, 일이 재미있었고 누군가를 돕고 있다는 자체가 좋았으며, 빚을 조금씩 갚을 수 있어서 더 좋았다.

나의 일은 외근이 잦은 업무라 사무실 전화를 개인 휴대전화로 착신 전환하고 대부분의 통화를 개인 휴대전화로 한다. 이런 상황이 어떤 소상공인에겐 불편하고 의심스러울 수 있다. 이런 경우 상황을 잘 설명해 드리면 오해가 풀리는 경우가 대부분이다. 하지만 어떤 이에겐 주말에도 전화를 받고 심지어는 밤 10시가 넘어서도 전화를 받아 상담하는 내가 좀 이상했나 보다. 급기야 지나치게 친절한 이 상담사는 아무리 생각해도 이상하다며 상담을 이어가던 소상공인이 나를 보이스피싱 피의자로 신고하고 연락을 끊은 사건이 발생했다. 은행에 근무할 때는 친절하다는 이유로 CS 최우수상을 받았고 해외 연수까지 포상으로 다녀왔는데, '같은 이유로 범죄자로 오해를 받을 수도 있구나.'라는 생각에 머릿속이 혼란스러웠다. 사건은 '열심히 일하는 사람을 오해해서 미안하다.'는 신고자의 사과로 마무리가 되었지만, 이런 일을 겪으면서 나는 더 이상 일이 즐겁지만은 않았다.

》 은행원에서 생계형 N잡러로

실적에 의한 인센티브가 생기긴 했지만 빚을 갚는 데 한계가 있었다. 그래서 주말이나 퇴근 후에 할 수 있는 일을 찾기 시작했다. 나는 빚을 갚기 위해 한 푼이 아쉬웠고 무엇이든 할 생각이 있었다. 가면을 쓰고 유튜브에 출연하기도 하고 휴가를 내고 강의를 다니기도 했다. 몸을 쓰는 일이라도 하고 싶었지만 약해 보이는 나의 외모에 누구도 나에게 그런 일을 시키지는 않았다. 그러던 중 지인분의 권유로 공공기관 외부 면접관이라는 일을 알게 되었다. 처음엔 '사람 볼 줄 몰라서 사기만 당하던 내가 과연 사람을 뽑는 일을 할 수 있을까?', '혹시 나의 사기 경험을 사람들이 알게 된다면 어떡하지?', '그럼 나를 면접관으로 추천해 주지도 않을 거고, 내가 평가한 평가 점수에 대해서 신뢰하지도 않을 텐데…'라는 걱정이 앞섰고 두렵기까지 했다. 하지만, 면접관은 근무 조건, 보수, 근무 형태 등이 직장을 다니면서 N잡으로 하기에 너무나도 매력적이었다. 또 내가 하는 직업상담 업무와도 관련이 있어 더욱 욕심이 생겼다. 그래서 나는 결심했다. 면접관 일을 잘하기 위해서는 사기 트라우마에서 벗어나야만 한다고…. 그리고 사기 경험을 바탕으로 진정성 있는 사람을 선별하는 방법을 공부하기 시작했다.

》 면접관으로 살아남기 위한 피·땀·눈물

전문 면접위원으로 활동을 결심하고 나의 단점을 극복하기 위해 그게 무엇이 되었든 남들보다 3배는 더 열심히 노력했다. 우선 면접관으로서 갖추어야 할 기본 태도를 갖추기 위해 다음과 같은 노력을 했다.

첫째, 마인드맵을 활용한 기업분석, 직무분석을 했다. 지원자만큼이나 면접관도 면접에 참여하기 전 긴장이 되고, 그만큼 노력이 필요하다. 면접자들과 마찬가지로 해당 회사의 기업분석, 직무분석, 인재상, 면접 기출 질문, 면접 후기 등에 대해 사전 조사가 필요하다. 면접관으로 선정 결과는 보통 3~4일 전에 알게 되는 경우가 많다. 짧은 시간 동안 효과적으로 기업분석과 직무분석을 하기 위해서 마인드맵을 활용해 면접 준비를 했다.

해당 회사 홈페이지를 방문하여 반복 강조되는 키워드를 정리해 그 중에서 노출 빈도가 높은 핵심 키워드를 도출하여 기업분석을 실시했다. 마찬가지로, 채용사이트와 워크넷 직무분석 사이트에 접속하여 반복되거나 강조하고 있는 키워드를 정리하여 '직무 핵심 키워드'를 도출하였다. 핵심 키워드를 바탕으로 해당 직무를 수행하고 해당 기업과 잘 어울릴 만한 인재를 선발하기 위한 준비를 했다. 사실 취업 마인드맵[1]은 취업준비생들의 자기소개서와 면접 코칭을 할 때 사용했던 방법이다. 이 방법을 면접관 활동을 하면서도 요긴하게 사용하는 것을 보니 상품으로 말하자면 만능 상품이라고 생각한다.

둘째, 면접 전날 해당 기업의 위치와 분위기 파악을 위해 미리 면접 장소를 방문해 보았다. 지원자의 경우 지원하는 회사에 대해 긍정적인 인상을 심어주고 면접에서 생길 수 있는 돌발변수를 줄이기 위해서 미리 방문해 보는 경우가 있다. 하지만 면접관이 면접 전 해당 기업에 미리 방문하는 경우는 흔하지 않다. 보통은 면접 시간 전 여유 있게 미리 도착해 회사 분위기를 보거나 직원과 이야기하면서 기업에 대한 정보를 얻는다. 만약 면접을 위해서 면접관이 해당 기업에

·

---

1 강은정 (2018). 2019강은정의 취업마인드맵 자기소개서 면접대본. 서울:고시넷.

미리 방문한다면 면접 장소의 위치를 미리 파악해 지각으로 인해 발생할 수 있는 치명적인 실수를 방지하기 위해서일 것이다. 하지만 모든 면접 장소를 전날 방문하는 것은 쉽지 않다. 따라서 최소한 면접 장소의 위치를 미리 잘 파악해 두어야 한다. 이때 자동차로 이동한다면 해당 기업의 기업명이 아닌 주소로 검색할 것을 권유한다.

나는 대구에 본사가 있는 지방의 모 공기업에 외부 면접위원으로 참석하기 위해 면접 전날 출발했다. 해당 공기업 근처에 숙소를 정하고 면접 장소를 미리 방문해 보았다. 하지만, 대구지사를 본사로 착각했다는 사실을 면접 당일에 해당 기업에 방문하고서야 알았다. 다행히 한 시간 전에 도착했었기 때문에 실수를 알아차리고 본원으로 급하게 이동했다. 대구지사에서 40분 정도 소요되는 거리였지만 출근 시간과 겹쳐 차가 막히는 바람에 등에서 식은땀이 났다. 면접 장소에 무사히 도착했지만, 심장이 터질 것 같았고 손이 많이 떨렸다. 하지만 내색하지 않고 면접위원장 역할을 차분히 수행했다. 다행히 내부 면접위원으로부터 차분한 진행 덕분에 면접자들이 편안한 분위기에서 면접을 볼 수 있었다고 감사의 피드백을 받았다.

셋째, 면접자를 존중하고 이해하기 위해 노력했다. 인간은 스스로 존중받고 있다고 느끼면 자백을 더 많이 하게 되는데 이것을 '자백심리'라고 한다. 경기도의 한 교도소 재소자 126명을 상대로 실시한 설문조사에 따르면 재소자의 61.1%가 수사관이 신문하기 전 자백을 결심하는 것으로 응답했다. 용의자나 피의자의 자백을 받기 위해 굳이 강압적인 방법이나 심리적 억압을 사용하지 않더라도 자백할 분위기만 잘 조성하면 60% 이상이 자백을 결심한다는 것이다. 나는 면접장에서 면접자들에게 편안한 분위기를 조성하기 위해 지원자만큼이나 표정 관리와 목소리 톤에 신경을 쓴다. 특히 연세 드신 면접자를 대할 때 최대한 공손하게 답변을 유도하기 위해 노력한다. 면접에서도 강압적이거나 심리적 억압을 주지 않고 편안한 분위기만 조성하더라도 면접자들의 진정성 있는 대답을 끌어낼 수 있기 때문이다.

한번은 보수가 적고 평가 시간이 긴 공공기관 외부 면접위원으로 참여를 한 적이 있다. 시설 미화 공무직 선발을 하는데 지원자 대부분이 고령으로 내용과 형식을 갖추어 작성한 자기소개서가 없었다. 이런 상황에서 면접관들이 자기소개서 기반의 질문을 하는 것은 쉽지 않았다. 긴장한 지원자들은 자신의 역량을 주장하지 못했고 질문에 대한 답보다는 본인이 하고 싶은 이야기를 장황하게 답변하였다. 당연히 주어진 면접 시간은 초과하였고 이대로는 면접 진행이 어려운 상황이 발생하였다.

문제 해결을 위한 방법으로 나는 편안한 분위기를 조성하기 위해 노력하였고, 면접자의 눈높이에 맞는 쉬운 용어를 사용하여 질문하였다. 또, 적절한 꼬리 질문을 하여 지원자들이 표현하지 못하는 역량을 끌어냈다. 질문을 통해 지원자들에게 미화직이 해당 기관에서 얼마나 중요한 일을 하는지 느끼게 해주기 위해 노력했다. 이런 노력으로 한 지원자로부터 편안한 마음으로 면접을 볼 수 있었고, 존중받는 느낌이 들었다는 피드백을 받았다. 당시 참관 중이던 인사부장님께서 내부 면접관 교육에 사용하고 싶다며 면접 때 했던 질문을 정리해 줄 수 있냐는 요청이 있었고, 다음 해에도 동일 기관에 추천의뢰가 들어왔다.

실제로 존중과 이해가 면접자에게 긍정적인 영향을 미친다는 것을 보여 주는 심리학 연구 결과가 있다. 연구 결과에 따르면 면접관의 존중과 이해를 받은 면접자들은 더 자신감 있고, 덜 긴장하며, 면접 후에도 더 긍정적인 심리적 상태를 유지한다고 하였다. 또 면접관의 존중과 이해를 받은 면접자들은 더 나은 면접 성과를 거둔다고 하였다. 이러한 연구 결과를 통해 면접관의 존중과 이해가 면접자에게 긍정적인 영향을 미칠 수 있다는 것을 알 수 있다. 지원자는 면접관의 존중과 이해를 통해 자신감을 느끼고, 역량을 더 잘 발휘할 수 있으며, 해당 기업에 입사하고 싶은 마음을 갖게 될 수 있다는 것을 알 수 있다. 따라서 면접관은 면접자들이 최대한의 역량을 이끌고 입사하고 싶은 의지가 생길 수 있도록 이들을 존중하고 이해하는 태도를 보여 주기 위해 노력해야 한다.

넷째, 면접관 역량 향상을 위해 끊임없이 노력했다. 모 금융공기업 면접 때 해당 기업의 업무규정집을 읽고 그 내용을 바탕으로 직무 관련 질문을 준비했다. 처음 100장이 넘는 규정집을 접했을 때 "햐~~" 하는 탄성과 헛웃음이 나왔다. 하지만 내부 면접관 없이 외부 면접관으로만 진행되는 면접이라 나의 질문은 해당 직무의 역량을 평가하는 데 유용하게 쓰였다. 그 후 3년 연속해서 해당 기업에 면접관으로 추천받게 되었다. 그때 정리한 면접 질문을 약간씩 변형해서 지금도 사용하고 있다. 이처럼 한번 정리한 자료는 면접관으로 활동하면서 든든한 무기가 된다.

또 많은 양의 서류를 정확하게 평가하기 위해서 평소 마음 맞는 위원님과 소그룹으로 스터디를 하면서 자기소개서에 익숙해지기 위해 노력했다. 나는 대학에서 컨설턴트 일을 하면서 자기소개서 첨삭 경험을 많이 가지고 있다. 그런데도 스터디를 하는 이유는 주어진 짧은 시간 동안 기관의 요구에 따라 정확하게 많은 양의 자기소개서를 평가해야 하므로 자만은 금물이며 더 노력해야 한다는 생각이 들었기 때문이다. 나의 실수가 누군가에게는 치명적일 수 있기 때문에 면접관은 항상 노력해야 한다고 생각했다. 나의 이런 노력은 면접관으로서 기본기를 다지는 데 많은 도움이 되었고 실전에 투입될 때 더 자신감이 생겼다.

Chapter · 2
사기 경험에서 배운 인재 발굴 노하우

》 **거짓말을 하는 사람들의 5가지 특징과 면접 현장 적용 사례**

나는 4번의 사기를 겪으면서 나를 돌아보는 시간을 갖게 되었다. 사기를 자꾸 당하는 나는 '도대체 뭐가 문제일까?'를 고민하였고, 더 이상 사건을 회피하지 않았다. 무엇이 문제인지를 고민하면서 사기꾼들의 공통점을 발견하게 되었고, 좋은 사람을 구분할 수 있는 안목을 갖게 되었다. 그리고 면접관으로 활동을 시작하면서 가장 걱정스러웠던 '나는 평소 사람을 볼 줄 모른다.'라는 고민을 더 이상 하지 않게 되었다. 이 고민은 '어떻게 하면 기업에서 원하는 좋은 인재를 선별할 수 있을까'로 발전하게 되었다.

면접을 보는 이유는 분명 면접을 잘 보는 사람을 뽑으려는 것은 아니다. 이 말은 물론 면접을 잘 보는 사람이 직무 능력과 조직적합성이 우수하지 않다는 것을 말하는 것은 아니다. 단지 면접장에서 면접을 잘 보는 지원자의 능력을 오인하여 과대평가하는 실수를 범하지 말아야 한다는 것을 말하려는 것이다. 면접관의 중요한 임무는 지원자의 과장된 경험과 혹여나 연습을 통해서 답변하는 진실성 없는 답변을 가려내는 것이다. 이번 장에서는 사기 경험에서 알게 된 사기꾼들의 공통점을 바탕으로 진정성 있는 인재를 알아보는 방법을 이야기해 보려고 한다. 단, 사기꾼과 지원자를 동일시하여 이야기하는 것이 아니니 오해가 없었으면 한다.

거짓말을 하는 사람들의 특성을 살펴보면 다음과 같다.

첫째, 말을 계속 돌린다. 본인에게 유리한 말은 하고 불리한 말은 돌리면서 회피해 버린다. 그래서 그들의 말은 항상 옳은 것처럼 들릴 수 있다. 어지간한 통찰력을 지닌 사람이 아니라면 당할 수밖에 없어 처음 이상함을 눈치챘을 때를 놓치지 않도록 해야 한다.

세계 최고의 거짓말 탐지 전문가인 폴 에크먼(Paul Ekman)은 그의 저서 『표정의 심리학』에서 사람들은 거짓말을 들키면 신뢰를 잃고 관계가 손상될까 두려워서 말을 계속 돌린다고 언급하고 있다. 거짓말하는 사람들이 말을 돌리는 방법으로는 우선, 본인에게 유리한 말은 하고 불리한 말은 돌리면서 회피하고, 또, 질문을 바꾸거나 다른 이야기를 하며, 직접 대답하지 않으며 모호한 말을 한다고 한다. 거짓말이 의심된다면 직접 물어보는 것이 가장 좋다고 하지만 거짓말을 하는 사람이 거짓말을 인정하지 않는 경우가 많아 직접 질문을 통해 거짓말을 판별하는 것은 쉽지 않다. 이런 경우 거짓말을 가려내기 위해서는 표정과 행동 관찰이 중요한데 그들은 들키지 않으려고 몸짓이나 표정으로 거짓말을 흘리기 때문이다.

면접장에서도 지원자의 진실한 답변을 구분하기 위해서는 많은 노력이 필요하다. 우선 면접 경험을 통해 사람의 행동을 잘 이해할 수 있도록 하고, 평소 다양한 유형의 사람을 관찰하도록 하는 연습이 필요하다. 특히나 면접장에서는 면접 시간 몇 분 전에 주어지는 서류를 검토하면서 질문을 준비하기는 매우 어려운 일이다. 그래서 서류를 검토하며 질문거리를 준비하느라 지원자의 행동을 관찰하지 못하는 경우들이 종종 있다. 나의 경우 시간이 충분하지 않을 때는 자기소개를 요구하여 얻은 답변에서 키워드를 찾아내어 후속 질문을 찾아낸다. 그리고 나서 개방형 꼬리 질문을 통해 지원자가 면접관에게 더 많은 정보를 제공하도록 요청한다. 이렇게 하면 짧은 시간 동안 지원서를 검토하며 질문거리를 찾느라 지원자의 행동 관찰을 놓치는 실수를 줄일 수 있다.

둘째, 정보를 숨긴다. 사기꾼들은 일반인이라면 밝혀도 될 만한 정보들을 숨겨 본인이 잡히거나 거짓말이 들통날 때를 대비한다. 독일의 한 풍자작가의 "가장 위험한 거짓말은 적당히 왜곡된 진실이다."라는 말은 사기꾼들이 사용하는 '정보 은닉의 효과'와 매우 관련이 있다.

사기꾼은 자신의 진짜 동기를 드러내는 중요한 정보를 숨기면서 부분적인 진실을 선택적으로 드러내는 기술을 자주 사용한다. 이는 진실과 거짓의 경계를 흐리게 하고 피해자가 속임수를 분별하기 어렵게 만든다. 이러한 정보 조작은 사기행위로 인한 위험을 증폭시키게 된다. 이는 개인이 받은 정보와 내재된 신뢰를 이용하여 피해자가 잘못된 전제에 기반 한 결정을 내리도록 유도한다. 이때, 일부만 사실인 진술이라도 의도적으로 왜곡되면 노골적인 거짓보다 훨씬 더 기만적이고 해로울 수 있어 위험하다. 하지만 사기꾼은 전략적으로 정보를 숨기고 진실을 조작하여 사기를 감지하는 것을 어렵게 만들기 위해 이 원칙을 악용한다고 한다. 따라서 '정보 은닉의 효과'의 피해를 보지 않기 위해서는 비판적 사고를 발휘하고 신뢰할 수 있는 출처의 정보 즉, 근거를 확인하는 것이 중요하다.

면접장에서도 입사지원서의 경력과 자기소개서의 경험, 면접자가 말하는 답변 내용이 일치하지 않아 의문이 생기는 경우가 종종 있다. 이는 단순한 실수이거나 해당 직무에 도움이 되지 않다고 생각하여 의도적으로 기재하지 않은 경우일 수 있다. 2021년 잡코리아 설문 조사 결과에 따르면 응답자의 49.6%가 지원서에 경력을 위조한 적이 있다고 답했다. 그 이유로는 경력에 공백이 있는 것처럼 보이지 않게 하려고, 전 직장에서 해고된 것처럼 보일까 봐, 더 높은 급여를 받기 위해서, 새로운 직업으로 이직을 용이하게 하기 위해서라고 한다. 이러한 통계는 경력 위조가 심각한 문제임을 보여 주고 있는데, 그것을 가려내야 하는 면접관들의 책임이 막중하다고 볼 수 있다. 실제로 현장에서 서류를 점검하다 보면 공백기가 지나치게 긴 지원자들이 있는 경우를 종종 접한다. 이런 경우 질문을 통해 탐색해보면 결국 해당 기간에 했던 경험이나 경력들이 지원 직무에 마이너스가 된다고 스스로 생각하여 적지 않은 경우가 대부분이다. 면접관은 이러한 오류를 질문으로 바로잡고 평가에 반영하여야 한다. 단순한 실수는 바로잡고 혹시라도 의도적으로 정보를 숨겼을 경우 그 이유를 확인하여야 한다. 이때 표정은 최대한 온화하게 하고 질문은 예의를 갖추고 날카롭게 하도록 하여 질문이 지원자에게 압박처럼 느껴지지 않도록 주의하여야 한다.

셋째, 허세가 심하고 꿈같은 이야기로 상대방의 혼을 빼놓는다. 사기꾼들은 큰일을 하는 사람처럼 보이려고 명함에 자신을 과대하게 표현하기도 한다. 또 그들은 아는 유명인들이 많다. 대화 중 전화는 또 왜 이렇게 많이 오는지, 큰 소리로 전화를 받으며 들으라는 식으로 금전에 관한 대화를 자주 한다. 이처럼 사기꾼들은 신뢰성과 권위를 높이기 위해 과장된 자신감과 쇼맨십을 보인다.

미국의 심리학자 손다이크(Edward Lee Thorndike:1874~1949년)는 1차 세계대전 중 미군을 대상으로 진행한 연구에서 한 분야에서 좋은 점수를 얻은 병사가 다른 분야에서도 높은 점수를 얻는다는 사실을 발견하면서 '후광 효과'라는 용어를 썼다. 이처럼 후광 효과는 하나의 긍정적인 특성, 품질 또는 연관성을 기반으로 개인에 대한 전반적인 긍정적인 인상을 형성하도록 이끄는 인지 편향을 말한다. 사기꾼은 종종 자신을 특정 분야의 유명한 개인이나 존경받는 권위자와 연관시켜 후광 효과를 악용한다. 그들은 영향력 있는 인물, 전문가 또는 유명 인사와 자신 사이에 연관성이 있다고 주장한다. 그리고 이를 활용하여 신뢰성을 얻고 매력적인 후광을 만들어 피해자가 다양한 영역에서 신뢰할 수 있도록 유도하며 자신의 지식이 풍부한 것으로 인식하도록 이끈다. 다수의 심리한 연구에 의하면 사람들은 종종 후광 효과가 판단에 미치는 영향을 인식하지 못한다고 한다. 이에 따라 개인은 이러한 편견을 악용하여 인지된 신뢰성과 권위를 강화하는 사기꾼의 조작에 더 취약해진다고 주장한다.

　면접장에서도 자신감이 지나쳐 허세처럼 보이는 지원자들이 있다. "해봐서 잘 안다.", "할 수 있다." 등을 연발하면서 열정인지 허세인지 자신감인지 모를 행동을 하는 경우가 있다. 2022년 잡코리아의 설문조사에 따르면 응답자의 56.8%가 면접에서 허세를 부린 적이 있다고 했다. 여러 가지 이유 중 자기 능력을 과장하고 싶어서(43.6%)가 가장 높게 나타났다. 허세를 부리는 지원자는 자신을 과신하고 뽐내며 거만하거나 공격적으로 보이는 경우가 많다. 또, 답변에 있어서 구체적인 예를 제시하지 못하고 거창한 주장을 하는 경우들이 많으며, 자신의 약점을 이야기하지 않으려고 한다.

　한번은 OO 금융공기업 면접에서 10개월 계약직을 선발하는데, 대부분 지원자가 은행 지점장 혹은 본부장으로 은퇴하신 분들이었다. 면접 전 OO 금융공기업 실무자를 통해 원하는 인재의 역량과 태도에 대해 수집한 정보를 바탕으로 해당 직무 역량을 확인하기 위해 노력했다. 해당 직무 특성상 문서작업 능력이 핵심역량 중 하나였으나 관련 자격증을 보유하고 있는 지원자가 거의 없어 추가 질문을 통해 해당 역량을 확인해야만 했다. 지원자의 대부분은 어두운 표정과 사장님 자세로 앉아 "해봐서 잘 안다.", "할 수 있다."를 외쳤다. 하지만 자세히 들어보면 "할 수 있다"의 말 앞에 "부하직원을 시켜서"라는 말이 생략된 걸 알 수 있었다. 나는 구체적인 예시를 요구하는 꼬리 질문을 통해 지원자들의 거창한 주장을 구체화하기 위해 노력하였다. 또 지원자의 자신감과 허세를 혼동하지 않기 위해 개방형 질문과 반복 질문을 통해 지원자의 답변 일관성을 확인했다. 이때, 일부 지원자에게선 은퇴 후 구직과정에서 오는 위축과 불안감이 느껴지기도 하였는데, 최대한 지원자를 존중하는 태도를 보이려고 노력하였다. 지원자의 불안과 긴장 등을 관찰하고, 지원자의 바디랭귀지, 목소리 톤, 전반적인 태도 등을 고려하여 관찰내용을 평가에 반영하였다.

넷째, 구체성이 없다. 돈을 벌게 해준다는데 구체적인 계획은 없고 두루뭉술하게 말하면서 무조건 자신을 믿으라고 한다. 또, 정확한 숫자에 약하고 구체적인 내용은 준비가 안 되어 있거나 미약하다. 게다가 무언가 거대해 보이기는 하나 현실적으로 아무것도 없는 뜬구름 잡는 거래를 사기의 수단으로 하고 구체적으로 확인될 수 없는 미래의 것을 많이 이용한다.

면접장에서도 언변이 뛰어나고 임기응변에 능한 지원자를 종종 만난다. 이런 지원자들 중에는 그럴듯하게 이야기는 하지만 답변 내용이 무슨 이야기를 하는지 알 수가 없고, 뜬구름 잡는 이야기를 하는 경우가 있다. 이런 지원자들의 특징은 말이 길다. 따라서 질문에 구체적으로 답변해 달라거나 질문에 대한 의도를 다시 한번 설명하고 평가에 반영할 수 있는 답변을 유도하는 것이 바람직하다. 면접을 시작할 때 면접위원장이 짧은 면접 시간 동안 정확한 평가를 위해서 답변 내용이 길어지면 면접관이 개입하는 경우가 발생할 수 있다는 점을 미리 안내한다. 이렇게 적절한 개입을 통해 불필요한 시간 낭비를 줄이는 것이 좋다. 오히려 면접자가 무안할까 봐 긴 답변 내용을 다 듣게 된다면 주어진 시간 동안 제대로 된 평가를 하기 어려운 상황이 발생할 수 있다. 실제로 면접을 진행하다 보면 지원자들이 질문에 대한 의도를 잘 파악하여 본인의 경험을 상황, 목표, 행동, 결과(STAR 기법)로 답변하는 경우가 많지 않다. 따라서 면접관이 지원자의 답변 도중 중간 개입을 통해 적절한 질문을 이어가며 구체적인 답변을 유도하는 능력이 매우 중요하다.

다섯째, 감정에 호소한다. 진심을 강조하고 심지어 눈물로 호소하기도 한다. 사람은 눈물로 대변되는 감성에 약한데 착하고 마음이 여린 사람일수록 더욱 그렇다. 사실 나는 마음이 약해서 거절을 잘 못한다. 게다가 상대방이 무안한 상황을 만들지 않으려고 누가 시키지도 않는 배려를 하는 편이다. 이런 나의 마음은 사기꾼의 표적이 되기에 좋다.

심리학자 대니얼 카너먼(Daniel Kahneman)의 저서 『생각에 관한 생각』(원제 : Thinking, Fast and Slow)에서는 감정의 영향을 포함하여 우리의 의사결정 과정에 영향을 미치는 인지 편향을 탐구하였다. 실제로 감정이 고조되면 판단력이 흐려지고 합리적 사고에 영향을 미친다. 사기꾼들은 연민의 감정을 능숙하게 활용하여 상대의 감정 상태를 고조시켜 객관적으로 사고하는 능력을 손상하려고 한다. 대부분 사람은 부끄럽다고 생각하여 울지언정 그런 모습을 상대방에게 보여 주지 않는다고 한다. 하지만 사기꾼들은 눈물로 사람의 약점을 파고들어 원하는 것을 얻는다.

면접장에서도 면접 도중 감정을 추스르지 못하고 눈물을 흘리는 지원자들을 종종 볼 수 있다. 국내 유명 인사전문가는 한 저널과의 인터뷰에서 면접장에서 눈물 등의 감정을 드러내는 지원자를 평가한 경험을 이야기하며 '지원자의 눈물은 면접에서 좋은 결과를 얻기 힘들다'라고 하였다. 반면에 2019년 잡코리아에서 기업 인사 담당자들을 대상으로 조사한 결과로는 오히려 긍정적인 영향을 미친다는 결과도 있다. 이처럼 면접에서 눈물을 보이는 지원자들을 어떻게 평가해야 할지 확실히 말하기는 어려우며 그 결정은 개별 면접관에게 달려있다. 나도 이런 경험이 있는데 당시 눈물을 보이는 지원자에 대해 함께 면접을 진행한 면접위원님들과 평가에 대한 의견이 일치하지 않았던 경험이 있다. 분명한 것은 운다는 것이 반드시 해당 직무를 수행할 능력이 없다는 것을 의미하지는 않다는 것을 인식하고 면접관이 지원자를 공감하고 이해하며 상황에 접근하는 것이 중요하다.

만일 지원자가 면접 도중 눈물을 보인다면 먼저 면접자가 감정을 추스르고 면접에 참여할 수 있도록 면접장에 있는 면접자 모두에게 양해를 구한 후 질문 순서를 바꾼다. 그리고 눈물을 보이는 지원자에게 감정을 추스를 수 있는 약간의 시간을 준다. 눈물을 보인 지원자를 평가할 때 직무 요구 사항이 지원자의 기술 및 경험과 일치하고 지원자가 감정적인 반응에도 불구하고 자신의 역량을 효과적으로 전달할 수 있는지 관찰하고 평가하는 것이 중요하다. 물론 정서적 안정과 침착성이 필요한 응급 의학 또는 위기관리와 같은 직무의 경우 감정 조절에 어려움을 보인 지원자는 해당 직무에 적합하지 않을 수 있다. 하지만 직무에 따라 다르게 평가될 수 있는 상황임을 인지하고 단순히 눈물을 보였다는 이유로 모든 평가에 불이익을 주는 일은 없어야 한다. 지원자와 면접관 모두 공감과 이해를 바탕으로 상황에 접근해 직무를 수행할 수 있는 자격과 직무 요건에 집중하여 정확한 평가를 해야 한다.

》 좋은 사람을 알아보는데 걸리는 충분한 시간은?

나는 연애만큼 쓸모없는 감정 소모는 없다고 생각한다. 비혼주의자는 아니지만 '결혼 후 더 좋아하는 사람이 생기면 어쩌나'하는 걱정으로 결혼을 위한 노력을 하지 않았다. 그러다 30살이 되면서 지금의 남편과 3개월 만에 결혼했다. 결혼하고 나서야 3개월은 사람을 알기에 너무 짧다는 것을 깨달았다.

그렇다면 면접에서 면접자를 평가하는 적정한 시간은 얼마나 될까? 20년 이상의 경력을 가진 국내 한 헤드헌터는 30분에서 45분 동안 지속되는 인터뷰가 직무 수행을 예측하는 데 가장 효과적이라고 주장한다. 짧은 인터뷰는 후보자를 정확하게 평가하는 데 충분한 정보를 제공하지 못할 수 있지만, 긴 인터뷰는 면접관의 피로와 주의력 감소로 이어질 수 있다고 했다. 실제로 면접장에서 한 명의 지원자를 평가하기 위한 시간은 평균 10분 정도이고 면접관 한 명당 질문을 할 수 있는 시간은 4~5분 정도 주어진다. 이 시간은 위의 헤드헌터가 주장하는 적절한 인터뷰 시간인 30분에서 45분보다 턱없이 부족하다. 하지만 비용, 시간 외 여러 가지 이유로 대부분 공공기관에서 면접에 충분한 시간을 할애하지 못하고 있다.

그렇다면 턱없이 부족한 면접 시간 동안 지원자를 제대로 평가하기 위해서는 어떻게 해야 할까? 답은 두 가지다. 하나는 면접관의 개입으로 불필요한 대답으로 인한 면접 시간 지연을 막는 것이고, 또 하나는 나만의 18번 질문 즉, 킬러 질문을 준비해서 짧은 시간을 효과적으로 사용하는 것이다.

면접관의 개입은 불필요한 대답으로 인한 면접 시간 지연을 막는 방법이다. 예를 들면 면접 시작과 동시에 답변 시간을 1분을 넘지 않을 것을 요청하고 진행하는 것이다. 또 답변이 지나치게 길어질 경우 면접관의 개입 가능성에 대해 미리 양해를 구하는 것이다. 짧은 시간에 효과적으로 면접을 진행하기 위해서는 면접관, 지원자 모두 준비가 필요하다. 면접자는 본인의 경험이 정리되어있지 않으면 질문과 관련된 경험을 찾느라 시간을 소비하게 된다. 결국, "조금만 생각할 시간을 주시겠습니까?"를 반복하다 부정적인 이미지를 남기기도 한다. 면접관 역시 효과적인 질문을 준비하지 못하거나 모호한 질문을 하게 되면 지원자가 질문을 잘 이해하지 못해서 질문에 대한 설명을 다시 해야 하는 웃지 못할 상황이 발생하기도 한다. 면접관의 질문이 명료하지 못해서 지원자가 엉뚱한 답변을 하게 되면 면접관이 다시 답변을 요구하거나 시간 관계상 그냥 넘어가기도 하여 면접이 원활하게 진행되지 못하는 경우가 왕왕 있다.

다음으로 나만의 18번 질문을 준비한다. 노래방에만 18번 노래가 있는 건 아니다. 면접관도 본인만의 18번 질문을 개발해 가장 효과적으로 지원자의 역량을 끌어낼 수 있는 역량을 개발해야 한다. 보통 면접장에서 4~5개로 구성된 평가표의 평가 기준에 맞추어 질문을 한다. 웬만한 지원자라면 마치 면접 학원에 다닌 것처럼 질문에 대한 모범답안을 준비한다. 면접관이라면 이런 답변을 듣고 평가를 어떻게 해야 하나 당황스러운 경험이 한 번씩은 있을 것이다. 답변 내용이 나쁘지는 않은데 어디서 들은 것 같기도 하고, '이번 지원자들은 어느 면접 학원 출신들인가?'라는 생각이 들기도 한다. 이러한 답변은 지원자의 참

모습이 아닐 가능성이 크다. 허위까지는 아니더라도 과장된 모습일 가능성이 있어서 이런 질문 방식으로는 원하는 인재를 효과적으로 찾기가 힘들다. 따라서 프로 면접관이라면 효과적인 꼬리 질문을 할 수 있는 나만의 18번 질문을 만들어 짧은 시간 동안 효과적으로 인재를 평가할 수 있는 역량을 갖추도록 하는 것이 필요하다.

세계적인 인재 평가 선발 전문 컨설팅 기관인 Adler 그룹의 창업주이자 CEO인 Lou Adler가 추천하는 최고의 면접 질문은 "지금까지 당신의 경력에서 당신 스스로 가장 중요한 성취라고 생각하는 단 하나의 일을 고른다면 무엇이라고 하겠습니까?"라고 했다. Adler는 열린 질문, 긍정 질문으로 질문을 시작하고 꼬리 질문을 이어 가면서 지원자의 성취에 관한 디테일을 파악하는 것이 성공적이고 효과적인 면접이라고 생각하여 해당 질문을 최고의 면접 질문으로 추천한다고 했다. Adler는 해당 질문을 시작으로 심층질문을 하고, 긍정적 질문을 통해 지원자를 편하게 만들고 지원자들의 솔직한 답변을 유도할 수 있다고 하였다. 또 이 질문을 통해 지원자의 강점, 전문성은 물론 일에 대한 가치관이나 일 처리 방식, 도전과 성취를 추구하는 자세, 문제를 해결하는 자세와 능력, 조직 생활과 리더십 등 면접관이 알고 싶어 하는 여러 가지를 파악할 수 있다고 하였다[2].

내가 면접장에서 평가 시간이 촉박할 때 사용하는 18번 질문은 "입사 후 직무를 수행하면서 예상되는 어려움은 무엇이라고 생각하나

---

[2] 이선구 · 홍정원 (2018). 최고의 인재를 찾기 위한 단 하나의 질문. 서울:리드리드출판.

요?"이다. 이 질문을 18번 질문으로 사용하는 이유는 질문에 대한 답변에 꼬리 질문을 하면서 입사 후 포부, 직무분석이 잘 되어 있는지, 이 어려움을 지원자의 어떤 강점이나 생각, 또는 가치관을 바탕으로 극복할 수 있는지 확인할 수 있기 때문이다. 이처럼 시간이 짧을 경우 한 가지 질문이라도 명확한 방향을 갖고 질문하여 여러 가지 면접 질문을 찾느라 시간을 허비하지 않는 것이 중요하다. 그런 면에서 18번 질문을 준비하고 그에 따른 꼬리 질문을 통해 역량과 인성을 파악하는 면접관의 자질이야말로 면접관이 갖추어야 할 핵심 능력이 아닐 수 없다. 단, 노래방에서도 분위기 봐서 18번 곡을 부르듯이 18번 질문은 모두에게 적용되는 것이 아니니 면접 상황에 맞게 사용하도록 한다. 18번 질문은 상황에 맞게 사용할 때 빛날 수 있다는 점을 꼭 기억하자!

》 증거불충분은 '유죄'

공공기관 면접이 블라인드 채용으로 바뀌면서 면접장에서 A-1, A-2, A-3, A-4, A-5~100만번으로 불리는 지원자들의 특징을 하나하나 기억하기가 여간 어려운 일이 아니다. 하지만 지원자의 특성을 기록하는 방법으로 평가의 증거를 남기면 평정할 때 많은 도움을 받을 수 있다. 이처럼 관찰내용을 기록하는 행위는 기관에서 공식적으로 요청하여 하는 경우도 있지만 면접관의 필요에 의해서 기록하는 경우들도 많다.

관찰(Observing), 기록(Recording), 분류(Classification), 평정(Scoring)의 순서로 하는데 이를 ORCS 프로세서라고 한다.[3] 이때 주의할 점을 살펴보면 다음과 같다.

첫째, 제때 기록해야 한다. 제때 기록하지 않아 판단에 영향을 주는 중요한 정보를 놓치지 말아야 한다. 그러기 위해서 면접관은 자신의 기억을 과신하지 않고, 평가의 근거가 되는 내용은 즉시 메모한다.

둘째, 감각과 느낌이 아닌 관찰한 행동과 답변에 집중하여 기록한다. 평가하고자 하는 역량과 관련된 행동들을 관찰과 평가로 구분하여 기록한다.

셋째, 객관적으로 기록한다. 주관적인 내용보다 관찰한 행동을 객관적으로 기록하여 공감할 수 있는 평가를 위해 노력해야 한다. 느낌과 직관을 맹신하지 않고, 판단으로 기록하지 않고 키워드 중심으로 기록한다. 예를 들어 '진취적', '적극적'이라는 판단을 기록하기보다 '새로운 업무를 잘하기 위해 관련 자료를 학습함'이라는 식의 관찰한 행동을 기록한다.

넷째, 순서대로 축약하여 기록한다. 지원자의 주장, 아이디어 답변 내용, 행동, 제스처, 표현 방법, 문제해결 방법, 주장의 일관성을 관찰하여 실제 행동과 말을 축약된 형태로 기록하고 이야기가 진행되는 순서대로 기록한다. 물론 처음부터 잘 되는 것은 아니다. 또, 짧은 시간 동안 기록을 하다 보면 주관적인 판단이 들어간 메모가 수두룩한 것이 당연할 수도 있다. 하지만 이는 경험을 통한 연습으로 충분히 개선될 수 있다.

-

[3] (2022). 2021년 NCS 기반 능력 중심 채용모델 채용시험평가위원 공공기관. 고용노동부,한국산업인력공단,국가직무능력표준원,엑스퍼트컨설팅.

Chapter · 3
누구나 할 수 있지만 아무나 할 수 없는 면접관

》 날로 먹을 생각 하지 말자

면접은 초보 면접관이나 지원자 모두에게 두려운 경험이 될 수 있다. 하지만 열심히 준비하고 다양한 경험을 쌓으면 면접관으로서 역량을 충분히 기를 수 있기 때문에 두려워할 필요는 없다.

면접관은 누구나 할 수 있지만 아무나 할 수 없는 전문 분야이다. 면접전문가 양성 과정 수료를 했다고 바로 전문면접관이 되는 건 더욱 아니다. 어쩌면 내가 면접관으로 활동하고 있는 것은 우연이 아니라 직장생활 동안 쌓인 면접관에 적합한 역량과 연륜으로 끊임없이 노력한 결과라고 할 수 있다. 면접관에 대한 재능이 없다고 생각하고 두려워서 포기할 일이 아니다. 노력으로 넘을 수 있는 산이다. 그렇다고 준비 없이 날로 먹을 생각도 해서는 더욱 안 된다. 노력만이 답이다.

》 연습만이 살길이다

은행 근무 시절 인연이 되어 '생활의 달인'이라는 프로그램에 출연한 초크아트(이명선) 선생님께 수업을 들은 적이 있다. 은행원은 하루 종일 갇힌 공간에서 규정에 맞는 복장과 헤어스타일, 화장, 액세서리를 한다. 돈 먼지와 싸우며 바쁜 날은 화장실도 못 가고 심지어 식사를 거르는 경우도 있다. 돈을 다루는 일 특성상 근무하는 내내 예민해야만 해서 두통과 소화기 계통의 질병을 달고 살았던 기억이 있다. 그런 어느 날 긴 머리를 풀어 헤치고 햇살을 가르며 어깨에 화구통을 메고 바람과 함께 은행 안으로 들어온 그녀는 나의 시선을 한 몸에 받기에 부족함이 없었다. 그녀는 나의 부러움의 대상이 되었고, 얼마 후 나의 그림 선생님이 되었다. 주말을 이용해 초크아트를 배우며 능숙하게 그림을 그리는 선생님께 질문을 했다.

"선생님! 저는 왜 그림이 늘지 않을까요? 선생님은 원래 그림을 잘 그리시나 봐요. 부럽습니다."

"설마요. 제가 10년 넘게 이 일을 했는데 같은 그림을 몇 번 그렸을 거 같아요?"

한 대 얻어맞은 느낌이었다. 겨우 두 번 수업을 받고 성급한 질문을 했다는 생각에 얼굴이 붉어졌다. 나는 수업이 없는 날도 매일 꾸준히 흑판에 연습했다. 욕심내지 않고 작은 그림이라도 하루에 한 개씩 꼭 그리려고 했다. 실력은 향상되었고 작은 보드 간판 제작일이 주어졌고 마침내 선생님과 공동 작업으로 피자집 간판을 만드는 기회가 주어졌다. 이 경험을 시작으로 은행에 이벤트 보드를 만들어 예·적금 상품을 홍보했다. 이벤트 보드는 인근 점포로 소문이 나면서 제작 주문이 들어 왔다.

꿈을 이루지 못한 사람들은 "나는 재능이 없었어."라고 말한다. 꿈을 이루지 못한 이유가 재능이 없었다는 것이라면 꿈을 이룬 사람들은 모두 "재능이 있었다."라고 대답하는 것이 맞겠지만 성공한 사람 중에 그런 대답을 한 사람은 한 명도 없다. 꿈을 이룬 사람들은 "정말로 하고 싶었던 일을 열정을 가지고 계속했을 뿐이다"라고 말한다.[4] 마이클 조던도 선수 시절 9천 번 이상의 슛을 놓쳤고 3백 번 이상의 경기에서 졌다고 한다. 심지어 경기를 승리로 이끌라는 특별한 임무를 부여받고도 실패한 적이 26번이나 있었다고 한다. 그는 이런 실패들이 그가 성공한 원인이라고 말한다.

처음 내가 면접관 활동을 하면서 사람 볼 줄 아는 재능이 없다고 포기했다면 어땠을까? 처음부터 나는 스스로 사람을 볼 줄 아는 재능이 없다고 인정하고 이를 극복하기 위해 노력했다. 그리고 사기꾼의 특성을 통해 사람 보는 법을 고민했다. 면접관 활동을 성공적으로 하기 위해 연습하고 공부하고 또 경험을 정리했다.

아무리 연륜이 있다고 해도 하루아침에 전문면접관이 되는 것은 아니다. 처음부터 잘하는 면접관도 없고 어느 날 갑자기 잘하는 면접관도 없다. 면접관은 관상쟁이가 아니다. 정확한 관찰, 기록, 분류, 평정을 통해 인재를 선발하는 전문가이다. 준비와 연습, 많은 경험이 필요

-

4 기타가와 야스시 (2011). 편지가게. 서울:살림출판사.

하다. 그냥 이루어지는 것은 없다. 연습만이 살길이다. 이 글을 읽는 여러분도 면접관이라는 직업에 관심이 생겼다면 재능 없다고 포기하지 말고 열정을 가지고 도전하고 부딪혀 보길 바란다.

"다른 사람들로부터 인정을 받기 위해서는 부단한 연습 이외에 다른 방법이 없습니다. 타고난 재능이란 인간이 만들어 낸 허구에 불과합니다. 나는 슬럼프에 빠지면 더 많은 연습을 통해 정상을 되찾곤 합니다."

– 타이거 우즈

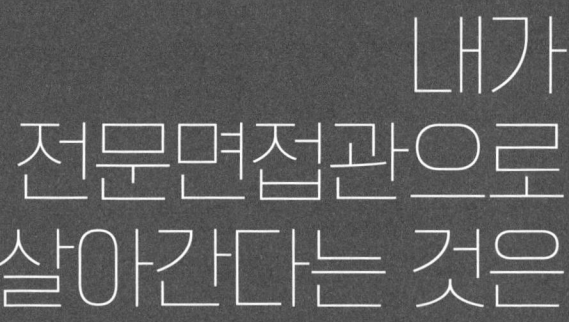

내가
전문면접관으로
살아간다는 것은

Chapter 1. 내가 좋아하는 일을 하면서 살아간다는 것
Chapter 2. 내가 잘하는 일을 하며 살아간다는 것
Chapter 3. 내가 행복한 일을 하며 살아간다는 것

면접커뮤니케이터
신은희

국군간호사관학교를 졸업하고, 10년간 간호장교로 근무했다. 이후 민간의료기관에서 건강검진센터장, 사내교육팀장, 전략기획팀장 등의 업무를 수행하면서 인제대학교 경영대학원에서 경영학 석사를, 경남대학교 일반대학원에서 경영학 박사학위를 받았고, 여러 대학의 학부 및 대학원에서 10여 년간 강의했으며, 방송 프로그램에도 고정 출연하고 있다.

2008년 경영 컨설팅회사 인경연구소를 설립, 2019년 '휴먼비즈 에듀컨설팅'으로 사명을 변경하고, 의료 경영 분야를 넘어 다양한 산업 분야로 업무 영역을 확대하였다. 업무와 관련된 면허 및 자격증을 50여 개 보유하고 있으며, 직무와 관련된 전문 분야에 대한 지식과 기술을 습득하면서 현장 경험을 쌓아왔다. 개인 및 조직의 역량 강화와 조직 활성화를 위한 교육, 정부 지원 창업 및 경영에 대한 사업화 전략, BM 개발 및 마케팅 전략에 관한 교육, 심사평가, 컨설팅을 수행하고 있다.

또한 고교 및 대학교의 진로 교육 프로그램과 고용노동부의 취업 지원프로그램 등에서 교육과 상담, 컨설팅을 해 왔고, 진로 적성 진단, 경력개발, 면접 준비를 위한 이미지 컨설팅 및 스피치트레이닝 등 취업 면접을 위한 실전 코칭 전문가로서 취준생들에게 도움을 주고 있다. 특히 HR 전문면접관으로서 공무원·대기업·공공기관의 인재 채용 및 승진역량평가위원으로 채용과 승진을 위한 평가도구 및 문항 개발에 참여하며 현장 감각 및 실전 노하우를 축적해 왔다. 또 NCS 기반 블라인드 공정 채용 규정에 따른 공공기관 면접관 교육도 수행하고 있다.

지금까지 4권의 저서를 출간했다. 『사람의 마음을 사로잡는 감성소통』(2014, 좋은땅), 『공감으로 소통하는 신은희 멘토의 감성코칭』(2016, 좋은땅), 『사고 싶게 만드는 감성마케팅』(2018, 더문), 『적자생존 시장에서 경영자로 살아남기』(2021, 북랩)가 있다.

집필 동기

나는 이 글을 통해서 내가 전문면접관이 되기까지 걸어 온 과정을 되돌아보고, 전문면접관으로서 겪었던 희로애락을 독자들과 나누고 싶었다. 그리고 앞으로 전문면접관으로서 지속 가능한 활동을 하기 위해 필요한 것들이 무엇인지 생각해 보고, 이를 실천함으로써 즐겁고 행복하게 일하며 살아갈 수 있는 가이드를 설정해 보고자 한다. 나아가 전문면접관으로 살아가는 나의 이야기가 전문면접관 교육을 이수하고, 활동을 시작하는 초보 면접관이나 전문면접관에 관심이 있는 40~50대 직장인, 이직자 그리고 전문면접관에 관심이 있는 50~60대 퇴직(명퇴/은퇴)자들에게 도움이 되길 바란다.

Chapter · 1
내가 좋아하는 일을 하면서 살아간다는 것

》 **간호장교와 종합병원에서 근무하던 냉정과 열정 사이의 삶**

갓 스무 살이던 그때, 나는 사관생도가 되었다. 직업군인이었던 가족의 제복 입은 모습은 나에게 선망의 대상이었고, 고등학교 때 교련 선생님께서 소개해 주신 간호장교라는 직업은 내 꿈이었다. 드디어 간호장교의 요람이었던 국군간호사관학교에 입학하였고, 졸업과 동시에 반짝이는 소위 계급장을 두 어깨에 달고서 국군수도병원 중환자실에서 첫 근무를 시작하였다. 그렇게 간호장교로서의 10년 동안의 삶은 지금까지 살아오는 데 든든한 초석이 되었다.

나는 국가에 대한 충성심과 애국심을 길러 온 대한민국 간호장교로서 명예로움과 자긍심을 항상 가슴에 담고 살게 되었다. 또 장교라면 기본적으로 지녀야 할 기본 자질과 품성을 바탕으로 간호사로서 임상에서 필요한 전문적인 지식과 직무 기술 및 태도를 익히고 발전시켜

왔다. 이 과정을 거치면서 사명감과 책임감이 커진 것은 당연한 일이었다. 직장인이라면 누구나 그렇겠지만, 처해 있는 환경과 주어진 상황 속에서 최상의 결과를 얻기 위해 동료들과 함께 주어진 어려움과 문제를 해결해 가며 하루하루를 열심히 살아왔다. 그렇게 국군병원은 물론 미군병원에서 다양한 계층 및 여러 분야의 사람들과 직무를 수행하는 동안 자연스럽게 인간관계를 형성하고 유지하기 위한 의사소통과 협업 능력, 그리고 리더십과 팔로우십을 터득할 수 있었다. 그야말로 차가운 머리와 뜨거운 가슴, 냉정과 열정 사이에서 살았다.

그러나 잦은 근무지 이동으로 전출을 다녀야 하는 간호장교라는 직업은 일과 가정의 양립이 결코 쉽지 않다. 결혼과 육아로 경력 단절을 경험하는 여성들의 이야기가 더 이상 남의 일이 아니었다. 보육 기관이 없어서 타 지역에 계시는 시부모님께 위탁하거나, 같은 군인아파트에 사는 군인 가족, 인근 마을에 사는 연세 많은 어르신께 보육을 부탁했다. 하지만 이마저도 3교대와 주말 근무라는 불규칙한 간호 업무의 특수성 때문에 여의찮을 때가 많았다. '군 체질'이라는 말을 들을 정도로 사명과 책임을 다하며 다져왔던 길이었건만, 두 가지를 동시에 해내는 것은 역부족이었다. 결국 과감히 가던 길을 멈추기로 했다. 이것은 내가 군복을 벗는 중요한 이유 중 하나가 되었다. 내가 전역한다는 소식에 나를 아는 주위의 많은 사람이 안타까워했지만, 가족을 위해 결정한 일이고, 내가 더 행복해질 수 있을 거라며 스스로를 위로했다.

온몸을 '불사르듯' 15년 동안의 군 생활을 마치고 전역한 후, 남편을 따라 아무도 모르는 낯선 지역으로 이사를 했다. 어린 아들을 키우며 온전히 남편을 내조하는 전업주부로 살게 되면서 예상하지 못했던 어려움들로부터 받는 스트레스는 이만저만이 아니었다. 결국 다시 일을 시작하게 되었으나, 주부가 할 수 있는 일을 찾기란 정말 하늘에서 별 따기였다. 벼룩 신문에 나오는 '주부를 위한 황금시간 근무', '전문직 고수익 알바', '재택근무하며 전화 상담하실 분', 이런 광고를 보고 찾아간 곳에서는 마음의 상처도 받았다. 자존감도 점점 낮아질 수밖에 없었다. 전업주부들이라면 한두 번씩은 다 가본다는 '영어학습지 상담원', '보험컨설턴트', '정수기 판매원'까지 찾아다니면서, 적게는 며칠, 많게는 한 달가량 기본 교육도 받았으나, 현업에서 일을 시작하지는 못했다. 초보 영업 사원에게 비교적 쉬운 판매 전략이 지인들에게 접근해서 상품을 파는 방법이었는데 도저히 실행에 옮길 용기가 나질 않았다. 생면부지의 낯선 사람들을 찾아다니면서 판매 수익을 올리기 위해 영업한다는 것도 너무 어렵게만 느껴졌다. 아무래도 나는 그런 일은 해낼 수 없을 것 같았고, 그때쯤 다시 병원으로 발길을 돌렸다.

시간을 활용하기 위해 정규직보다는 파트타임으로 개인병원 등을 전전하다가 운 좋게 종합병원의 개원 멤버로 들어가 전략기획팀장과 고객만족팀장, 건강검진센터장 등의 역할을 맡으면서 1인 5역이라는 별명을 얻을 정도로 그야말로 '미친 듯이' 일을 했다. 어렵게 다시 찾은 일이었고, 좋아하는 일이었기에 휴일도 잊은 채 밤낮없이 병원 업무에 매달려 일하는 동안 중요업무들이나 새로운 업무, 다양한 난제들이 모두 내게 도미노처럼 맡겨졌다. 한편 스트레스도 날로 따라 늘어갔고, 40대 초반 나이, 때 이른 노안과 탈모가 오기 시작했다. 또 가슴이 두근거리는 증상이 반복되더니 번 아웃을 겪게 되었다. 넘쳐났던 의욕은 어디론가 사라지고, 모든 에너지가 소진된 것이다. 나도 모르게 그 뜨거웠던 가슴이 차갑게 얼어가는 듯했다.

》 내가 좋아하는 일을 찾아서 조직을 떠나, 나 홀로 창업

종합병원에서 그 많은 업무들을 감당해내기 위해서 업무와 관련된 조직관리, 마케팅 등 경영학 관련 서적들을 닥치는 대로 읽었다. 그렇게 학문에 대한 갈증이 커지면서 체계적으로 공부해야겠다는 필요를 느꼈다. 아예 집에서 5분 거리에 있는 인제대학교 경영대학원으로 진학해, 본격적으로 경영학을 배우기 시작했는데, 정말 재미있는 학문이었다. 그동안 알고 있던 보건 의료 분야와는 사뭇 다른 경영학에 나날이 흥미를 느꼈다. 병원 업무에 하나하나 적용해보면서 어떤 희열을 느끼기도 했다. 그러는 동안 병원 조직은 차차 안정되었다.

'이제 내가 없어도 병원은 잘 돌아간다.'라는 결론을 내리면서, 조직을 떠나게 될 두 번째 퇴사를 결심했다. "신 실장이 만든 병원이나 다름없는데, 아까워서 어떻게 떠날 거요?" 병원장님께서는 아쉬움에 만류하시면서도, 한편으로는 "그래, 떠나거라! 너를 계속 담기엔 병원이 너무 작다. 더 큰 곳에서 성장하고 발전하라!"라는 말씀으로 격려해 주셨다.

그러나 사실 그 당시 나는 어떤 큰 계획이 있어서라기보다, 무작정 휴식이 필요했고, 실제로 아무 일도 하지 않고 놀았다. 그러던 어느 날 책을 보다가, 그 당시에만 해도 낯설고 생소했던 '1인 기업'이란 단어가 내 마음을 사로잡았다. 눈이 번쩍 뜨이고 새로운 길이 열리는 듯, 삶에 대한 새 희망이 솟았다. 한쪽 문이 닫히면 또 다른 문이 열린다고 했던가? 재택근무, 시간 조절까지 가능한 그야말로 '꿀잡(Job)'이 되겠다고 생각했다. 이 단어의 발견이 나중에 '사람'과 '경영'이라는 키워드로 〈인경연구소〉를 설립하고, 조직과 기업, 기관 등에서 강의를 시작하게 된 계기가 되었다.

Chapter · 2
내가 잘하는 일을 하며 살아간다는 것

》 **좋아하는 일도 잘해야 성공하지, 공부는 나의 힘!**

강의를 통해 얻는 보람과 행복감은 다시 힘차게 삶을 살아갈 에너지가 되었다. 그렇다고 스트레스가 없고 즐거움만 있는 것은 아니었다. 강단에 설 때면 항상 긴장감이 컸고, 강의 만족도를 높이기 위해서 준비하는 과정도 만만치 않았다. 강의를 더 잘하기 위해서 수많은 책을 읽었고, 관련 교육과정을 찾아다니며 필요한 자격증도 취득했다. 공부하면서 강의하는 일이 힘들기도 했지만, 그런 과정을 통해 강의에 대한 불안감도 차츰 줄어들고, 자신감도 생겼다. 긍정적인 피드백이 주는 성취와 만족감은 그 가치를 정할 수 없을 만큼 크고 소중했다. 의료기관에서 아프고 고통받는 환자들을 간호하며 쏟았던 노력과 열정을 이제 교육 현장에서 만나는 사람들에게 또 다른 방법으로 도움을 주며 살아간다는 것이 가치 있게 느껴졌다. 강단에 서서 마이크를 잡을 때마다 어디서 나오는 것인지 모를 만큼 끊임없는 에너지가 솟아 나왔다.

그러는 동안 석사 과정을 마치고, 박사 과정을 밟아 학위를 받았다. 몇몇 군데의 대학에서 외래 교수와 겸임교수로 학생들을 가르쳤다. 학교 밖에서는 관련 콘텐츠로 다양한 특강을 다니면서 의료와 경영뿐만 아니라 그 외 영역으로 업무를 넓혀 갔다. 특히 그즈음, 정부 주도 창업 관련 정책이 여기저기서 나오기 시작했다. 박사 과정을 같이 공부하던 동기생의 추천으로 당시만 해도 미개척 분야였지만, 전망이 밝다고 판단되었던 창업지도사 공부에 도전했다. 그것을 계기로 정부와 지자체 지원 사업의 창업 교육과 사업계획서 심사평가 및 컨설팅 업무로 나의 활동 분야가 자연스럽게 확장되었다.

그 이후로 본격적인 창업 지원 정책이 봇물 터지듯 쏟아져 나오면서 이와 관련된 업무는 더 늘어나게 되었다. 나는 노력한 만큼 일할 기회가 생긴다는 것에 기쁘고 감사했다. 하지만, 조직에서 안정된 직장생활을 하는 것과는 달리 항상 내일을 준비하며 미래를 생각해야 하는 걱정은 줄어들지 않았다. 오히려 시간이 흐를수록 불안감은 커졌다. 막연한 불안감을 떨쳐내기 위해 내가 선택한 방법은 끊임없이 좋아하는 일이 무엇인지 고민하고, 지속적으로 공부하여 전문성을 쌓는 것이었다. 경험과 경력을 쌓기 위해 모든 노력을 집중하고자 했다.

》 **길 위에 서서 길을 묻고, 스스로 길을 찾으며**

사람들은 늘 내게 질문했다. "전공이 뭐에요?, 전문 분야가 무엇입니까?", "강의콘텐츠가 무엇입니까?"라는 질문을 받을 때마다 나 역시 명쾌하게 답변하기 힘들었던 경험이 있다. 왜냐하면 전공이 하나가 아니고, 전문 분야도 한 분야가 아니기 때문에 강의콘텐츠를 한마디로 말하기 곤란했다. 그도 그럴 듯이 나는 학부 과정은 간호학과 물리치료학, 사회복지학을 공부했고, 이후 경영학을 연구했다. 그리고 의료와 기업, 기관에서 이와 관련된 일들을 다양하게 수행해 왔으며, 이와 관련된 다양한 주제의 강의를 해왔기 때문에 명료하게 정리해서 말하기가 어려웠다. 물론 주 전공과 전문 분야가 있고, 가장 빈번하게 강의하거나 업무를 수행해 온 콘텐츠는 있지만, 한두 마디로 표현하기 위해서는 가장 대표적인 키워드를 찾아내야만 했다. 지금도 그럴 때가 있지만, 솔직히 몇 년 전까지만 해도 학부와 학위과정이 다르다고 하거나 전문 분야를 두세 가지 언급하면, 전문 분야가 없거나 전문성이 부족한 비전문가라고 생각하는 사람들이 있었다. 심지어는 '잡화상'이라는 표현까지 쓰면서 농담 반 진담 반으로 반응하는 사람도 있었다.

돌아보면 지금까지와는 다른 길이지만, 좋은 직업이 될 수 있을지도 모를 기회가 종종 있었고, 선택의 갈림길에서 적잖이 고민했던 시기도 많이 있었다. 그중에서도 내가 경영학 박사 과정을 공부하면서 모 대학의 간호학과 외래 교수로 강의하던 때의 일이다. 학생들의 강의 만족도가 상당히 높았고, 여러 과목을 담당하면서도 무리 없이 해내고 있을 즈음, 학과장님께서는 '경영학을 중단하고 간호학으로 바꾸면 바로 전임교수로 채용하겠.'라는 말씀으로 나를 설득하였다. 또 겸임교수로 10여 년 동안 근무했던 대학의 교수님께서는 '참 아깝다. 간호학을 계속하지 왜 경영학을 해서 간호학과 전임교수가 못 되고,

그렇게 여기저기 다니면서 고생하느냐'라는 말을 수년 동안 회식 때마다 취중 진담처럼 반복했었다. 아마도 그때의 사람들이 나를 바라보는 시각이 대체로 그러했으리라. 나도 그들을 제대로 설득하거나 설명하기에 부족했었고, 그들도 나를 잘 이해하기 어렵고, 안타까운 마음도 있었을 것이다. 그럴 때마다 내 마음도 마냥 편한 것만은 아니었고, 때때로 흔들렸던 것이 사실이다. 스스로는 괜찮다고 생각했지만, 불확실한 미래와 주위의 염려 속에서 꿋꿋하게 나의 길을 가기가 쉽지만은 않았다. '차라리 다시 돌아갈까? 내가 처음 시작했던 지점으로 돌아갈 수 있다면 그렇게 할까?'

하지만 '깊이 파려면 넓게 파라!'라는 말이 있듯이 나는 삶에 대한 나의 신념을 지키고, 지금까지도 꾸준히 나의 길을 만들어 가고 있다. 새로운 분야를 나의 기존 경험에 접목하는 과정에서 느끼는 신선함은 나만이 맛볼 수 있는 희열이다. 그러는 동안, 사회에서는 언제부턴가 '융합'이라는 개념이 일반화되었고, '시너지효과', '콜라보레이션'이라는 가치를 추구하는 시대가 되고 있었다. 그러면서 나를 바라보는 주위의 시선이 달라진다는 것을 실감했다. 가끔 나에게 격려와 용기를 주는 사람들의 표현을 빌리자면 '한 층 한 층 쌓아 올린 복합빌딩', '무엇이든 다 되는 멀티 플레이어', '뭐든지 다 있는 백화점'이라고 한다. 미소가 지어진다. 마치 점이 선이 되고, 선은 면이 되며, 그 면이 입체가 되듯이 나의 노력 하나하나 연결되어 단단한 힘을 발하는 구조물이 되어가고 있다. 이것이 바로 '융합과 창의의 전문가'가 되어 가는 나만의 길이라고 생각했다.

》 내 삶의 터닝포인트가 된 전문면접관의 길

유난히 정신적, 육체적으로 에너지 소모가 많았던 하루였다. 귀가 후, 옷을 갈아입을 힘도 없었다. 저녁 식사 준비할 의욕도 없어서 잠시 소파에 털썩 주저앉아 몸을 기댄 채 TV 리모컨을 들고, 이리저리 채널을 돌리고 있었다. 그런데 우연히 화면 맨 아랫단에 띠처럼 휘리릭 지나가는 광고문을 보게 되었다. 그것은 바로 공무원/공공기관/대기업 전문면접관 교육과정을 홍보하는 광고문이었다. 평소에는 잘 찾아보지 않던 채널이고, 그런 수많은 광고문구가 스쳐 지나가도 별다른 의미 없이 눈여겨보지도 않는데, 그때는 마치 운명 같았다. 하필이면 그 채널 하단, 그 띠 광고 글귀가 눈에 확 띄었고, 보자마자 머릿속에 새겨지더니, 순식간에 가슴이 두근두근 뛰기 시작했다. 그대로 전화번호를 외워 곧바로 종이에 적었다.

다음날 설레는 마음과 사뭇 상기된 목소리로 그곳에 전화했다. 교육과정과 향후 진로 분야 등에 관해서 설명을 듣고 나니, 마음에 간절함이 더욱 커지는 것을 느꼈다. 마치 나에게 꼭 맞는 옷을 발견한 기분이었다. 나도 모르게 면접 현장에서 면접관으로 앉아 있는 멋진 모습을 그려보기도 했다. 또 하나의 신박한 세계가 열리고 있다는 확신에 찬 기대감으로 가득했다. 그렇게 나의 전문면접관으로 사는 삶의 관문이 열린 것이다.

한 달쯤 후, 전문면접관 교육을 받으러 짐을 꾸려 상경해 교육 장소 근처에 숙소를 정했다. 2박 3일간의 교육과정은 오롯이 나의 새로운 미래를 위한 즐거운 투자였다. 기대에 부푼 마음으로 지방에서 서울까지 올라온 사람은 유일하게 나밖에 없었다. 교육을 받을수록 전문면접관이라는 직업이 가치 있고 중요한 일이라는 것을 깊이 있게 이해할 수 있었다. 그래서 한층 더 매력적으로 느껴졌다. 그동안 여러 분야를 두루두루 공부하고, 체험해온 나의 경력에 전문면접관으로서 필요한 지식을 융합시킨다면 정말 잘 해낼 수 있겠다는 자신감도 생겼다. 교육을 마치고 수료증을 받는 순간에는 마치 전문면접관의 등용문으로 들어가는 부푼 마음이 들었다.

그리고 두어 달 후, 드디어 정식으로 첫 섭외 연락이 왔다. 교육을 받았던 담당 교수님께 따로 과외를 받았다. 면접 과정의 세세한 상황 설명을 듣는 실전 코칭이었다. 며칠 후, 나는 모 공공기관에서 진행되는 면접에 4박 5일간 전문면접관으로 파견을 나가게 되었다. 공정하게 설계된 채용 시스템하에서 조직 적합도와 직무적합도를 고려해 전문성과 인성을 갖춘 적합 인재 선발을 위해 나의 역량을 모두 발휘해야 하는 기회가 온 것이다. 실제 투입되어보니 블라인드 면접은 생각보다 어려운 일이었다. 하지만 며칠 동안 이어지는 빼곡한 일정과 긴장감 속에서 나는 무사히 심사를 마쳤다. 뿐만 아니라 함께 면접에 참여했던 기관의 내부 면접관들과 외부의 전문면접관은 나의 면접방식과 태도에 대해 칭찬을 아끼지 않았다. 이는 내게 기쁨이었을 뿐만 아니라 자신감을 얻는 큰 계기가 되었다. 나에게 맡겨진 일을 위해 최선을 다한 결과 우수한 성과를 얻을 수 있었고, 이 경험은 나에게 가슴 뿌듯한 성취감과 만족감을 주었다.

》 전문면접관의 길에서 맛보는 희로애락(喜怒哀樂)

이후 공공기관의 채용 면접에 참여할 기회는 급격하게 늘어나기 시작했다. 참여할 때마다 긍정적인 피드백을 받는 경험이 쌓였고, 전문면접관이라는 임무와 역할은 더욱 매력적으로 다가왔다. 하지만 막상 전문면접관의 길을 본격적으로 걸어보니, 예상치 못한 변수의 연속이었다. 좋을 것만 같았던 이 길에서도 역시나 극복해야만 하는 것들과 해결해야 할 일들, 힘든 상황들이 또 다른 모습으로 나타났다. 그야말로 이 길을 걷는 동안에도 다양한 삶의 희로애락을 맛보며 한 걸음 한 걸음 걷고 또 걸어야 했다. 여느 직업이든 일을 하는 과정에서 겪는 명암이 있고, 기쁨과 만족을 얻기 위해서는 필연적으로 감내해야만 하는 난관이 있다.

먼저 전문면접관이라는 길에서 얻는 '희(喜)', 기쁨은 무엇일까? 그 첫 번째는 면접관으로 섭외가 들어왔을 때다. 언제, 어느 곳에서 연락이 올까 하며 기다리던 차에, 아무런 예고도 없이 문득 걸려 오는 전화 한 통, 문자메시지 하나가 그렇게 반가울 수가 없다. 면접은 내가 하고 싶다고 해서, 할 수 있는 것이 아니라, 내게 기회가 주어져야만 할 수 있기 때문이다. 그래서 면접 일정에 대한 섭외를 받는 것은 바로 그 첫 단추를 끼우는 것과 같다. 물론 마지막 단추까지 다 끼우기까지는 아직도 많은 단계가 남아 있지만, 일단 시작은 섭외 요청을 받아야 그다음이 있게 된다. 대부분은 채용 전문 대행 기관의 섭외 담당자로부터 연락이 오는데, 처음에는 한 곳이지만, 경력이 쌓일수록 여러 곳에서 받게 되며 점점 그 횟수가 늘어간다. 수시 채용이나 직접 채용의 경우에는 채용하는 공공기관의 인사팀에서 직접 연락해 온다. 행운의 전화다.

다음으로 두 번째 기쁨은 바로 이전에 연락이 왔던 곳에서 면접관으로서 위촉이 확정되었을 때다. 전화를 받는 목소리가 사뭇 상기되고, 저절로 입이 벌어져 함박웃음이 나온다. 그리고 세 번째 기쁜 마음은 평가를 마치고 받는 긍정적 피드백을 받을 때다. 함께 참여한 면접관들과 기관의 채용 담당자들 그리고 전문 채용 대행 기관의 진행자들로부터 받는 칭찬은 면접 과정 동안 다 소진된 에너지를 급속히 충전하듯 어디선가 힘이 솟아나고 다시 앞으로 걸어 나갈 용기와 희망을 주는 큰 격려가 된다.

그런데, 늘 그런 기쁨들만 있는 것은 아니다. 이 길에서 맛보는 '로(怒)'의 감정은 어떤 때 생기는 것일까? 물론 참을 수 없을 만큼 화가 난다거나 크게 분노가 일어나는 정도까지는 아니다. 그러나 앞에서 맛보는 기쁨과는 확실히 다르다. 이때는 상황을 받아들이고 마음이 편안해질 수 있도록 감정을 조절해야 한다. 예를 들면 면접 섭외 연락을 받은 후 참여하겠다는 의사를 전하고 기다렸는데 선정되지 못했을 때다. 특히 더 좋은 조건, 예를 들면 더 긴 일정이나 접근성 등의 편리함, 더 높은 면접 심사 비용, 거기에다 배수 추천이 아니고 단수 추천이어서 신청이 곧 참여 확정이 되는 섭외가 있었음에도 먼저 신청한 일에 대한 선정 결과를 기다리면서 거절해야 하는 경우가 있다. 설상가상으로 이런 상황에서 최종적으로 면접관으로 선정되지 못했다는 통보를 받을 때는 솔직히 매우 속상하다.

그 외에도 면접 현장에서 유쾌하지 못한 감정으로 지내야 하는 경우가 가끔 있다. 분초를 다투며 짜여진 시간표와 구조화되어 설계된 평가 요소들을 함께 심사해야 하는 면접에서 어떤 면접관들은 종종 협업을 저해한다. 면접관으로서 하지 말아야 할 언행은 물론이고, 공정성에 방해될 정도로 지나치게 주관적인 판단으로 평가 오류를 범하기 쉬운 주장을 하거나, 시간 관리에 협조하지 않고 고집을 부리기라도 하면 이는 상당한 스트레스로 작용한다. 누군가는 이런 면접관을 '폭탄 면접관'이라고도 하는데, 면접관이라면 가슴에 확 와닿는 표현이다. 그러나 그런 일들은 생각보다 빈번히 일어나고, 그러한 상황들에 대해 스트레스를 받는 횟수가 늘어나면 전문면접관의 길을 계속 걷기 어렵다는 것을 깨닫는 데에는 그리 오랜 시간이 걸리지 않았다. '어디에나 늘 있게 마련이다' 정도로 받아들이며 이에 적응하고, 협업하면서 최적의 성과를 올리기 위해 효율적으로 사고하고 행동하도록 나도 더 노력해야 한다는 것을 알게 된다.

그런가 하면 때때로 '애(哀)'의 감정이 들 때도 있다. 물론 비극적으로 깊은 슬픔은 아니지만, 아쉬운 감정이 드는 경우가 있다. 특히 처음 면접관으로 일할 때 그랬었는데, 탈락한 지원자들에 대해 안타까울 때가 많았다. 지원자들이 면접장에 들어올 때까지 그동안 피나는 노력과 많은 준비를 했을 텐데, 짧은 시간에 당락을 결정지어야 하고 여러 요소로 보아 상당히 우수한 역량을 가진 인재임에도 적합도가 미흡해 낮은 점수를 줄 수밖에 없을 때는 미안한 마음마저 들었다. 그러나 조직과 직무에 가장 적합한 인재를 선발해야 한다는 원칙과 기준을 지키며 감정적이기 보다는 이성적으로 평가해야 하며, 탈락자들은 다음 기회에 더 준비해서 도전하거나, 오히려 자신에게 더 적합한 조직과 직무를 찾아가는 것이 그들 자신에게도 더 나을 것이라 생각하니 차츰 마음도 편안해졌다. 그들도 더 행복한 길을 찾아가길 바라며, 속으로 응원하는 마음이었다.

또 면접 일정에 참여하는 동안에 빈틈없이 설계된 시간표대로 오차 없이 따라가다 보면 어쩔 수 없는 어려움을 겪기도 한다. 대부분 이른 아침 오리엔테이션을 진행하고, 면접 시작 시간 전까지 현장에서 받은 지원자들의 입사지원서와 평가시스템을 파악해야 하는데 주어진 시간이 매우 부족하다. 이후에는 빈틈이 없는 면접 일정이 진행되기 때문에 쉬는 시간이 거의 없거나 매우 짧은 쉬는 시간이 주어진다. 마치 기계처럼 돌아가야 하는 면접관의 역할 수행에 집중하다 보면 화장실을 못 가도 참아야 하는 경우가 허다하거나 뛰어다니다시피 해야 하기도 하다. 가끔은 목이 마르거나 기침이 나와도 참아내야 하고, 배가 고파도 인내해야 할 때도 많다. 면접관도 사람이기에 장시간 평가에 임하다 보면 필연적으로 조절해야 하는 가장 기본적인 생리 현상마저도 무리 없이 관리해야 한다는 것도 누적되는 경험 속에서 알게 되었다.

면접장에서 휴대전화 사용은 불가하고, 점심시간에만 짧게 확인할 수 있는 경우도 있다. 요즈음은 무음 처리해두고 소지하는 것 정도는 허용이 되는 분위기인데, 몇 년 전에는 아예 시작 전에 전원을 끄게 하고 모두 제출했다가 종료 후 받는 것이 당연한 규칙이었다. 물론 요즘도 규정이 엄격한 기관에서는 면접관 휴대전화를 수거해 간다. 그러면 중요한 전화나 다른 섭외 연락을 못 받고 놓치기도 해 답답하고 불편하지만, 이 또한 불만 없이 수용하며 초연해져야 한다. 그래야 면접에 집중할 수 있고, 더 좋은 결과를 얻을 수 있다는 것을 알기 때문이다.

그럼에도 불구하고 전문면접관에게는 수많은 '즐거움(樂)'이 가득하다. 먼저 전국 곳곳에 소재해 있는 공공기관을 찾아다니면서 일도 하고 여행도 하는, 일거양득의 즐거움을 느낄 수 있다. 일부러 그렇게 많은 지역을 찾아다닐 기회는 쉽지 않은데, 일을 하면서 방방곡곡을 다닐 수 있다는 생각을 하면 먼 길도 고맙게 여겨진다. 그러면서 국가의 존립과 운영을 위한 인프라를 담당하고, 국민의 생존과 생활, 문화와 복지 등 삶의 기반이 되는데 필요한 업무들을 전문적으로 수행하고 있는 다양한 공공기관을 직접 가볼 수 있다는 것, 그 기관의 비전과 미션 및 전략과제, 인재상에 대해 알아볼 수 있다는 것, 그리고 부서장이나 임원들과 함께 조직과 직무에서 필요로 하는 인재를 선발하는 과정에 참여한다는 것은 단순한 즐거움을 넘어 긍지와 보람을 느끼는 일이다. 간호사관생도와 간호장교시절 심어놓았던 국가관과 사명감, 그리고 책임감이 가슴 밑바닥, 저 아래로부터 힘차게 올라와 무거운 어깨를 단단히 받쳐주며 쫙 펴게 해주는 것 같다.

그리고 전문면접관으로서 얻는 즐거움 중 빼놓을 수 없는 것이 각계 각 층의 분야에서 훌륭하게 살아오신 전문가들을 만나고, 함께 일하는 것이다. 지난 몇 년 동안 내가 만난 전문면접관이 적어도 수백 명은 넘을 것이다. 물론 매번 서로 많은 얘기를 나누거나 지속적으로 교류를 이어가는 사이로 발전하지는 못한다. 하지만 개인적으로는 만날 수 없는 전문가들과 함께 중요한 과업을 수행하고, 면접을 성공적으로 마칠 때까지 소통하며 협업하는 즐거움은 생각만 해도 기분 좋은 일이다. 그리고 가끔은 그렇게 알게 된 면접관이 서로를 다른 기관에 추천해주는 관계로 이어지기도 하고, 강의나 컨설팅으로 업무를 확장하며 지속적인 상생 관계로 발전하기도 한다.

Chapter · 3
내가 행복한 일을 하며 살아간다는 것

> **좋아하는 일 + 잘하는 일 = 행복한 일이 된 전문면접관**

나는 49:51이라는 법칙을 좋아한다. 항상 그런 것은 아니지만, 수많은 선택의 갈림길에 서서 적어도 마지막으로 양자택일을 하며 최종 결정을 내려야 할 때 주로 사용하는 방법이다. 49%에 해당하는 것은 배제하고, 51%에 해당하는 것은 실행한다. 어떤 상황이나 일이 100% 긍정적인 측면만 있거나, 이와 반대로 100% 부정적인 측면만 있는 것은 아니다. 모든 사물이나 상황에는 음과 양이 있는 것이 당연하고, 극단적으로 그것이 딱 반반일지라도 적어도 1을 옮긴다면 어떤 결정을 내리기가 쉬워진다. 어느 쪽인지 판단한 결과로 선택과 집중을 하는 것이 오랜 습관 중 하나인데, 전문면접관으로 살아간다는 것도 그렇다. 이 일은 내가 좋아하는 일이고, 이제는 잘하는 일이 되면서 내 삶의 행복한 일이 되었다.

물론 아직도 전문면접관의 희로애락은 반복되고 있기에 지속적으로 극복해야만 한다. 그래야 계속 좋아하고 잘하며 행복하게 할 수 있는 일이 될 것이다. 특히 면접 섭외를 받을 때는 공정 채용을 위한 보안 유지가 중요하기 때문에, 자세한 사항은 알려주지 않는다. 그래서 기본적으로 고지해 주는 사항 외에 다른 것들에 대해서는 묻지도 따지지도 않아야 하는 것이 불문율이다. 그래서 날짜만 알려주고, 그 외의 것들은 모르고 신청해야 하는 경우도 많다. 예를 들면, 채용하는 공공기관의 명칭이나 채용내용 등은 당연히 알 수 없으며, 다만 상황에 따라서는 서울, 부산, 제주 등 어느 지역이라든가, 비용 정도는 제시해주는 경우가 많다. 그러나 구체적인 세부 시간이나 장소 등은 거의 다 보안 사항이다.

면접관으로 섭외되어 참여 일정이 확정되면, 조금 더 구체적인 안내 문자나 이메일을 보내온다. 이때는 구체적인 날짜와 시작과 종료 시간, 채용 공공기관 명칭과 장소에 대한 정보를 준다. 그러면 내가 해야 하는 일은 교통편과 숙박을 알아보고 예약을 해야 하는데, 이러한 과정이 생각보다 복잡할 때가 많다. 꽤 원거리를 이동해야 하고, 낯선 곳에서 먹고 자야 한다. 면접 현장에서는 엄격히 정해진 규칙과 절차에 따라, 처음 만나는 다른 면접관들과 마치 톱니바퀴가 돌아가듯이 매끄러운 면접 과정을 함께 진행해야 하는데, 이 모든 것이 그리 만만치 않다. 그러나 이미 이러한 과정에서 얻는 기쁨과 즐거움이 더 크기에 해결해야 할 문제나 필연적으로 발생하는 상황적 스트레스는 전문가답게 지혜롭게 판단하고 현명하게 대처해야 한다.

언제 들어올지 모르는 섭외를 기다리면서도 침착해야 하고, 신청한다고 하더라도 1배수가 아닌 경우, 2배수나 3배수로 추천이 들어가면 최종 결정 단계를 기다려야 하는데, 이 기간에도 의연하게 인내해야 한다. 또 해당 과업에 면접관으로 선정되지 못하면 실망하기도 한다. 그럴 때면 좌절하기보다는 노랫말처럼 '지나간 것은 지나간 대로 그런 의미가 있다'라고 여기며, 다음 기회를 기다리면 되는 것이다. 일희일비(一悲一喜)하지 않고, 마음을 다스리며 담대해지니 스트레스보다는 즐거움이 더 많았다.

 전문면접관으로서 현장에서 성실히 활동하다 보니, 면접관을 교육하는 기회가 생기기 시작했다. 블라인드 채용면접 규정에 면접관 교육이 의무화 되어 있는데, 면접 당일 면접을 시행하기에 앞서, 현장에서 내·외부 면접관 교육을 담당하거나, 아예 면접을 며칠 앞두고 기관에서 시행하는 내부 면접관 교육을 맡기도 한다. 또 전문면접관 교육 기관에서 강의하면서 면접과 관련된 업무 영역을 넓혀 가고 있다. 교육 목적과 대상에 맞게 교육내용을 잘 구성하고 효과적으로 전달하기 위해서는 강사로서의 역량이 요구되는데, 나는 오랫동안 강의를 해 왔고, 전문면접관으로서의 지식과 기술 및 현장 경험과 경력을 쌓아왔기에 다행히 강의 만족도가 높았다. 많지는 않아도 지속적으로 교육 기회가 주어지는 것을 보니 강의평가가 긍정적이라고 느껴진다. 이 또한 내가 좋아하고 잘 할 수 있으면서 나를 행복하게 만드는 일이다.

 한편 가끔 있는 일이지만, 전문영역과 관련된 실기나 상황 면접 문항을 개발하는 일들도 주어지는데, 직무 전문성을 평가할 수 있도록 최적의 문항을 개발해야 하므로 이는 상당히 많은 시간 동안 연구해야 하기에 여간 어려운 일이 아니다. 하지만 이 또한 면접 현장에서 경험을 쌓은 면접관으로서 면접 현장 상황을 충분히 이해하기에 잘할 수 있는 업무 중 하나가 되었다. 아마 앞으로도 내가 더 좋아하고 잘 할 수 있는 일이 될 가능성이 있으며, 그러면서 이 일도 나에게 행복한 일이 되지 않을까 기대해 본다.

》 생방송하는 종합예술인, 전문면접관으로 오래 살아남기

면접 현장은 리허설 없는 생방송, 그러면서도 모든 것이 긴박하게 실수 없이 잘 맞아 돌아가야 하는 종합예술 무대와도 같기에 전문면접관은 '생방송'하는 종합예술인'이라고 말하고 싶다. 그러나 생방송 무대가 그렇듯이 언제나 변수는 있게 마련이고, 그러한 상황 속에서 문제 발생을 예측하고, 문제 해결을 위한 상황 대처 능력이 필요하다. 전문면접관도 그렇다. 다만 모든 것을 혼자 하는 것이 아니고, 채용기관과 채용 대행기관의 책임자와 담당자, 그 외 면접장 내의 스태프들과 함께 협업해야 한다. 그리고 전문면접관은 지원자들을 공정하고 객관적으로 평가하기 위해 필요한 역량을 갖추고 있어야 한다. 그래야 적어도 '폭탄 면접관'이 되지는 않을 것이며, 면접 과정이나 결과에 부정적인 요인으로 작용하지 않는다.

특히 앞에서도 언급했지만, 전문면접관들이라도 각자의 전문 분야가 다르고, 성격도 성향도 다를 뿐만 아니라, 면접에 대한 지식과 기술 및 태도도 다 같을 수는 없다. 더구나 예민해진 지원자들에게 면접 과정에 대한 불만 사항을 만들지 않으면서도 적합 인재 선발이라는 성과를 얻기 위해서 노력해야 한다. 면접관들은 담당 역할을 빠르게 배분하기 위해 원만하게 소통해야 하고, 평가 과정 중에도 시간 관리를 위해 긴밀하게 협업해야 한다. 그래서 면접관들의 전문성과 인성이 중요할 수밖에 없다.

이것은 내가 항상 전문면접관으로서 필요한 역량을 지속적으로 강화하지 않으면 안 된다고 생각하고 노력하는 이유이다. 특히 전문면접관의 경력이 쌓여 갈수록 채용기관이나 채용 대행 기관에서 기대하고 요구하는 역할이 커진다. 가령 내부 면접관들이 면접 경험이 처음이거나 많지 않을 때, 또 같이 참여한 외부 면접관이 아직 현장 경험이 적으면 좀 더 경험이 많은 외부 면접관이 원활한 면접을 좀 더 노력해야 할 경우가 있다. 나는 최근에 주로 면접위원장 역할을 맡았는데, 이러한 임무들을 잘 수행하기 위해 끊임없이 공부하고 스스로를 발전시키는 데 부지런히 노력하고 있다.

다시 말해 좋은 면접관이 되려면 지속적으로 면접 관련 자료를 찾아보고, 면접관 교육도 추가로 받아야만 면접 현장에서 실수를 저지르지 않고, 전문면접관으로서의 역량이 쌓여 인정받게 된다. 정부 부처의 공공기관 채용 정책과 관련된 법령이나 중요한 지침, 그리고 최신 면접의 트렌드와 변화를 알기 위해서는 지속적으로 공부하고 자기 계발을 이어가야 한다. 나도 전문면접관 심화 교육 프로그램인 인증 과정을 거쳐, 결국 전문면접관 1급 자격증을 획득했으며, 그 후로도 마스터 과정 등 꾸준히 관련 교육을 받아오고 있다.

또 면접관은 육체적, 정신적으로 건강해야 한다. 나는 면접관의 제1역량이 체력이라고 말하기도 한다. 그 이유는 전문면접관 일을 하려면 상당한 체력이 요구되기 때문이다. 면접 현장까지 원거리를 이동하고, 꽉 짜여진 면접 일정을 거뜬히 소화해 내려면 체력이 가장 기본이 되어야 한다. 그렇지 않으면 아침이나 오전에는 체력을 끌어올리느라 힘들고, 오후 시간이나 면접 종료 시간이 임박하면 체력이 소진되어 동료 면접관이 느끼기에도 집중력이 떨어지는 질의응답을 하거나, 실수를 하는 경우가 생길 수 있기 때문이다. 실제로 체력적인 한계 때문에 면접관으로서 해야 할 것들을 하지 않거나, 오히려 하지 말아야 할 것을 해서 문제를 일으키는 경우를 종종 목격한다. 체력이 약하면 아무리 전문면접관으로 일하고 싶고, 좋아해도 잘할 수가 없고, 행복하게 일할 수 없다.

그리고 정서적으로 성숙하여야 하고, 심리적으로도 안정되어 있어야 한다. 침착함을 잃지 않고 일관성 있는 태도로 최대한 객관적인 평정 결과를 내기 위해서 면접관의 정신적 건강은 매우 중요하다. 가끔 너무 높은 우월감을 갖고 있거나, 자신만의 사고와 평가 방법을 끝까지 고수하려는 면접관이 있다. 또 아주 오래전부터 면접관을 해온 경우에는 최신 면접 방법과 규정들을 모르고, 습관적으로 질의응답을 이어가기도 하고, 지원자들의 답변에 논쟁하거나 감정적으로 대하는 것처럼 보이기도 한다. 같은 면접관으로서 부끄럽기도 하고, 지원자들이 나중에 항의하거나 문제 삼지 않도록, 가끔은 무리하지 않는 범위 내에서 이를 수습해주기도 한다.

육체적, 정신적으로 건강함을 유지하기 위해서 나는 매일 운동을 한다. 시쳇말로 '공부는 안 해도 운동은 한다.'라고 말한다. 아침이나 저녁에 조깅을 하거나, 실내 자전거를 10km 이상 탄다. 스쿼트를 100개 이상, 주말에는 10km 이상 산행을 하는데 가능하면 해발

1,000m가 넘는 명산을 오른다. 그리고 종교적 신념에 따라 마음을 수양하고 다스리는 일을 게을리하지 않으려고 노력한다. 전문면접관은 기본적으로 사람을 대하는 시각이나 자세가 중요한 일이기 때문에 나 스스로도 점점 나아지는 사람이 되고 싶다. 면접에 들어가기 전, 그리고 마친 후에는 항상 마음속으로 기도하고, 나의 태도에 대해 복기해 보는 습관을 가지고 있다. 그렇지 않으면 나는 발전이 아닌 퇴보의 길을 걷게 될 것이다. 어쩌면 행복하지 않을 수도 있고, 잘할 수도 없으며, 좋아하지 않게 될 수도 있지 않을까? 그렇게 되고 싶지는 않다. 내가 좋아하는 전문면접관을 지속 가능하게 잘해 나가면서 오래오래 행복하게 살아가고 싶다. 그리고 나는 언제부턴가 자주 몇 개의 시를 음송하며 마음의 위안을 찾고, 살아갈 힘을 얻는데, 오늘은 서정주 시인의 '국화 옆에서'를 조용히 음미해본다.

국화 옆에서

서 정 주

한 송이의 국화꽃을 피우기 위해
봄부터 소쩍새는 그렇게 울었나 보다.

한 송이의 국화꽃을 피우기 위해
천둥은 먹구름 속에서
또 그렇게 울었나 보다.

그립고 아쉬움에 가슴 조이던
머언 먼 젊음의 뒤안길에서
인제는 돌아와 거울 앞에 선
내 누님같이 생긴 꽃이여.

노오란 네 꽃잎이 피려고
간밤에 무서리가 저리 내리고
내게는 잠도 오지 않았나 보다.

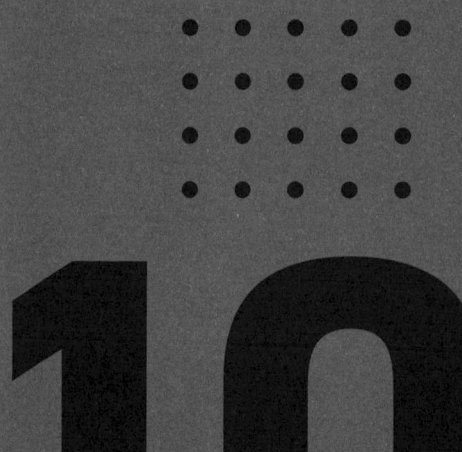

10

전문가의 꿀팁! 이미지 메이킹 전략

Chapter 1. 이미지 메이킹의 중요성
Chapter 2. 전문면접관의 이미지 메이킹
Chapter 3. 지원자의 이미지 메이킹

Profile

취업컨설턴트 / 이미지메이킹전문가
진서현

나는 2023년 3월 강남대학교 진로·취창업지원센터의 부교수로 퇴직하여 현재 더브릿지코퍼레이션의 여성 CEO로 대학 및 전문적인 교육을 필요로 하는 모든 이에게 다가가는 교육회사의 대표로 활동하고 있다. 17년간 취업에 관한 연구와 교육 활동을 해 왔으며 교육학 박사를 취득하고 경희대학교 겸임교수와 강남대학교의 취업 중점 교수의 활동 경력을 바탕으로 구직자의 눈높이에 맞는 역량을 지도하고 있다. 이를 위해 지속적인 연구와 학습을 하면서 평생교육을 스스로 실행하고 있다. 현재는 청년 구직자부터 중장년, 실버세대까지 평생교육의 참여를 이끌고 있고, 전문면접관으로 활동하며 참 인재를 공공기관과 매칭하기 위해 전문성을 발휘하고 있다.

집필 동기

17년간 취업 컨설팅을 하면서 수많은 지원자를 만났다. 이 과정에서 공기업, 사기업, 전문직 분야 등 최종 관문인 면접에서 탈락을 경험하고 고민하는 지원자들의 고충을 함께하였다. 나는 현재 전문면접관으로 활동하면서 면접장에서 전문면접관이 지원자의 역량을 저해하는 경우와 준비된 역량을 발휘하지 못하고 아쉬움을 남기고 가는 지원자들을 발견하였다. 전문면접관으로서 지원자의 역량을 이끌어야 하는 역할을 강조하고 싶었고, 지원자로서 면접에 외적·내적 이미지를 준비하는 포인트를 알려주고 싶었다. 나의 기존 업무에서 경험한 인재교육과 채용경력을 바탕으로, 전문면접관으로서 역할과 채용 프로세스 방향성의 일부를 전하고 싶다.

나는 이 문제의 해결 방법을 나의 전문 분야인 이미지 컨설팅에서 찾아보고자 했다. 전문면접관과 구직을 희망하는 지원자의 면접 만남에서 더 준비된 모습으로 서로가 만나게 된다면 결과에 영향을 크게 줄 것이라는 확신이 들었다. 그리고 현장에서 만나는 전문면접관의 매너와 역할에 대한 인식이 조금 더 갖춰져 있다면 지원자가 더욱 역량을 발휘할 텐데 싶은 아쉬움이 있었다. 외형적 준비(복장, 제스처, 표정, 어투 등)와 더불어 기관을 대표하는 전문면접관의 역할에 대해 알고 있다면 지원자의 역량을 충분히 이끌어 줄 수 있을 것이라는 기대감과 지원자 역시 외적 준비와 더불어 내적 준비까지 완벽하게 갖추었을 때 돋보이는 역량을 발휘할 수 있다는 것을 이 글에서 전달하고자 한다. 준비된 이미지를 통해 전문면접관과 지원자 사이의 원활한 소통을 할 수 있는 면접의 시간이 되기를 바란다.

Chapter · 1
이미지 메이킹의 중요성

"무언가를 해내려면 당신은 먼저 반드시 무언가가 되어야 한다."
–괴테

》 수트는 젠틀맨의 갑옷이다

비즈니스 복장을 지칭할 때 우리는 수트를 연상하거나 화이트 셔츠의 단정함을 생각하며 면접과 실제 비즈니스 현장에서 이 옷들을 기본적인 복장으로 생각하고 찾게 된다. 그만큼 외형적 이미지가 상대에게 예의를 갖추게 되는 것을 설명하는 것이다.

전문면접관으로 면접 기관에 참석하게 되면 여러 개의 파일을 보게 된다. 그 중 지원자를 평가하여 점수를 기록하는 평가표가 있다. 평가 내용에는 지원자의 단정한 용모와 논리적인 표현의 의사소통을 체크하는 항목이 존재한다. 이것은 첫인상으로 볼 수 있는 표정과 자세, 태도가 담긴 외형적인 이미지와 음성 및 평상시 사용하는 언어를 바탕으로 내형적인 이미지를 각각 평가하는 것이다. 일만 잘하는 지원자를 원하는 것이 아니라 보이고 행동하는 모든 것을 준비한 지원자를 원하는 것이다. 앞으로 전개될 외적 이미지와 내적 이미지의 중요성은 현장에서 자칫 놓치기 쉬운 부분으로 전문면접관과 지원자에게 사소하지만 중요한 체크포인트가 될 것이다.

2015년도 흥행한 영화 킹스맨의 'Manners Make the Man.(매너가 사람을 만든다.)' 라는 표현은 포털 사이트에 명대사로 검색될 만큼 관심의 대사였다. 영화에서 다루어진 대사이지만 원래는 옥스퍼드 대학 내 New College와 Winchester College를 세우고 Winchester의 주교이자 잉글랜드의 수상이었던 1300년대의 인물 윌리엄의 말이다. "수트는 젠틀맨의 갑옷이다." 라는 극 중 해리의 대사가 더해지면서 수트는 젠틀맨의 무기를 상징하는 의미 있는 말로 표현되었다. 이는 비즈니스 상황에서 이미지가 그만큼 설득력에 영향을 줄 수 있음을 의미하는 것이다. 외형적인 부분과 내형적인 부분이 어우러져서 만들어지는 이미지는 지원자를 맞이하는 전문면접관뿐 아니라, 면접에 임하는 지원자에게 모두 필요한 부분이다.

이는 전문면접관과 지원자가 서로 좀 더 준비된 이미지와 예의를 갖추고 만났을 때, 서로의 역량이 더욱 발휘될 수 있기 때문이다. 전문면접관은 기관을 대표하는 준비된 이미지로, 지원자는 기관 근무를 희망하며 준비된 지원자로 보여질 수 있도록 하기 위해서는 어떻게 해야 할지, 이미지의 외형적인 부분과 내형적인 부분에 대해 좀 더 자세히 이야기해 보고자 한다.

》 거울효과의 힘

거울효과라는 단어는 마케팅과 심리적인 용어로 사용이 되고 있다. 포털 사전에 찾으면 '무의식적인 모방행위'를 일컫는 심리학 용어라고 나온다. 상대방의 사소한 행동부터 표정·말투 등의 행위를 무의식중에 모방하는 것을 이르는 말이다. 이러한 거울효과 즉 '미러링'은 보통 상대방의 상태나 행동이 나에게 나타나거나 반대로 나의 상태나 행동이 상대방에게 나타나는 것을 의미한다. 쉽게 표현하면 내가 "하하하" 웃으면서 말을 하면 상대방도 "하하하" 웃으면서 말을 하고 내가 인상을 찡그리며 말을 하면 상대방도 인상을 찡그리며 말을 하게 되는 효과이다. 이 거울효과를 면접 기관에서 전문면접관과 지원자 사이에서 활용하는 비법은 다음과 같다.

여러 해 전에 헤드헌팅(Headhunting)[1]과 아웃소싱(Outsourcing)[2] 업무를 담당하던 나는 S전자와 L텔레콤의 교육을 담당하고 채용기획을 하는 역동적인 일을 하였다. 내가 교육기획과 진행을 효과적으로 하는 사람인지도 이 업무를 통해서 알게 되었다. 의뢰받은 기업에서 요청한 교육에 대하여 기획한 프로그램과 섭외한 강사 매칭에 매 회차 만족도가 높았고 참여자의 교육 후기 설문에서 '별 5개 매우 만족'의 평가가 매 회차 지속되었다. 하지만 근무한 지 3년 만에 재정상의 문제로 아

---

[1] 고급 인력의 재취업이나 스카우트를 기업에 중개하는 일
[2] 기업 내부의 일을 외부에서 위탁이나 운영을 맡아 하는 일

쉽게도 회사가 문을 닫게 되었다.

그런 일을 겪은 후 진로를 고민하며 방황할 때였다. 오래전 내가 근무했던 정유 회사의 주유소 영업 마케팅을 담당하는 팀장에게 연락이 왔다. 급작스럽게 회사가 문을 닫는 것을 지켜 본 '의리 팀장'은 나의 열정과 역량이 아쉽다며 팀장이 담당하는 직영 주유소 중 가장 큰 주유소 내의 Joy mart(기름을 필요로 주유소를 방문하는 고객에게 또 다른 필요 물품을 구매하도록 원스톱 서비스를 제공하는 편의점)의 점장을 제안한 것이다. 일명 주유소 안의 편의점이다. 당시 '원스톱 서비스'란 표현으로 '주유소를 방문하는 고객이 쇼핑까지 한 번에 한다'라는 참신한 아이디어로 고객을 더 늘리고자 구상한 모델이었다. 나는 편의점에서 '거울 효과'를 마음에 되새기며 최대한 웃음과 친절로 고객을 응대하려고 최선을 다했다. 그러자 고객들도 편안하게 물건을 구매하고, 고객만족도가 올라가는 것을 느낄 수 있었다. 이때, 긍정적인 이미지를 만들기 위해서 행했던 것은 다음과 같다.

첫 번째로 편의점을 상징하는 로고가 있는 조끼를 항상 착용함으로써 회사의 이미지를 인식시킬 수 있도록 했다. 일하기에 편안한 복장을 착용하더라도 단정한 운동화를 신도록 했다. 복장이 나를 말해주고 회사를 말해준다지만, 정중한 이미지를 갖춘다며 편의점에서 정장을 입고 근무한다는 것은 어울리지 않는 일이다. KFC 패스트푸드 매장 정문에 서 있는 할아버지만 흰 정장을 고수할 뿐 실제 매장 업무와는 동떨어진 옷차림이라는 생각이 들었다.

여름날에 청바지에 티셔츠 한 장, 추운 날엔 점퍼나 가디건 그리고 주말 이후 대량 발주로 물건이 많이 들어오는 월요일에는 트레이닝복도 마음껏 활용하는 직업이었다. 편한 복장을 마음껏 누려서 좋았으나 방문하는 고객들 특별한 손님 몇 명이 종종 지시하듯 내게 하대하는 경우를 겪게 되었다. 처음에는 '내가 어려 보여서 그런가?' 착각도 했었다. 그런데 나만의 느낌이라기보다는 그것은 누가 봐도 하대였다. 심지어 주유소의 총무가 "점장님 아시는 어르신이에요?"라고 물으며 확인도 하였으니 내 느낌만은 아니었다.

"여기 담배 하나!"라고 말하는 고객부터 일회용 라면을 먹고는 "치우는 것 좀 부탁해!"라고 명령조로 말하는 고객, 그리고 "여기서 아르바이트하면 얼마나 받지?"라며 당장이라도 나를 스카우트하는 기업 회장처럼 내뱉는 무례한 고객까지 경우가 다양했다. 이러한 일을 겪으며 더욱 거울효과를 행동으로 실천하기 시작했다. 그러자 무례한 고객들이 서서히 줄어들기 시작했다.

두 번째로 목소리와 어투 그리고 제품에 대한 사용 방법 등에도 각별히 신경을 쓰고 준비했다. 이와 더불어 밝은 표정의 이미지에도 신경을 많이 써서 최대한 고객들에게 기분 좋은 서비스 응대를 하기 위해 노력했다. 패밀리 레스토랑이나 프랜차이즈 매장처럼 매뉴얼을 준비하여 응대하기 시작하니 고객의 만족도 올라갈 뿐 아니라, 일에 대한 자부심과 보람도 느낄 수 있었다. 특히 '도레미파솔' 음계 중 반가움을 표현하는 '솔' 음계에서 한 음계 내린 '파' 음계로 아나운서처럼 신뢰감 있고 정중한 느낌으로 고객을 대하도록 했다, 씩씩한 저음으로 고객들을 맞이하며 신뢰감을 주려고 하였고, 치아가 드러나도록 큰 활짝 미소를 띠며 고객을 환송했다. 그러자 정중한 대접을 받는다고 느낀 고객들이 나를 정중하게 대하기 시작했다.

물건을 계산하는 고객이 건넨 현금이나 카드를 받고 "총금액 000입니다. 거스름돈 000입니다."라며 고객의 손 위에 올려 건네니, 만족스러운 표정으로 내게 "감사합니다.", "수고하십니다." 등의 화답을 하는 고객이 늘어났다. 거울효과가 통하는 순간이었다.

이 경험은 내가 전문면접관으로 설 때도 항상 염두에 두려고 하는 부분이다. 긴장되어 있는 지원자들에게 '나는 오늘 평가자야!'라는 권위적인 이미지가 아닌 저음의 신뢰감 있는 목소리로 환영하고, 활짝 웃는 미소로 맞이하며 면접을 시작한다면, 지원자가 좀 더 편안한 분위기에서 자신의 역량을 충분히 발휘할 수 있을 것이다, 반대로 지원자는 전문면접관에게 보여지는 자신의 외형적 이미지를 잘 갖추고, 내적 역량도 잘 준비하여 신뢰감을 줄 수 있다면 거울효과는 충분히 작용한다고 생각된다. 이미지는 이렇게 단순히 보여지는 측면만 있지 않다는 것을 기억하자.

Chapter · 2
전문면접관의 이미지 메이킹

"Other Times Other Manners. (시대가 다르면 매너도 다르다.)"
– 프랑스 속담

》 전문면접관의 오류

무매너 면접관 일화

지난해 OO공기업에 전문면접관으로 참여했다가 '무매너' 면접관을 만났다. 어깨에 힘을 가득 준 체, 무표정한 말투로 책상 앞에 잠시 멈추어 선 그는 이윽고 모두를 당황시키고 말았다. "안녕하세요? 면접위원이신가요? 제가 다른 분들보다 연륜상 경험이 좀 더 있어 보이니 가운데 자리에 앉겠습니다." 그렇게 첫인사를 마친 그는 5인의 면접 좌석 중 중앙 자리를 원래 자신의 자리인 듯 근엄한 표정을 지으며 앉았다. 흔치 않은 일이었다. 전문면접관들의 어떤 부분을 보고 경험이 부족하다는 판단을 1, 2초 만에 결정했을지 궁금했지만, 모두 당황한 눈치로 대충 자리에 앉으며 아무렇지 않은 척 분위기를 이어갔다.

위원장은 면접 내내 지원자들의 긴장을 풀어 주기 위한 라포 형성을 하는 것이 매우 중요하다. 라포 형성은 상호작용과 관계 형성을 개선하기 위한 심리적인 개념으로 상대방과 조화로운 관계를 형성하고 신뢰를 쌓는 데에 주요한 역할을 한다. 면접장에서 위원장의 역할은 지원자로 하여금 긴장을 풀어주는 따뜻하고 편안한 환영 인사부터 시작해서 세세하게는 면접 시간이 늘어지지 않도록 조절하고 면접관 간의 균형 있는 질문이 나올 수 있도록 조율하는 역할까지 해야 하는 중요한 자리이다. 다시 말해, 면접위원의 조장 역할인 것이다.

시작부터 무매너였던 면접관 덕분에 면접 내내 서로의 눈치를 살피며 조마조마한 면접을 했던 기억이 생생하다. 왜냐하면 지원자에게 '이 기관에 꼭 오고 싶다', '오늘 면접이 매우 편하고 감사하다'라는 긍정적 이미지보다는 '면접 분위기가 대단히 권위적이더라', '여기는 합격해도 상사가 부담스러울 것 같다'라는 부정적 이미지를 심어줄 수 있기 때문이다. 실제로 면접 후 SNS에 무매너 면접관들에 대한 컴플레인이 올라오는 사례가 종종 올라오기도 한다.

면접도 일종의 서비스 제공이다. 기관의 대표자로서 지원자를 만나는 것이다. 탈락하는 지원자가 있더라도 기관의 좋은 이미지를 전해야 하는 것이 전문면접관의 역할이다. 좋은 이미지를 전하기 위해서는 아래의 체크리스트를 참고하여 전문면접관으로서 첫인상을 점검하기를 바란다.

순서	체크 사항	YES/ NO
1	평소에 웃음이 넘친다는 말을 자주 듣는다.	
2	상대와 대화 시 눈을 바라보고 이야기한다.	
3	상대에게 항상 인사를 먼저 건넨다.	
4	부드럽고 밝은 말투를 사용한다.	
5	상대와 대화 시 공감의 표시로 맞장구를 친다.	
6	나는 배려심이 있다는 표현을 자주 듣는다.	

<전문면접관이 알면서도 실천하기 어려운 행동 체크>

체크리스트 중 YES가 4개 이상이면 충분히 밝은 첫인상을 전할 수 있다. 그 이하의 체크가 되었다면 조금 더 신경을 쓰고 전문면접관 역할에 임해야 한다. 다시 지원할 잠재 고객이 될 수 있다는 것을 기억하여 전문면접관의 이미지 메이킹에 신경 쓰기를 바란다.

》 역량을 끌어내는 전문면접관이 되려면?

'만약에' 면접관의 일화

올해 봄 '만약에' 면접관을 만났다. 사흘 동안의 면접 기간은 질문을 해야 하는 면접관인 나에게도 '내가 면접위원으로서 질문을 잘못하고 있는 것인가?'라며 되묻게 될 만큼 충분히 혼란스럽고 어렵게 느껴졌다. 예를 들면 이런 식이었다.

"만약에 우리 기관에 오게 되면 세대 차이가 나는 기성세대가 많은

데 잘 견딜 수 있겠어요?"

"만약에 합격하게 되면 생각했던 것보다 연봉이 적을 텐데 어떻게 하시겠어요?"

"만약에 바로 위 상사가 일을 주고, 5분이 지나서, 그 위의 상사가 또 일을 준다면 어떻게 하겠어요?"

"만약에 동료와의 갈등이 생기면 어떻게 하시겠어요?"

이렇게 모든 질문에 "만약에"라는 단서를 다는 질문은, 지원자로 하여금 자기방어의 한 형태로 면접위원이 듣기 좋은 답변을 하게 되기 쉽다. 또한 면접에서 'IF' 가정형 질문은 그 사람의 과거 경험이나 근거 및 행동 패턴을 알아낼 수 없을뿐더러 그저 'YES'의 대답만을 하게 만든다.

리얼 교수의 가르침 일화

5월의 기분 좋은 햇살을 가려버린 '리얼 교수' 위원과 함께한 이틀간의 면접이 떠오른다. 리얼 교수는 지원자의 답변마다 코칭과 지도를 하느라, 위원별로 주어진 6분의 시간을 혼자서 17분 이상을 사용하며 모두 잡아먹고 말았다. 분명 지원자들의 컴플레인이 예상되는 상황이었지만, 정작 본인은 의식하지 못하는 듯했다. 심지어 '리얼 교수' 위원의 표정은 '나는 너무 지금 잘하고 있어', '이 정도는 알고 와야지!'라며 만족하는 듯 보였다. 오전 조가 지나고서야 면접위원장의 제안으로 각자의 질문 시간을 지키자는 회의를 했지만, '리얼 교수'는 오후에도 그리고 다음날까지도 혼자서 10분 이상을 사용하며 분위기를 씁쓸하게 만들었던 기억이 생생하다.

　전문면접관은 개인의 직업 특성을 발휘하거나 지원자에게 정답이 정해진 듯 답변에 대하여 지도를 하면 안 된다. 전문면접관은 지원자에게 신뢰감을 안겨주고 적절한 인재를 찾아야 하는 임무를 갖고 있기에 인재를 선발하는 짧은 시간을 효율적으로 활용할 수 있도록 적절한 질문과 다른 면접관 간의 시간 안배를 지키는 것이 중요하다.

〈잘못된 질문의 사례〉
* 가정형 질문 - '만약에' 질문이라고도 표현한다.

1. "만약에 입사 이후에 퇴근 이후 잔업이 많거나 일이 많을 경우 어떻게 하시겠어요?"
보통 이런 질문에 대한 지원자의 답변은 "네 하겠습니다"로 나올 가능성이 높다. 이는 면접위원에게는 듣기 좋은 답변일 수 있을지 모르지만, 지원자의 역량을 파악하기 어려운 닫힌 질문으로 좋은 질문이라 할 수 없다.
2. "나이가 있어 보이시는데, 만약에 합격하게 된다면 동료와 잘 어울릴 수 있으세요?"
이러한 질문에 "불편할 것 같습니다"라고 답을 하는 지원자를 아직 못 만났다. 이 질문 역시 지원자의 역량을 알기 어렵고, 상대방을 기분을 언짢게 만들 수 있는 질문은 하지 않는 것이 좋다.
3. "만약에 상사와의 갈등 발생 시 어떻게 하겠습니까?"

포괄적인 질문으로 구체적인 갈등 상황에서 어떠한 노력을 했는지 말할 수 있도록 유도하는 질문으로 바꿔 주는 것이 좋다.

위의 세 가지 질문을 바꾸어보면 다음과 같다.
1. "학교생활이나 업무 경험에서 정해진 시간 내에 해야 할 학업이나 과중한 일이 있었을 때 그 상황을 어떻게 해결하였습니까?"
2. "기존 세대와 MZ세대와의 소통에서 중요시되는 사항이 무엇이라고 생각하십니까?"
3. "단체에서 동료와의 갈등이 있었던 경우 해결하기 위하여 어떤 노력을 하셨습니까?"

전문면접관은 지원자의 역량을 끌어내어 수용하고, 관찰하며 평가하여 인재를 선발하는 것이다. 그러기 위해서는 면접관 스스로 질문 노트를 작성해보거나 면접 당일 했던 질문에 대해 돌아보며 질문의 역량을 지속적으로 키워나가는 것이 중요하다.

》 긍정의 파워 면접관

위원장의 부드럽고 밝은 면접 진행으로 모든 지원자를 미소 짓고 돌아가게 만든 면접의 기억이 있다. 인성을 중요하게 생각하는 듯 '바른 인성을 가진 사람이 되자'를 SNS 대문에 인사말로 새겨놓은 전문면접관 위원장이었다. '말만 적어 놓은 것이 아니구나!'라고 다시금 위원장의 얼굴을 보게 만들었다. 그분은 실제로 입장하는 지원자 한 명,

한 명에게 환하게 웃으면서 "반갑습니다. 찾아오시는데 어려움은 없으셨어요?"라고 부드러운 경어체로 표현하며 환영과 존중으로 맞이하였다. 그리고 "오늘 출발하면서 각오가 있었을 텐데 편안하게 각오 한 마디 해주세요!"라는 청유형 질문으로 지원자의 잔뜩 긴장한 표정과 마음을 환하게 미소로 만드는 능력자였다.

　면접 평가를 하는 역할이라고 해서 반드시 근엄하거나 권위적일 필요는 없다. 다시 한번 말하지만, 면접관은 지원자의 역량을 발휘하게 하는 사람이다. 긍정적인 대화를 전달하면 화답 역시 긍정적으로 힘차게 돌아온다. 또한 상대를 바르게 존중하면 상대도 나를 존중한다.

　2021년 베스트셀러 중 『긍정의 힘』이라는 도서가 있다. '긍정 행동을 실천하는 사람들은 그렇지 않은 사람들에 비해 더 많은 것을 성취한다.'라는 내용을 전달하는 나폴레온 힐의 저서이다. 두려움은 우리에게 두려운 결과를 낳고, 부정적인 생각은 이미 생각하는 순간 부정적인 결과로 빠지게 된다고 한다. 전문면접관은 면접에서 긍정적으로 반가움을 표현하고 반겨주며 환영의 메시지를 전했을 때 그 에너지가 지원자에게도 전달되어 긍정적인 행동과 답변에 영향을 준다. 지원자 역시 면접 장소에 입장하면서 "떨어지면 어떻게 하지?", "모르는 질문이 나오면 어쩌지?", "목소리가 작은데 어쩌지?" 등의 부정적 생각은 시간이 아깝다고 전해주고 싶다. 그 생각을 하는 동안 이미 나에게 부정의 기운이 오고 있다는 것을 기억하여 긍정의 실천을 통해 목표를 달성하기를 희망한다.

Chapter · 3
지원자의 이미지 메이킹

"당신이 되고 싶은 사람처럼 행동하라."
- 괴테

》 지원자의 매너가 담긴 이미지 파워

평소 지원자의 습관과 행동을 파악하는 공공기관 일화

어느 공공기관의 면접에서 '지원자의 작은 습관이나 버릇이 상대에게 신뢰감이나 친밀감을 형성한 경험을 말씀해 주십시오.'라는 질문이 나왔다. 이 질문에는 평소 지원자의 행동을 통해 관찰하겠다는 의도가 담겨있다. 매너는 호감의 신호를 끌어내는 긍정적인 화학반응을 일으킨다.

'나의 매너 이미지 온도는 몇 도인가?'에 대해 스스로 체크해 보자. 중고 물건을 사고팔기 위해 지금까지도 인기 높은 당근마켓의 온도 올리기에 열정을 가져 보았다면, 이제 이미지 온도를 높이는데도 신경 써보자. 당근마켓의 온도 역시 거래자 간의 이미지를 담아 매너 있는 거래를 유도하고 있는 매너의 상징적인 측정 온도이다. 플랫폼을 통한 상거래에서도 채팅창의 대화 매너를 통해 상대의 이미지를 평가하게 된다. 당근마켓의 매너 온도는 나의 현재 매너가 몇 도 숫자로 나타내준다. 상거래 시 약속을 잘 지키고, 좋은 인상을 주며 채팅창에 예의 있는 대화 예절을 갖추었을 때 거래자 간의 좋은 후기로 남아서 온도로 표시된다.

나의 매너 이미지 온도는 몇 도인지 점검해 보자.

순서	체크 사항	YES/ NO
1	상대방을 향해 아이 콘택트를 잘하고 있는가?	
2	상대방의 이야기를 들으며 끄덕끄덕 공감의 신호를 보내는가?	
3	상대방과 대화 시 호감 가는 입꼬리 올리는 웃음을 웃고 있는가?	
4	상대방과 대화 시 정확한 발음으로 전달하고 있는가?	
5	상대방과 대화 시 장소에 맞는 음량(말소리 크기)을 선택하고 있는가?	
6	남성일 경우 입 모양을 크게 표현하고 있는가?	
7	여성일 경우 아성(아가 말투)을 사용하고 있는가?	
8	상대방과 대화 시 동작이 산만하거나 몸을 흔들지는 않는가?	
9	상대방과 대화 시 다리를 떨거나 꼬고 있지 않은가?	

<매너 이미지 체크리스트>

체크리스트 중 YES가 6개 이상이면 충분히 매너 있는 좋은 첫인상

을 전할 수 있다. 그 이하의 체크가 되었다면 조금 더 신경을 쓰고 부족한 부분을 보완해야 한다.

보이는 외형적 이미지 파워

지금까지 오랜 기간 취업에 관한 연구를 이어오며 실전 면접에서 필요한 이미지 컨설팅을 대학의 교과목과 기관교육으로 꾸준히 진행하였다. 마우스를 클릭하고 일명 취업 정보가 가득한 '벼룩시장'과 '교차로'에서 얻는 '00명 채용'의 기업 정보만이 아닌, 진짜 취업에 관한 연구를 통해 '취업 컨설턴트', '이미지 컨설턴트'의 경력도 가질 수 있었다. 다행히도 취업을 연구하고 학문화하는 스승을 운이 좋게 알게 되었고 지금까지도 함께 공정 채용과 면접문화 등을 학회를 통해 꾸준하게 연구 활동을 이어가고 있다.

보이는 외형적 모습인 제스처, 표정, 눈 맞춤 그리고 언어와 음성 등의 다양한 이미지와 사용하는 언어, 내용, 표현 등의 내적 이미지는 우리의 일상과 연관이 깊게 있다. 이것은 현재 전문면접관으로 활동하는 내게도, 지원자에게도 중요한 요소이다. 상대를 만났을 때 '첫인상'은 기억을 해도 '네 번째 인상' 또는 '열다섯 번째 인상' 등은 기억하지도 기억나지도 않는다. 지원자는 면접 기관을 방문할 때 갖추어진 복장의 단정한 신뢰감과 기관의 직무에 필요한 역량분석하고 준비해서 이미지 파워로 강렬한 첫인상을 남기기를 바란다.

면접 장소에서 지원자의 이미지 오류

지난해 10월의 어느 멋진 날에 00기관 면접장에서 '나인공' 지원자를 만나게 되었다. '나인공' 지원자의 답변이 강렬한 기억으로 남아서 그다음 날부터 나의 취업 교과목에 면접 시 '지원자가 하지 말아야 할 예시 베스트'로 강조되고 있는 지원자이다.

지원자가 비싼 취업 사교육을 통해 제스처와 스피치 훈련을 받고 온 것인지 의문이 생겼다. 인공지능과 함께하는 면접이라 착각할 만큼 자세와 표정, 손짓, 말투 모두가 AI 로봇이 면접 장소에 있다는 느낌이 들었기 때문이다. 대학과 기관에서 취업 컨설팅을 하고 있고 면접전문 위원으로 활동 중인 나에게는 일부러 스캔하지 않아도 '00번 지원자는 인공적인 교육을 받고 왔구나', '오늘 기계와 면접을 이어가야 하는구나.'를 자기소개 하는 삼 초 이내 직감할 수 있었다.

지원자는 유명 레스토랑에서 "네에, 고객님."의 화답을 하며 정중한 주문을 받은 것이 습관인 것처럼 보였다. 면접위원이 묻는 모든 질문의 답변마다 "네에, 면접관님. 제가 그 질문에 답변 드리겠습니다!"를 반복하였다. 지원자는 12분 동안의 최종 답변을 한 후 할 일을 다 했다고 생각하고 당당히 퇴장했지만, 전문면접관 모두의 판단에는 업무와 관련된 내용의 충실한 내형적인 답변을 함께 하기보다 성실하고 진지한 듯 연출하려 외적인 것만 준비한 것으로 보인 안타까운 사례였다.

》 **지원자의 셀프 마인드, 이미지 메이킹**

셀프 마인드 이미지 메이킹이란 '하면된다', '할 수 있다'가 아니라 '해냈다', ' 성공했다'를 마음과 뇌에 저장하는 것이다. 수년 전 베스트셀러로 유명한『시크릿』도서의 내용처럼 마음먹은 대로 되는 것이다.

스스로를 더 발전시키기 위해 전문면접관을 시작하는 예비 위원도, 면접을 기다리는 지원자도 내가 무대에서 할 역할과 마음가짐을 성공의 시점을 중심으로 작성하여 휴대전화에 저장하거나 보이는 곳곳에 붙이고는 셀프 마인드 이미지 메이킹으로 나의 이미지 온도를 올려보기를 권한다.

순서	체크 사항	YES/ NO
1	자기 소개를 자연스럽게 할 준비를 하였는가?	
2	내가 지원한 회사명과 산업 및 경쟁사를 분석하였는가?	
3	내가 지원한 직무의 내용을 파악하였는가?	
4	내가 지원하는 직무에 대한 역량은 준비되었는가?	
5	나의 강점과 약점을 파악하였는가?	
6	다른 지원자와 비교하였을 때 나의 경쟁력은 무엇인가?	
7	자연스럽게 웃으면서 아이 콘택트 할 준비가 되었는가?	
8	면접에 착용할 복장과 구두, 헤어 스타일은 준비가 되었는가?	
9	면접 장소와 시간을 정확히 점검하였는가?	

<최종 이미지 체크리스트>

체크리스트 중 YES가 6개 이상이면 충분히 준비된 역량을 전할 수 있다. 그 이하의 체크가 되었다면 반드시 신경을 쓰고 면접에 임해야 한다.

》 **이미지 메이킹 도전**

최근 넷플릭스에서 흥행했던 작품으로 '퀸메이커'라는 김희애 주연의 드라마가 있었다. 극 중 김희애가 맡은 역할은 기업인과 정치인의 이미지 메이킹[3]을 전담하며 자신이 담당하는 인물은 반드시 성공적인 이미지로 완성시키는 직업 정신이 투철한 프로 이미지 컨설턴트 인물이다. 담당하는 의뢰자의 외형적인 이미지와 사용하는 언어 그리고 음성과 생각까지도 완벽한 이미지를 연출하는 능력을 갖추고 있었다. 이 드라마를 보면서 전문면접관인 우리도 지원자의 역량을 최대한 끌어낼 수 있도록 이미지 메이킹을 해야 한다고 생각했다.

나는 전문적인 이미지 메이킹 과정을 이수하며 대학의 취업 컨설팅의 취업 과목의 일부인 이미지를 담당하는 이미지 컨설턴트[4]로 활동하였다. 이미 해외에서는 수십 년 전 자리를 잡은 직업이었고 능력에 따라 보수도 꽤 높은 직업에 속한다. 우리나라 일부 백화점에서 전문 이미지 메이커를 선발하여 쇼핑하는 고객에게 도움을 주는 직업으로 존재하기도 하고 문화센터와 각종 프로그램에 '이미지 메이킹'이라는 제목으로 아나운서와 쇼핑 호스트 등의 경력자들이 스피치와 함께 강연을 하기도 한다.

나의 업무에서는 지원자의 이력서와 자기소개서를 컨설팅한 후 면

---

3 외적 인상관리 및 이미지를 창조하는 일
4 다른 사람에게 주는 외적 인상관리 및 이미지를 창조해주는 직업

접에 필요한 이미지 메이킹을 한다. 면접 시 족집게 답변만을 연습해 주기를 바라지만 나는 기본에 충실함을 우선으로 시작한다. 여기서 기본이란 차분한 태도와 진실성 있는 전달력 그리고 긍정에너지이다.

전문면접관으로 활동하며 정해진 답을 듣는 것은 어린 시절 우리가 듣던 엄마의 잔소리보다 더 듣기 싫다는 것을 익히 알고 있기에 정해진 답을 앵무새처럼 답변하고 싶은 지원자에게 외워가는 방법을 우선적으로 권하지 않는다. 발표력이 부족한 지원자, 프레젠테이션에서 눈을 깜빡이는 지원자, 목소리가 아성(아가 목소리)를 가진 지원자, 발표 공포증이 있는 지원자 등 다양한 구직자를 대상으로 자연스럽게 면접에서 나를 보여 주는 면접 이미지 컨설팅을 하고 있다.

마지막으로 현재 나의 이미지 상태는 어떠한지 체크해 보자.

순서	체크 사항	YES/ NO
1	이미지 표현은 외형적인 것과 내형적인 것을 고르게 준비하고 있다.	
2	자기소개서를 기반으로 면접 질문을 준비하고 있다.	
3	평소에 상대방의 조언이나 평가를 수용한다.	
4	이미지를 표현하기 위해 시간을 투자하여 쇼핑한 경험이 있다.	
5	나의 이미지를 평가해 보거나 평가를 받아 본 경험이 있다.	
6	지원하는 기관에 대하여 나의 역량을 분석하였다.	
7	직무에 대하여 경험 및 이론적인 지식을 갖고 있다.	
8	이미지 표현에는 사용하는 언어도 포함된다고 생각한다.	
9	모의 면접을 통하여 나를 점검하고 있다.	

<현재 나의 이미지 체크리스트>

체크리스트 중 YES가 6개 이상이면 충분히 준비된 역량을 전할 수 있다. 그 이하의 체크가 되었다면 위의 질문에 작성된 내용을 실천해 보는 것을 추천한다.

11

면접관 마스터 도전기

어수룩한 면접관에서
전문면접관으로
성장 스토리

Chapter 1. 공대 출신의 어수룩한 면접관
Chapter 2. 폭탄 지원자 걸러내기
Chapter 3. 인정받는 면접관으로 성장하기
Chapter 4. 면접관 마스터를 넘어 위대한 면접관으로

폭탄직원전문가
권혁근

공과대학을 졸업 후 첫 직장 대우그룹에서 컴퓨터 수출 업무를 맡았고 이어서 미국계 컴퓨터 회사에서 국내 영업을 하였다. 호기심과 학구열이 있는 편이어서 직장생활을 하며 고대 경영대학원에서 경영학(MBA) 이론과 사례를 배우기도 하였다. 15년 직장생활을 서둘러 정리하고 주로 이공계 인재를 기업에 추천하는 사업을 시작했다. 사업 규모를 키우기보다는 박사학위에 도전하여 목표를 달성하고 대학원에서 기술경영 등을 가르치기도 했다. 현재는 연간 100회 정도 공기업 채용 면접관 활동을 하며 수백 명의 평가위원을 채용기관에 추천하는 일도 병행하고 있다. 2022년 3월부터는 인지심리학자 김경일 교수, 김기호 철학 박사 등과 '면접관 마스터 교육과정'과 '마스터 포럼'을 운영하며 면접관들의 인재 선발에 대한 지혜와 통찰력을 함양하는 데 기여하고자 노력 중이다.

집필 동기

10년 차 전문면접관으로서 같은 길을 걷고자 하는 분들에게 면접관 활동에 대한 긍정적인 자극과 선한 영향력을 주고자 한다. 적절한 스킬과 집중력이 필요한 면접관 역할을 성공적으로 수행하기 위하여 지속적인 학습을 통하여 성장을 추구하고 자신만의 소신과 철학이 단단한 면접관을 지향하기를 강조하고 싶다. 궁극적으로는 전문면접관에 대한 인식과 신뢰를 높여 사회적으로 인정을 받고 면접관 공동체에서 서로 교류하고 협업을 추구하는 건강한 면접관 플랫폼을 구축하는데 기여하고자 한다.

Chapter · 1
공대 출신의 어수룩한 면접관

"꿈을 계속 간직하고 있으면 반드시 실현할 때가 온다"
- 괴테

》 불안과 호기심이 가득했던 첫 면접관 경험

처음으로 공공기관 채용 면접 현장에 도착하니 긴장하여 목이 잠기는 느낌이다.

'내가 잘 할 수 있을까? 공식적으로 외부 면접관 활동을 해본 적도 없는데…'

지원자에게 첫 질문을 하였다.

"공무원이 되기 위하여 남다르게 노력한 것이 있다면 말씀해 주시기 바랍니다."

약하게 떨리는 목소리가 스스로 감지되었다.
(속으로) '아이코, 망했다.' 잠시, 침묵이 흐르고…
(다행스럽게) 지원자가 질문을 잘 이해하고 답변을 했다.
(속으로) '휴…. 다행이다.'

10년 전 어느 무더운 여름, 00 도청 공무원 채용 면접관으로 처음 활동을 시작했을 때가 떠오른다. 인재를 찾아 기업에 소개하는 헤드헌터로서 후보자들과 비공식적인 면접은 수백 번 이상 경험하였지만, 공개적인 자리에서 면접 전문가들과 함께 채용 면접을 진행하는 것이 꽤 부담스러웠던 기억이 난다.

그 당시 대학 동기의 소개로 공공기관 면접관이라는 활동을 소개받았다. 평소 다양한 경제 활동을 하며 평생 현역으로 사는 것이 꿈이었던 나는 망설일 이유가 없었다. 면접관 일은 기존에 내가 하던 일과 크게 다르지 않다고 생각하고 흔쾌히 제안을 수락하였다. 면접관 활동 초창기에는 용돈을 벌 수 있는 아르바이트 느낌으로 가볍게 시작하였다. 공공기관 채용 면접관 활동의 의미나 가치에 대하여 진지하게 말해주는 동료나 선배가 없었다.

헤드헌팅 업무 특성상 이직을 희망하는 지원자를 수시로 만나 상담을 하였지만, 누군가를 10여 분 만에 평가하고 그 결과에 따라 지원자 인생의 방향이 바뀌는 것을 생각하면 적잖은 부담이 되었다. 특히, 상당수의 여성 지원자가 면접이 끝날 무렵 *(수년 동안의 수험 생활의 고난에 대한)* 서러운 감정을 못 이겨 감정이 격해져 울먹일 때는 마음이 더 무거웠다. 돌이켜보면 당시의 나는 인사 관리나 심리학 등을 전공하지도 않았고 헤드헌팅 외에는 채용 업무와 관련된 경력도 없었기 때문에 면접관으로서 제대로 역할을 하기에는 준비가 부족한 상태였다.

》 **내가 전문면접관으로 성장할 수 있을까?**

2014년 무렵 면접관 활동 초창기에는 공공기관 채용 면접 시 외부 전문가를 활용하는 경우가 많지 않았다. 따라서 대부분의 면접관들이 '면접으로 안정적인 수입을 창출할 수 있을까'하는 고민을 가지고 있었다. 내게도 분기에 한두 번 정도 면접관으로 활동할 기회가 찾아왔다. 내 본업과 면접 일정이 겹치는 경우도 종종 있었지만, 면접관 활동에 우선순위를 두었다. 면접 기회를 고사하면 다음부터는 나를 찾는 기회가 줄어들 것이 걱정되었기 때문이었다.

헤드헌팅 사업 규모를 크게 줄이고 소규모 벤처기업 부사장 역할을 수행하며 면접관 활동을 계속해야 할지 고민하던 차에 2017년 새로운 정부가 들어서면서 블라인드 채용 도입과 공무원 비정규 직원을 정규직으로 전환하는 채용 등 면접 기회가 큰 폭으로 증가하기 시작했다. 그리하여 전문면접관으로서 자신감을 회복하고 역량을 높여 본격적으로 활동하기 위하여 면접 관련 학습을 강화하기로 하였다.

그런데 무슨 공부를 어디서부터 시작해야 할지 고민이었다. 철학 심리학 등 막연하게 인문학 공부를 하면 좋겠다는 생각이 들었지만 마땅한 멘토가 없었고 혼자 실천하기가 쉽지 않아서 난감하였다. 면접관 활동을 통하여 어느 정도 수입도 보장되고 사회적으로도 인정받는 전문면접관으로 성장하는 방법을 모색하기 시작하였다.

Chapter · 2
폭탄 지원자 걸러내기

"우선 무엇이 되고자 하는가를 자신에게 말하라. 그리고 해야 할 일을 하라."
– 에픽토테스

》 폭탄 직원의 심각성

(201X년 여름, OO 시청 채용 면접 시작 전 인사팀장과 인사를 나누는 상황)

인사팀장: 권 대표님, 오늘 면접 잘 부탁드립니다.
나: 네, 팀장님. *(약간 의례적인 말투로)* 잘 알겠습니다.
인사팀장: 사실, 얼마 전에 폭탄 직원 때문에 커다란 사건이 있었습니다. 과거에는 극단적인 선택을 한 직원도 있었습니다. 매년 1~2명씩 폭탄 같은 직원이 입사합니다. 폭탄 직원이 입사하면, 정상적인 직원들은 20년 이상 폭탄들과 함

께 생활해야 합니다. 어떤 사건 사고가 일어날지 늘 노심초사할 수밖에 없습니다. 이번에 폭탄 지원자를 잘 걸러 주실 수 있으시지요?
나: 네, 잘 알겠습니다. *(억지로라도 자신감을 끌어올리는 목소리로)* 최선을 다해 보겠습니다.

하루 종일 폭탄 지원자를 걸러 보자고 마음을 먹었으나…. 그날, 내 눈에는 그런 지원자들이 눈에 띄지 않았다. 다행이기도 하고 한편으로는 내가 잘못 판단한 것이 아닐까 하는 찜찜하고 불안한 마음이 가시지 않았다.

나는 지난 20여 년 동안 헤드헌팅 컨설턴트나 채용 면접관으로서 공공기관이나 기업에 적합한 역량을 가진 지원자를 선발하는 일에 주로 초점을 맞추었다. 그런데 지원자가 폭탄인지 아닌지 어떻게 알 수 있을까? 내가 잘못 평가하여 폭탄 같은 지원자가 입사하여 수십 년 동안 조직에 부정적인 영향을 끼치는 암적인 존재가 될 수 있다고 생각하니 정신이 번쩍 들었다. 어떤 방법으로 폭탄 가능성이 있는 지원자를 걸러낼 수 있을까?

00 시청 면접 현장에서 "폭탄 직원(toxic employee)"에 대한 문제의식을 느끼게 된 이후 기회 있을 때마다 관련된 논문이나 책을 탐독했다. HBR(Harvard Business Review)의 폭탄 직원에 대한 논문[1]등을 통하여 독성 있는 직원(toxic employee) 채용을 피하는 가장 좋은 방법은 '공손함(Civility)의 흔적이 있는 사람'을 채용하는 것이라는 것도 알게 되었

다. 크리스틴 포래스 교수의 『무례함의 비용』이라는 책에서도 무례한 직원으로 인한 심각한 피해를 재확인할 수 있었다.

》 **인문학 독서와 면접관 포럼 활동**

그즈음 대학원 입학 동기의 책 『세일즈 마스터』 출판 기념회에서 우연히 대학원 선배를 만났다. 그 분께서 인문학 학습 모임을 운영한다는 소식을 접하고 바로 회원으로 가입하여 활동을 시작하였다. 내 집안의 가족력 때문에 평소 건강에도 관심이 많았는데, 포럼 이름이 '건강 인문학'이었다. 건강도 챙기고 수준 높은 인문학 고전을 공부하면 사람을 판단하는 지혜를 얻을 수 있다고 생각하니 일단 마음이 든든하였다.

인간의 사고 체계를 다루는 철학이나 심리학이나 역사책을 통하여 인간(피면접자)에 대한 이해를 높이고자 매월 2회 정도 꾸준하게 인문학 학습 모임 참여를 하였다. 그러나 공대 출신이고 그동안 진지하게 읽은 책이 몇 권 안 되는 사람이 갑자기 눈앞에 펼쳐진 어려운 책들이 쉽게 이해될 리 없었다. 매달 불멸의 고전 책을 한 권 읽고 발제와 토론도 하고 교수님의 강의를 듣는 강행군이 계속됐다. 업무가 바쁘다든가 이런저런 핑계로 빠지고 싶은 유혹에 시달렸으나, 포기하지 않고 최대한 참여하였다.

---

1 Christine Porath, "How to avoid hiring a toxic employee", Harvard Business Review

2018년 '인문학 포럼' 모임에서는 아리스토텔레스의 『수사학』과 알랭 드 보통의 『철학의 위안』 등 고전 책들과 인재 선발에 대한 지혜의 연결점을 찾고자 노력하였다. 그러나 인문학 책 몇 권 읽는다고 갑자기 탁월한 면접관으로 인정받고 금방 경제적으로 풍요로워지는 것은 아니었다.

인문학 공부로 성숙한 면접관이 되기에는 시간이 많이 필요했고 좀 더 현실적인 방법이 없을까 고민하였다. 대안으로 생각한 것이 나를 전문면접관 세계로 이끌어 준 친구 등 동료 면접관들과 학습 모임을 만들어서 매달 공부하는 시간을 갖는 것이었다.

2019년 봄 '한국 면접관 포럼'을 함께 만들어 동료 면접관들과 면접에 대한 지식과 스킬과 태도를 서로 배우고 성장하는 경험을 공유하였다. 면접 현장에서 직접적으로 필요한 내용들이 많아서 큰 도움이 되었다. 'NCS(국가직무능력표준) 기반의 능력 중심과 블라인드 채용에 대한 이론', '지원자의 성격 이해를 위한 Big 5 모델' 그리고 '행동 중심(BEI) 역량면접 기법' 등에 대하여 배웠다. 그 당시 나도 평소에 관심이 많았던 플랫폼 비즈니스에 대하여 발표하며 미래의 면접관 생태계에 대한 면접관 플랫폼(Job Interviewer Platform) 구상을 발표하기도 하였다.

인문학 학습 모임에도 더 열심히 참여하기로 마음먹고 인문학 독서와 학습에 몰입하고자 하였다. 2020년 초부터 코로나19 광풍이 몰아치며 거의 모든 외부 활동이 위축되었다. 그러나 건강 인문학 포럼에서는 코로나 방역 수칙을 지키며 3개월 동안 집중적으로 '긍정심리학'을 공부하는 프로그램을 마련하였다. 우문식 박사 강의에 열심히 참여하고 긍정심리학 관련 책도 읽은 덕분에 회원들을 대상으로 요점 정리 강의도 하였다. 그해 하반기에는 『아들러의 인간 이해』와 같은 고전을 읽고 여러 분야의 건강 전문가(의사)의 강의도 들으면서 코로나 시기 극복에 대한 자신감을 끌어올리기도 하였다.

긍정심리학을 공부하며 '긍정적인 사람은 폭탄 직원일 가능성이 낮을 것이다.'라는 생각이 들었다. 막연한 추론이었으나 작년 "면접관 마스터 과정" 특강에서 서울대 최인철 교수의 '심리학자 CEO가 채용하고 싶은 인재' 특강에서 확신을 갖게 되었다. 즉, 최 교수가 선호하는 7가지의 인재 유형 중에 '행복하고 긍정적인 사람'이 포함되었기 때문이었다.

긍정심리학의 강점 찾기 테스트(www.kppsi.com) 결과, 나는 학구열, 호기심, 연민이 많고 성실성과 충성심이 강한 것으로 나타났으며, 과거를 돌아볼 때 그 강점을 활용하여 살아온 것을 확인하며 스스로 안도하기도 하였다. 10여 년 동안 면접관 활동을 하면서 꾸준하게 학습하고 동료들과 주변에 관심을 갖고 활동한 덕분에 나름 인정을 받고 있다고 믿고 있다. 다음 장에서는 면접관 활동에 몰입할 수 있는 7가지 방법을 소개하고자 한다.

Chapter · 3
인정받는 면접관으로 성장하기

"경험은 배울 줄 아는 사람만 가르친다."
– 올더스 헉슬리

》 채용 업계에 대한 관심

면접관 활동 초기에 더 많은 현장 경험을 쌓고 싶은 욕심이 났으나, 좋은 방법을 알지 못했다. 무작정 기다리다가 면접 기회가 주어지면 반가운 마음으로 다른 약속을 미루고서라도 면접(또는 입사지원서 평가) 활동 경력을 쌓았다. 그리하여 면접 기회가 조금씩 늘기는 하였으나 한 달에 한 번 활동하기도 어려웠다.

그러나 전문면접관 활동을 생업으로 생각하고 본격적으로 활동하기 시작하니 여러 가지 기회가 눈에 들어오기 시작했다. 우선 동료 면접관이나 채용 과정상에 불편한 점이나 개선할 것이 무엇인지 고민해 보고 그것을 해결하는 데 기여하면 면접 기회가 증가할 것으로 생각하였다.

　채용기관이나 채용 대행업체에서는 신뢰감 있는 인성 면접관이나 이공계 등 특정 분야 전문직 면접관을 확보하는 데 어려움을 겪고 있다는 것을 알게 되었다. 예를 들면 내가 특정 기관의 면접관으로 섭외 연락을 받았으나 해당 날짜에 불가피한 선약이 있을 경우가 종종 발생할 수 있다. 이런 경우, 나보다 더 우수한 동료 면접관을 추천하겠다고 제안하면 대부분 추천을 부탁하였다. 그리하여 주변의 신뢰 있는 동료 면접관을 채용기관에 추천해 주면서 양측 모두에게 고맙다는 이야기를 들었다.

　그동안 헤드헌팅 회사를 운영하거나 동문회 등 공동체 생활하며 축적한 다양한 분야의 인물 데이터베이스를 활용하여 적절한 면접관을 추천하는 것에 흥미를 갖게 되었다. 시간이 지나면서, 채용 대행업체의 골칫거리인 면접관 섭외를 본격적으로 도와주기 시작하였다. 전문 면접관에 대한 데이터가 쌓이다 보니 채용 대행 기업 등 다양한 곳에서 면접관 추천이나 파견 요청을 받았고 인크루트사 등 채용 전문 업체와 공식적으로 면접관 추천 계약도 체결하게 되었다.

　1년 중에 채용이 집중되는 5~6월이나 9~11월에는 하루에 수십 명 이상의 면접관을 동시에 접촉하고 그들과 여러 번씩 소통하여 추천하는 것이 쉽지는 않았으나 채용 대행 기업과 면접관 모두가 만족스러운 상황이 전개되어 성취감이 꽤 높았다. 부수적으로 필자도 현장에 나갈 기회가 많아져서 연간 100회 이상 전국의 채용 현장에서 활동하는 상황으로 발전하였다. 전문면접관을 제1 또는 제2의 직업으로 생각하고 면접 관련 활동의 기회를 늘려가며 인정받은 면접관이 되기 위해서 내가 실천하고자 노력한 점을 정리하면 아래와 같다.

》 **존경받는 면접관이 되기 위한 7가지 제언**

1) 전문면접관 KSA(Knowledge Skill Attitude) 이해와 함양

먼저 면접관을 위한 책을 3권 이상 정독하기를 추천한다. 나에게 큰 도움이 된 책은 다음과 같다.

유재경 외,『면접관을 위한 면접의 기술』, 미래의창, 2021.
하영목 외,『핵심 인재를 선발하는 면접의 과학』, 맑은소리, 2007.
루 아들러,『100% 성공하는 채용과 면접의 기술』, 이병철 옮김, 진성북스, 2016.

최근 모 공공기관에서 전문면접관 교육과정을 이수한 면접관을 추천해달라는 요청을 받았다. 현재 10여 개의 면접관 교육이 수시로 운영되고 있다. 기초부터 고급 과정까지 교육하는 곳도 있고, 실습을 위주로 진행하는 곳도 있다. 면접에 대한 기본 지식과 스킬은 물론 인문학 기반으로 선발에 대한 통찰력을 제공하는 곳도 있다. 자신의 수준과 목적에 맞는 과정을 선택할 필요가 있다.

또한 고용노동부, 한국산업인력공단과 국가직무능력표준원에서 운영하는 교육 과정에서도 양질의 무료 면접관 또는 인사담당자 교육(온·오프라인)을 제공하고 있다. 면접관 교육을 한두 번 받는 것으로 그치기보다는 다양한 교육의 반복 참여를 통하여 체화시키는 과정이 필요하다.

2) (면접 전) 채용 관련 사전 학습 및 준비

특정 기관과 직무의 면접관으로 최종 선정되었다는 통보를 받게 되면, 채용기관에 대한 기본적인 이해와 해당 채용과 직무에 대한 사전 분석은 필수이다. 네이버나 채용기관의 홈페이지를 검색하면, 채용 분야 관련 정보와 직무 기술서까지 확인할 수 있다. 관련 정보를 찾기 어렵다면 면접을 추천해 준 업체나 채용 대행업체의 담당자 또는 동료 면접관에게 도움을 요청할 수 있다.

면접은 고도의 집중력을 필요로 하는 작업이고 누군가를 선발하거나 또는 탈락시켜야 하는 힘든 결정을 해야 하는 작업이다. 면접 2~3일 전부터 자신의 건강 컨디션을 최상으로 유지해야 한다. 면접 전날 늦은 시간까지 무리한 음주 가무나 밤샘 작업은 절대 금물이다. 수면 부족은 집중력과 판단력을 저하시키는 가장 큰 적이다.

만약 면접 장소가 지방이라면 교통편을 빠르게 확보(또는 예매)하거나 특히, 제주도의 경우는 전날 현장에 도착하는 것이 바람직하다. 면접 당일 새벽에 기상 악화로 비행기가 이륙을 못 하여 면접이 제대로 진행이 안 되었다는 사례를 여러 번 들었다.

3) (면접 후) 꼼꼼한 기록과 개선 노력

면접 종료 후에 당일 특이사항을 기록으로 남긴다. 인상에 남는 지원자나 동료 면접관, 탁월한 면접 질문이나 배우고 개선할 만한 내용 등을 정리한다. 면접관 활동 3~4년 후 또는 200~300회 면접관 경험 후 책을 쓴다는 목표를 갖고 최대한 많은 것을 메모한다. 간단하게는 스마트폰의 일정표에 중요한 사항을 메모하고 상세한 내용은 네이버

비공개 개인 카페나 블로그를 만들어서 기록하면 좋다.

그리고 면접관으로서 경험과 에피소드와 내공이 쌓이면 브런치 (www.brunch.co.kr) 작가에 도전해 본다. 본인의 수준이나 강점과 약점을 확인하기 위하여 동료 면접관에게 피드백을 요청하여 적극적으로 개선하는 노력이 필요하다. 과거 기업에서 인사팀장으로 근무를 했다거나 강의나 코칭 등 관련 경험이 많다고 자만해서는 안 될 것이다. 면접관 활동이 진입장벽이 높지 않지만 인정받는 면접관으로 활동하기 위해서는 꾸준하고 남다른 노력이 필요하다.

4) 면접관 개인 브랜드 강화

전문면접관으로서 자신 있는 분야의 강점을 살리고 자연스럽게 자신의 존재를 주변에 알리기 위해 개인 브랜딩을 강화하면 좋다. 어떤 면접관은 센스 있는 옷차림과 자신감 있는 표정과 매너를 발휘하는 분도 있다. 신뢰감 있는 목소리와 배려 깊은 어조로 면접장의 분위기를 주도하는 분도 있다. 면접과 입사지원서 평가에 도움이 되는 심리학, 인문학 공부와 커리어 코칭 등 교육과정 이수도 도움이 된다. 채용기관에 따라서는 석사 이상의 면접관 추천을 요청하는 경우가 종종 있다. 장기적인 관점에서 석사나 박사학위 취득도 권장한다. 영어 면접 전문가도 있고 토목, 철도, 해양생물, 컴퓨터 등 다양한 분야의 전문면접관들이 활동 중이다.

석사 이상 학위나 기술사 등 공인 자격증을 보유한 경우, 면접관 강의, 필기나 논술 문항 출제, 컨설팅이나 카운슬링 등 다양한 기회가 발생할 가능성이 높아진다. 전공이나 면접 관련 분야의 저자가 되는 것도 좋은 방법이다. 브런치 작가를 거쳐 공동 집필에 먼저 도전해 보자. 물론, 단독으로 책을 쓸 수 있다면 더 바람직하다. 3년 전 필자가 폭탄 직원에 대하여 관심을 갖고 최초로 브런치에 등록한 글은 '폭탄 직원 채용 피하기'이다. 현재는 자칭 폭탄 직원 전문가로 개인 브랜딩 작업 중이다. 면접관 활동을 하면서 자신만의 관심 분야를 선정하고 꾸준히 노력하면 면접 기회가 증가하고 인정받을 수 있다.

5) 다른 면접관이나 채용 대행업체 및 공공기관에 대한 관심

남이 부자가 되도록 도우면 나도 부자가 된다는 격언이 있다. 다른 면접관의 성공에도 관심을 갖고 실천하면 내게는 더 큰 기회가 온다는 것을 체감했다. 채용 대행업체 실무자들은 채용 프로세스에 작은 오류라도 발생하지 않도록 심혈을 기울이고 노심초사한다. 채용 과정의 실수는 기관의 명성과 이미지에 커다란 영향을 끼치기 때문이다. 채용 관계자들은 원만한 채용 과정 진행을 위해 밤새워 준비하며 몸으로 때우는 경우도 많다.

인재를 채용하기 위한 채용기관과 채용 대행업체의 입장을 이해하고, 그들에게 측은지심을 발휘하여 전문면접관으로서 최선을 다하고 어떠한 형태로든 도움을 주기 위해 노력한다면 분명 여러분에게도 좋은 일이 더 많이 찾아올 것이다. 나는 초기에 아무런 대가를 받지 않고 내 시간을 쪼개어 우수한 면접관을 발굴하여 그들에게 추천해 주면서 그들을 도왔다. 물론, 요즘도 원하는 분들에게 (채용 프로젝트에 따라서는 무료로) 우수한 면접관을 추천해 주고 있다.

6) 면접관 교류 기회 확대 및 공동체 활동 참여

면접관 활동은 개인플레이가 아니다. 동료 면접관들과의 교류를 통하여 서로 배우고 성장하며 새로운 면접과 관련 비즈니스의 기회가 발생하기도 한다. 현재 '한국 면접관 포럼'과 '면접관 마스터 포럼', '한국 전문면접관 협의회' 등이 운영되고 있고 바른 채용 인증원, 라온 컨설팅 그룹 등 면접관 교육을 운영하는 업체별로 면접관 커뮤니티가 형성되어 있다. 면접관 공동체에서는 채용기관에 면접관을 추천하기 위하여 면접관 풀(POOL)을 운영하기도 한다.

비공식적인 데이터이지만 면접관으로 활동하는 인구가 전국적으로 3만 명이 넘는다. 면접관들의 권익 보호를 위해서 대표성을 갖는 협회 등 모임도 필요하다. 국가적으로나 사회적으로 전문면접관 역할의 중요성을 감안하여 면접관의 자질 향상과 새로운 인재 영업도 필요하다. 공인 면접관 자격 제도 도입을 통하여 국가적인 차원에서 면접관의 관리가 필요하다고 본다. 개인적으로 인정받는 면접관으로 성장하고 활동하는 것도 중요하지만 공동체 의식이나 초월성을 발휘하여 면접관 생태계의 발전에 기여하는 활동에 참여하는 것도 바람직하다고 본다.

7) 면접/입사 지원서 평가 외 활동 범위 확대

전문면접관 활동을 하다 보면, 부수적으로 채용 관련 여러 활동 기회가 발생한다. 우선, 면접관 강의 기회가 많다. 면접 일정 전에 의무적으로 면접관을 위한 블라인드 채용 교육이 진행되어야 하는 것이 규정이기 때문이다. 여러분이 미리 강의를 준비해 놓으면 강의할 기회가 발생한다. 대학생들이나 취업 준비생을 위한 모의 면접이나 컨설팅 기회도 있다. 공공기관의 인사위원회 참가, 제대 군인(단기 장교)이나 지역 청년의 취업과 이직 그리고 창업 컨설팅 프로그램 등 참여 기회가 있다. NCS 기업활용 컨설팅, 중장년 새 출발 카운슬링 같이 고용노동부, 행정안전부 정부 부처에서 주도하는 다양한 프로그램도 있다.

내가 컨설팅 현장이나 후배들과의 대화에서 종종 활용하며 중국 고사에 유래한 격언을 강조하고 싶다.

"제자가 준비되면 좋은 스승이 나타난다."

여러분이 전문면접관으로서 제대로 준비가 되면, 좋은 기회가 나타난다. 그런 기회는 이타적인 마인드를 바탕으로 다른 면접관들과의 활발한 교류를 통하여 만날 수 있다고 본다.

Chapter · 4
면접관 마스터를 넘어 위대한 면접관으로

"해야 할 것을 하라. 모든 것은 타인의 행복을 위해서, 동시에 특히 나의 행복을 위해서이다."
– 톨스토이

》 면접관 활동의 미래와 사회적 가치 창출

마지막 파트에서는 전문면접관으로서 경험과 채용 시장의 변화 등을 반영하여 면접관 활동의 미래를 그려보고 이상적인 전문면접관의 모습을 상상하며 스스로도 분발을 다짐해보고자 한다.

전문면접관으로 활동을 시작한 지 10년이 지났다. 앞으로 10년 이상 더 활동을 희망하고 있다. 건강은 큰 문제가 없을 것으로 예상하지만, 40~50대의 젊은 면접관을 선호하는 분위기가 증가하고 있다. 그러나 문화 인류학적인 차원에서 100세 수명을 기대하는 시대이고 노인 인구가 급격하게 증가하는 것이 대한민국의 현실이다. 나이와 무관하게 채용 직무 관련 분야의 사회생활 경험이 많은 전문가가 인재 선발에 적합하다는 통념도 있다. 경력이 10년 이상인 우수한 면접관 중 60세 중·후반의 전문가들도 지자체를 중심으로 활발하게 활동 중이다.

10여 년 전 공공기관의 채용 프로세스와 방법론을 설계하는데 핵심적으로 관여한 김기호 박사에 따르면, NCS(국가직무능력표준) 기반의 공정 채용은 블라인드 채용, 공감 채용 등 명칭은 변화되고 있지만 기본적인 형태는 큰 변동 없이 지속될 것으로 예상하고 있다. 다만 현재의 정부에서는 공무원 감축을 통한 비용 절감을 정책 기조로 정하여 향후 수년간 공공기관의 직원 채용 규모는 축소될 것으로 예상한다.

2023년 가을 현재 글로벌 경제와 대한민국의 거시적인 경제 전망은 상당히 어두운 상황이다. 초강대국 미국과 중국의 주도권 싸움에 휘말려 실익을 챙기지 못하고 있는 듯하다. 어려운 시기일수록 면접관 개인적으로는 자신의 면접 관련 역량을 키우기 위한 노력이 필요하다. 면접관 활동을 희망하는 사람들이 늘고 있어서 공동체적인 시각에서는 면접관의 입장이나 이익을 대변할 협의체를 구성하는 것도 바람직할 것이다. 채용대행업체들과의 교류를 통하여 서로를 이해하고 상생을 추구하는 협업이나 바람직한 발전 방향도 모색하면 좋을 것이다.

2004년 5급 공무원 채용 시 외부 면접관을 도입한 이후 면접관의 수고비 금액이 20년 동안 정체되어 있거나 지자체의 경우 오히려 줄어든 상황이다. 그동안 1인당 국민소득과 최저 시급은 3배 정도 인상되었다. N잡러나 멀티커리어리즘 확대 추세로 면접관 활동을 희망하는 사람(공급)은 증가했다. 우수한 전문면접관을 영입하고 면접관의 수준을 향상시켜 우수한 공무원을 채용하고 민폐를 끼치는 공무원 채용을 줄이기 위하여 면접관 수고비 인상이 바람직하다고 본다.

개인 나름대로 이유와 목적을 가지고 전문면접관 활동을 꿈꾸는 사람들이 많아지고 있다. 누구나 면접관이 될 수는 없지만, 한 번 면접관을 경험한 사람은 지속적으로 활동하고 싶은 것이 면접관이라는 직업이다. 그러나 면접관으로 활동할 기회는 한정되어 있고, 면접관으로 선정되는 기준도 기관마다 다르고 명확하지 않은 편이다. 역량 있는 면접관으로서 충분히 준비가 되어 있지만 여러 가지로 이유로 면접관으로 선택받지 못하는 면접관들이 많다.

전문면접관에 대한 사명감을 가지고 열심히 노력하는 면접관들은 그들의 역량을 제대로 인정받고, 공공기관과 국가의 경쟁력 향상에 기여하고자 면접 현장에서 노력하고 있다. 르네상스 시대의, 도제 제도의 마스터 단계에서는 그간 성취한 전문성을 타인과 공유하고 후배들이 성장하도록 돕는 역할을 했다고 한다. 나도 그동안 면접관 활동을 하면서 경험한 것들을 면접관 동료들과 함께 나누고 싶은 마음을 가지고 있다.

필자가 나름 성공적으로 면접관 활동을 수행하는 데 있어서 '인문학 독서'와 '면접관 포럼' 학습 활동이 큰 도움이 되었다. 작년 초부터는 면접관 마스터 교육과정을 수료하신 분들과 함께 '마스터 포럼'을 운영하면서 면접관 활동에 도움이 되는 지식과 경험을 서로 나누고 배우고 성장하기(교학상장)를 실천하고 있다. 그리고 올 초부터 10여 명의 전문면접관들이 개인 브랜드(Personal Branding) 강화를 위한 공저 책 쓰기 도전을 통하여 내적인 성장을 다지고 외적으로 자신을 홍보하는 기회를 만들고 있다.

　가까운 미래에는 면접관 협회나 면접 학회를 설립하여 면접과 면접관의 전문성과 중요성을 알리고 면접관의 수준 향상과 면접에 대한 과학적이고 학문적인 연구를 통하여 면접과 면접관의 위상을 높이는 데 기여하고자 하는 꿈을 가지고 있다.

》 **면접을 예술하라**

　요즘 시대에 주로 시행되고 있는 직원 채용과 면접 방식 자체의 타당도와 신뢰도가 완벽하지 않다는 것은 공공연한 사실이다. 피면접자들의 만족도를 더 높일 필요가 있다는 것도 인지하고 있다. 면접 현장에서는 간결하면서도 따뜻한 느낌을 주는 면접 질문과 진행을 매끄럽게 잘하시는 분들을 만나볼 수 있다. 피면접자들의 표정이 밝아지고 동료 면접관을 감동시키는 면접관을 만나게 되면 가히 예술적이라는 생각이 든다.

　수년 전, 인문학에 관심을 가진 이후부터 '서양 미술사'와 '음악에서의 위대성' 등 책과 전시회 및 인문 기행 등을 통하여 예술과 문화의 세계에 관심을 가지게 되었다. 사실 '예술'의 사전적 의미는 어떤 과제를 해결해낼 수 있는 숙련된 능력이나 활동으로서의 '기술'을 의미했던 말이다. 예술은 예술가들의 전유물이 아니다. 누구든 자신이 종사하는 분야에서 최상의 경지에 이르면 예술을 구사할 수 있다. 경지에 이른 대장장이가 만든 호미 날 끝에도 예술은 있다.

　우연한 기회에 이화여대 김효근 교수의 '경영을 예술하라'라는 개념을 접하게 되었다. 지난 100여 년간의 과학적 경영을 넘어 예술적 성공 원리를 경영에 적용하면 탁월한 제품이나 서비스가 가능하다는 내용이다. 명품(masterpiece)의 가치가 있는 예술 작품의 성공 키워드인 '감동'을 면접 현장에 적용하여 '면접을 예술하는' 수준까지 끌어 올리는데 조금이라도 기여하고 싶은 마음이다.

김효근 교수가 주장하는 '고객을 감동시키는 4단계 조건'을 간략하게 살펴보고 면접관 활동에 응용하는 것이 의미가 있다고 생각하여 간단하게 소개하면서 이번 글을 마무리하고자 한다.

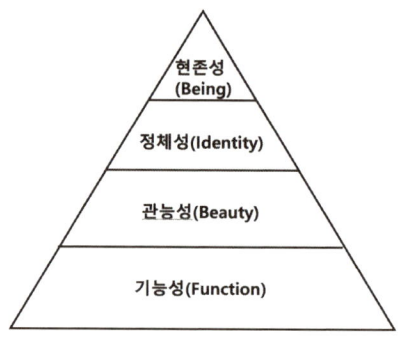

〈감동 위계 피라미드〉 출처 : 이효근, 마스터피스 전략

1단계(필요 기능성) : 제품이나 서비스의 기본적인 기능을 성공적으로 충족하는 것
2단계(감각적 관능성) : 인간의 오감을 통해 심리적인 만족감을 느끼는 것
3단계(창작자 정체성) : 창작자가 본인의 정체성과 의미를 효과적으로 표현하는 것
4단계(감상자 현존성) : 감상자가 자신의 경험을 인식하고 제품/서비스로부터 자신의 존재를 인지하도록 감동을 제공하는 것.

감동의 4단계에 이르기 위해서는 고객이나 상대방에 대한 깊은 이해와 진정성 있는 관심으로 사용자의 삶에 잘 녹아들어 완벽한 경험을 선사하며 감상자는 지속적인 팬이 된다. (예: 방탄소년단 BTS나 애플의 스마트폰)

위 감동 위계 피라미드를 면접관의 세계에 응용한다면 아래와 같이 피면접자와 채용기관을 만족시킬 수 있을 것으로 생각한다. 결과적으로는 지원자들이 충분하게 역량을 발휘하여 탁월한 인재를 채용하게 되고 채용기관의 경쟁력과 성과를 높이게 될 것이다.

1단계(Function): 채용 면접 관련 우수한 지식, 질문 스킬과 성숙한 태도 보유
2단계(Beauty): 풍부한 면접 경험과 열정적인 노력으로 신뢰 있는 면접관 이미지 표출
3단계(Identity): 인재 평가에 대한 자신만의 철학과 사명감 발휘
4단계(Being): 지원자와 채용기관을 모두 감동시키는 '현존성'[2] 발휘

정책적으로는 대한민국의 공공기관과 채용 대행업체, 한국산업인

-

[2] 감동 위계 4단계에서 '현존성'이란 독일의 철학자 하이데거가 제시한 개념이며 피면접자가 4단계 수준의 면접관과의 면접을 경험하는 순간, 피면접자의 삶에 큰 의미가 부여되거나, 혹은 살아있다는 존재감을 느끼게 해주는 것. 예를 들어, 애플의 열렬 사용자들이나 BTS 아미 팬들이 느끼는 감정을 느끼게 한다.

력관리공단 등 관계 기관과 정부 부처(인사혁신처) 및 깨어있는 정치인들과 뜻을 모아야 한다. 예를 들면 '공인 면접관 제도'를 도입하여 우수한 면접관을 육성하고, 이를 적극적으로 활용하여 최적의 인재를 채용하고 폭탄 직원을 걸러내어 공공기기관 및 국가 경쟁력 강화에 기여하는 것이다.

고대 그리스 시대부터 철학이나 미학에서 '숭고(sublime)'의 개념이 회자가 되었다. 숭고는 위대하고 고상한 생각이나 언어이다. 철학자 칸트는 '숭고는 감상자를 감동시키는 힘'이라고 정의하고, "숭고는 전율과 경탄, 아름다움을 수반하기도 한다."라고 하였다.

전문면접관은 피면접자의 개인적인 운명에 지대한 영향을 미친다. 또한 채용 기관과 국가의 명운에 대한 기여도가 크다 할 수 있다. 면접관들이 지향해야 할 개념으로 '면접관 마스터'를 넘어 '숭고한 면접관' 또는 '위대한 면접관'을 추구할 것을 제안하며 나 먼저 도전할 것을 스스로 다짐해 본다.

작가 에필로그

》 이인우 | 전문면접관육성코치

　리더십을 강의하다 보면 직책자들의 면접관 활동에 관한 질문을 가끔 받는다. 그래서 면접관으로서의 Do & Don't에 관해서 설명해 드리고는 했다. 우연한 기회에 고려대 MBA 선배님께서 참여를 독려해 주셨고, 평소에 생각하고 있던 내용을 적어 내려갔다. 기업 내의 면접관 활동과 기업 외부의 전문면접관 활동을 하려는 분들께 실제 경험에서 얻은 솔루션과 인사이트를 전해드릴 수 있어서 뿌듯한 감정이 든다. 글을 읽는 독자분들 모두 건강하세요!

》 김명렬 | 비전크리에이터

　"거친 파도는 전진하는 자의 벗이다."라는 문호 괴테의 명언처럼 인고의 시간을 보내고 글을 마무리하고 나니 인생을 살면서 또 하나의 거친 파도를 넘었다는 성취감이 느껴진다. 경험이 부족한 전문면접관 관련 책을 쓴다는 압박감에 걱정이 앞섰지만, 한현정 대표님의 코칭과 동료 작가님들의 응원과 조언 덕분에 해낼 수 있었다. 도움을 주신 모든 분께 진심으로 감사드리며, 그렇게 특별하지는 않지만 거친 파도를 경험한 나의 인생 스토리가 중년의 나이에 인생 2막을 준비하는 독자들에게 작은 활력소가 되기를 희망한다.

》 신은희 | 면접커뮤니케이터

전문면접관으로 살아온 스스로를 돌아보고, 현재의 나의 모습을 들여다보면서, 앞으로 걸어 나갈 길을 밝혀보는 뜻깊은 기회였다. 공동 집필 작가님들이시자 전문면접관님들의 삶을 존경하고, 탈고되기까지 서로 응원하며 지나온 시간을 소중하게 간직하려고 한다. 특히 봄부터 가을까지 한 권의 책을 탄생시키기 위해 수고해 주신 한현정 대표님과 권혁근 작가님께 깊이 감사드리며, 독자님들께 제 이야기가 용기와 희망이 되기를 소망한다.

》 김홍연 | 인재스커우터

어느 정도 나이가 드니까 나도 하고 싶은 말이 있다는 생각이 들었다. 평소 했던 말들을 써 보면 좋을 것 같다고 막연히 생각만 했는데, 다행히 공저의 기회가 주어졌고 제 생각과 경험을 정리하여 남길 수 있어서 감사하다. 끝까지 할 수 있도록 따뜻한 격려를 해 주신 한현정 대표님, 권혁근 대표님 그리고 동료 작가님들께도 깊은 감사의 마음을 전한다.

》 송규희 | 면접프로파일러

면접관 일을 시작하고 정착하게 도와주신 손원형 대표님, 권미경 대표님, 권혁근 대표님께 감사의 인사를 전한다. 그리고 글쓰기를 포기하고 싶었을 때 큰 힘이 되어주신 김명렬 멘토님께도 감사 인사를 전하고 싶다. 작가의 꿈을 이루게 이끌어 주신 한현정 대표님과 응원해 주신 우리 소중한 동료 작가님들 모두 사랑합니다. 마지막으로 혹시 스스로 재능이 없다고 고민하시는 예비 작가님들께 이 말을 남기고 싶다. 노력으로 못 넘을 산은 없다고….

》 김재근 | 채용큐레이터

  조금은 충동적으로 시작했던 책 쓰기 프로젝트는 다른 사람들만 들여다보던 스스로를 바로 보는 일이었다. 나의 능력에 벅찬 일이었지만 가슴 벅찬 도전이기도 했다. 기회를 만들어 주신 권혁근 대표님, 책을 마무리할 수 있도록 잘 안내해 주신 한현정 대표님께 감사드린다. 또한 부족한 공저자이지만 함께한 훌륭한 작가님들 덕분에 성장하며 잘 마무리할 수 있었다. 함께해 주신 모든 작가님들께 감사의 마음을 전한다.

》 권혁근 | 폭탄직원전문가

  요즘 나는 나의 인생에서 황금기를 보내고 있다는 느낌이 든다. 전문면접관으로 활동하면서 공공기관과 국가의 경쟁력 향상에 기여하고 면접관 공동체를 만들어 우호적이면서 열정이 넘치는 동료 면접관들과 학습하고 교류하면서 즐겁게 생활하고 있기 때문이다. 전문 면접관 세계에서 평생 함께할 좋은 친구들을 얻었고 글쓰기의 가치도 깨닫게 되었다. 나를 면접관의 세계에 이끌어준 김정도님과 멋진 동료 면접관 님들께 뜨거운 감사의 마음을 전하고 싶다.

》 백형재 | 공기업전문면접관

글을 쓰면서 느낀 점은 내가 너무 쉽게 생각했다는 것이다. 3월 중순부터 8주간 커리큘럼에 따라 매주 일요일 저녁 작가님들과 만나며 책의 완성도를 높이기 위해 함께 노력하며 집필을 진행했다. 글이란 돌아서서 보면 수정할 거리가 생기고 끊임없는 퇴고의 과정이었는데, 무엇보다도 '독자가 얻어 갈 이익이 무엇일까?'와 씨름하면서 어려움을 겪었다. 그럼에도 불구하고 이렇게 동료 작가님들의 응원 속에 글을 마무리하게 되어 감사드린다. 부족한 글이지만 한 분이라도 얻어 가는 것이 있기를 소망한다.

》 박미경 | 면접스피치전문가

말을 못 하는 사람은 없다. 다만, 말을 통해서 이익을 얻는 것은 조금 다른 문제일 수 있다. 면접에 합격하는 일, 전문면접관을 하는 일처럼 같은 상품과 서비스를 팔더라도 말을 어떻게 하느냐에 따라 기회가 달라질 수 있다고 강의하며 살았다. 글을 못 쓰는 사람은 없다. 그런데 전문면접관으로 유익한 글을 써야 한다는 압박감 때문에 정말 힘들었다. 이번 글쓰기는 스피치를 어려워했던 분들의 심정을 오롯이 느꼈던 과정이었지만 행복한 도전이었고 앞으로 지속적으로 하고 싶은 일이 되었다. 함께해 주시고 기다려 주신 한현정 대표님과 동료 전문면접관님들께 감사함을 전한다. 또한 전문면접관을 희망하는 모든 분들께 조금이나마 도움이 되었으면 한다.

》 **진서현 | 취업컨설턴트** (이미지메이킹전문가)

　전문면접관으로 활동하면서 기관과 구직자 사이의 중요한 브릿지 역할을 하고 있다고 생각하게 되었다. 수많은 기관을 활동하면서 면접의 짧은 시간을 활용하여 더욱 효과적인 면접 질문으로 구직자의 역량을 확인하고자 연구하고 있다. 또한 기관의 입장에서 필요로 하는 인재를 선발하기 위해 전문면접관으로서 역량을 점검하고 늘리고자 이 글을 작성하게 되었다.

》 김수인 | 커리어캐치

　과거에는 취업준비생으로서, 현재는 커리어 교육 강사이자 전문면접관으로서, 미래에는 더 나은 면접 문화를 구축해갈 사람을 꿈꾸며, 좋은 면접관이 되려면 어떻게 해야 하는가를 글로 써 보았다. 전문면접관 활동을 하다 보니 좋은 면접관은 구직자의 상황을 깊이 공감할 수 있는 사람이어야 한다는 것을 깨달았다. 또한 시행착오를 겪으면서 전문면접관으로서 성숙한 태도를 갖춰 가야지 좋은 면접 문화를 만들어갈 수 있다는 것을 알게 되었다. 이 글을 통해 앞으로 더 나은 면접 문화를 만들고 면접관의 역량을 키우는 일에 긍정적인 영향력을 끼칠 수 있기를 바란다.

전문면접관

11인의 전문면접관, 그들이 말하는 면접 노하우

발행일	2024년 1월 30일
지은이	권혁근 김명렬 김수인 김재근 김홍연 박미경 백형재 송규희 신은희 이인우 진서현
총괄기획, 편집	리커리어북스 대표 한현정
교정.교열	김현정
디자인	공간디자인 이용석
펴낸곳	리커리어북스
발행인	한현정
출판등록	제2021-000125호
주 소	서울시 강남구 언주로 134길 6, 202호 A224 (논현동, 성암빌딩)
대표전화	02-6958-8555
제휴 및 기타 문의	ask@recareerbooks.com

ⓒ 리커리어북스 2024

* 본 책 내용의 전부 또는 일부를 재사용하려면 반드시 저작권자의 동의를 받으셔야 합니다.
* 값은 표지 뒷면에 표기되어 있습니다.

ISBN 979-11-974647-9-9 (03320)